"十四五"职业教育规划教材·金融科技系列

智能金融应用教程

闫定军◎主编
王江波 王亮◎副主编

图书在版编目(CIP)数据

智能金融应用教程 / 间定军主编. —上海：立信会计出版社，2021.5
 ISBN 978-7-5429-6810-4

Ⅰ. ①智… Ⅱ. ①间… Ⅲ. ①智能技术—应用—金融—教材 Ⅳ. ①F830.49

中国版本图书馆 CIP 数据核字(2021)第 085156 号

策划编辑　　张善涛
责任编辑　　张善涛
封面设计　　南房间

智能金融应用教程
Zhineng Jinrong Yingyong Jiaocheng

出版发行	立信会计出版社
地　　址	上海市中山西路 2230 号　邮政编码　200235
电　　话	(021)64411389　传　真　(021)64411325
网　　址	www.lixinaph.com　电子邮箱　lixinaph2019@126.com
网上书店	http://lixin.jd.com　http://lxkjcbs.tmall.com
经　　销	各地新华书店
印　　刷	上海天地海设计印刷有限公司
开　　本	787 毫米×1092 毫米　1/16
印　　张	11.25
字　　数	230 千字
版　　次	2021 年 5 月第 1 版
印　　次	2021 年 5 月第 1 次
书　　号	ISBN 978-7-5429-6810-4/F
定　　价	35.00 元

如有印订差错，请与本社联系调换

前言

1997年,IBM公司研发的计算机深蓝(Deep Blue)战胜了国际象棋世界冠军卡斯帕罗夫,取得了人工智能第一次战胜人类顶尖棋手的壮举,轰动全球。2016年3月9日至15日,谷歌公司研发的人工智能围棋程序阿尔法围棋(AlphaGo)在韩国首尔向以"稳、准、狠"著称的韩国围棋天才、多项围棋世界冠军得主李世石发起挑战,最终以4∶1的绝对优势将李世石打下擂台。2016年12月29日至2017年1月4日,以"Master"为名注册的阿尔法围棋升级版在弈城围棋网和野狐围棋网,依次与包括中国围棋名将柯洁、聂卫平、古力、韩国围棋冠军朴廷桓在内的数十位顶尖围棋高手对弈,横扫所有对手,取得全胜的辉煌战绩。2017年5月23日至27日,在中国乌镇围棋峰会上,阿尔法围棋以3∶0的总比分战胜世界排名第一的世界围棋冠军柯洁。在这次围棋峰会期间,阿尔法围棋还战胜了由陈耀烨、唐韦星、周睿羊、时越、芈昱廷五位世界冠军组成的围棋团队。人工智能超高的学习效率、超强的进化能力和超快的进步速度令世界震惊。

近十几年来,人工智能的发展一日千里,在多个领域都取得了令人瞩目的成就。人工智能成为引领未来的战略性技术,引起世界各国的高度重视。发达国家把发展人工智能作为提升国家竞争力、维护国家安全的重大战略。当前,我国已经把人工智能发展放在国家战略层面系统布局、主动谋划,力争牢牢把握人工智能发展新阶段国际竞争的战略主动权,打造竞争新优势、开拓发展新空间,有效保障国家安全。从国家顶层设计方面来看,我们已经充分认识到人工智能作为一项基础技术,能够渗透各行各业,并助力传统行业实现跨越式升级,提升行业效率,逐步成为掀起互联网颠覆性浪潮的新引擎。金融业作为国民经济的血液循环系统正在经历着深刻的被重塑的过程,人工智能技术为金融赋能,金融的智能化趋势日新月异,产品和业务模式的创新如火如荼地展开。在智能金融变革的大潮中金融教育面临巨大挑战,如何适应智能金融变革对金融人才新的需求成为最大的课题。对原有专业和课程进行脱胎换骨的智能化改造是众多高校采取的普遍做法。本书就是"智能金融应用"课程建设和教学实践经验的结晶。

总括起来讲,本书具有以下亮点:

一是新颖性。为了适应智能金融变革对人才的需要,国内许多的高校金融管理专业都正在或计划开设智能金融应用方面的课程,迫切需要智能金融应用的教材。但到目前为止,国内有关金融科技和智能金融方面的著作出版了不少,至今没有出版一本智能金融应用方面的教材。本书力图填补国内智能金融应用教材上的空白,达到抛砖引玉的目的。

二是应用性。本书的重点不在于人工智能、大数据和云计算本身,而是侧重于人工智能、大数据和云计算在金融行业的落地应用。运用人工智能、大数据和云计算等对金融行业进行改造,使之智能化,从而使传统金融脱变为智能金融。本书所要阐述或介绍的不是人工智能等怎样改造金融业,而是人工智能、大数据和云计算在金融业落地后的应用情况,即智能化后的金融业的业务运作和处理情况。

三是针对性。人工智能、大数据、云计算和区块链是金融科技的四大支柱,如果缺乏这方面的基本知识,要学好智能金融应用是很困难的。因而本书在介绍智能金融主要应用场景前首先介绍了人工智能、大数据和云计算的基本知识。在此基础上再来学习智能金融应用就易于理解和掌握,能取得更好的教学效果。

四是典型性。针对高职教育培养动手能力强应用型操作型人才的特点,为了适应案例教学的需要,本书涉及许多智能金融应用案例。在这些智能金融应用场景案例的选择上,精选了许多国内外技术领先成熟、成效卓著的智能金融应用方面的行业领先者案例。

五是可读性。本书在内容的安排和表述上,将深奥的人工智能、智能投顾、智能量化投资和智能风控等方面的概念及内容多种形态展示,显性化表达,力求以直观、简洁、习惯上易于理解和掌握的方式来安排和表述每一个概念和内容,使之形象生动,深入浅出,通俗易懂。

本书由深圳职业技术学院间定军担任主编,深圳职业技术学院王江波和西藏大学财经学院王亮担任副主编。间定军负责全书的修改、总纂和定稿工作。

本书在编写过程中借鉴了国内外有关智能金融应用方面的研究成果,在此谨向各位学者、专家表示诚挚的谢意。由于智能金融应用方兴未艾,加之编者知识水平有限和时间仓促,书中谬误之处在所难免,敬请广大读者批评指正。

编　者

2021 年 4 月

目录

第一章 人工智能 ... 001
- 第一节 人工智能及其本质 ... 001
- 第二节 人工智能的起源和发展 ... 005
- 第三节 人工智能的研究目标与基本内容 ... 007

第二章 大数据 ... 011
- 第一节 大数据概述 ... 011
- 第二节 大数据的发展阶段 ... 015
- 第三节 大数据在金融业的应用 ... 020

第三章 云计算 ... 025
- 第一节 云计算概述 ... 025
- 第二节 云计算的服务类型、关键技术和部署模式 ... 028
- 第三节 云计算的应用 ... 031

第四章 智能投顾 ... 033
- 第一节 智能投顾的理论基础 ... 033
- 第二节 智能投顾产生的背景和收益原理 ... 038
- 第三节 智能投顾的类型和流程 ... 047
- 第四节 智能投顾在中国的发展 ... 056
- 第五节 全球著名智能投顾平台 ... 061

第五章 智能投研 ... 069
- 第一节 智能投研的基本原理 ... 069
- 第二节 智能投研的步骤 ... 075
- 第三节 国内外著名案例 ... 077

第六章　智能量化投资 ······ 085
第一节　智能量化投资概述 ······ 085
第二节　智能量化投资的技术基础 ······ 092
第三节　国内外典型案例 ······ 094

第七章　智能风控 ······ 102
第一节　智能风控概述 ······ 102
第二节　智能风控的优势和流程 ······ 106
第三节　智能风控在金融行业的应用 ······ 112
第四节　典型案例 ······ 121

第八章　智慧银行 ······ 127
第一节　智慧银行概述 ······ 127
第二节　移动银行 ······ 130
第三节　网上银行 ······ 134
第四节　智能柜员机 ······ 138
第五节　开放银行 ······ 141

第九章　智能保险 ······ 152
第一节　智能保险概述 ······ 152
第二节　智能投保 ······ 156
第三节　智能核保 ······ 159
第四节　智能定损 ······ 164
第五节　智能理赔 ······ 168

参考文献 ······ 173

第一章 人工智能

第一节 人工智能及其本质

一、人工智能的概念

(一) 什么是人工智能

人工智能的定义可以分为两部分,即"人工"和"智能"。在汉语语境里,"人工"泛指人造的、人为的、人力所为的,与"自然""天然"相对;人力,人力做的工,与"机械力"相对。在东晋诗人陶潜的《饮酒》诗之十五中就出现了"人工"一词,如"贫居乏人工,灌木荒余宅。"尽管我们有时会思考什么是人力所能制造的,或者人类自身的智能是否已经发展到可以创造人工智能的高度等问题。但总的来说,"人工系统"就是通常意义下的人工系统,意义十分明确。

至于"智能"的含义则争论颇多,它涉及诸如意识(Consciousness)、自我(Self)、思维(Mind)[包括无意识的思维(Unconscious mind)]等问题。人们普遍认同的观点是人类唯一了解的智能是人本身的智能。但是我们对人类自身智能以及构成这些智能的必要元素的了解都非常有限,因而很难给"人工"制造的"智能"下一个恰如其分的定义。因此对人工智能的研究愈深入愈离不开或取决于对人的智能本身的研究的进一步深入。其他关于动物或其他人造系统的智能也普遍被认为是人工智能相关的研究课题。即便如此,随着人工智能研究的逐步深入,人们在对人工智能的理解上正取得越来越多的共识。

美国斯坦福大学人工智能研究中心尼尔逊教授为人工智能所下的定义是:"人工智能是关于知识的学科——怎样表示知识以及怎样获得知识并使用知识的科学。"美国麻省理工学院的温斯顿教授认为:"人工智能就是研究如何使计算机去做过去只有人才能做的智能工作。"这些说法反映了人工智能学科的基本思想和基本内容,即人工智能是研究人类智能活动的规律,构造具有一定智能的人工系统,研究如何让计算机去完成以往需要人的智力才能胜任的工作,也就是研究如何应用计算机的软硬件来模拟人类某些智能行为的基本理论、方法和技术。

（二）人工智能是计算机科学的一个分支

人工智能是计算机学科的一个分支，被称为二十世纪七十年代以来世界三大尖端技术之一（空间技术、能源技术、人工智能），也被认为是二十一世纪三大尖端技术（基因工程、纳米科学、人工智能）之一。这是因为近三十年来它获得了迅速的发展，在很多学科领域都得到了广泛应用，并取得了丰硕的成果，无论在理论上还是在实践上，人工智能都已自成一个系统，成为一个独立的分支。

人工智能是研究使计算机来模拟人的某些思维过程和智能行为（如学习、推理、思考、规划等）的学科，主要包括计算机实现智能的原理、制造类似于人脑智能的计算机，使计算机能实现更高层次的应用。人工智能将涉及计算机科学、心理学、哲学和语言学等学科，可以说几乎是自然科学和社会科学的所有学科，其范围已远远超出了计算机科学的范畴。人工智能与思维科学的关系是实践和理论的关系，人工智能是处于思维科学的技术应用层次，是它的一个应用分支。从思维观点看，人工智能不仅限于逻辑思维，还要考虑形象思维和灵感思维才能促进人工智能的突破性发展。数学常被认为是多种学科的基础科学，进入语言、思维领域也必须借用数学工具。数学不仅在标准逻辑、模糊数学等范围发挥作用，也进入人工智能学科，它们将互相促进和发展。

人工智能（Artificial Intelligence，AI）是研究、开发用于模拟、延伸和扩展人的智能的理论、方法、技术及应用系统的一门新的技术科学。

人工智能是计算机科学的一个分支，它通过了解智能的实质，并生产出一种新的能以人类智能相似的方式做出反应的智能机器，该领域的研究包括机器人、语言识别、图像识别、自然语言处理和专家系统等。人工智能自诞生以来，理论和技术日益成熟，应用领域也不断扩大，可以设想，未来人工智能带来的科技产品，将会是人类智慧的"容器"。人工智能可以对人的意识、思维的信息过程进行模拟。人工智能不是人的智能，但能像人那样思考、也可能超过人的智能。

人工智能是一门极富挑战性的科学，从事这项工作的人必须懂得计算机、心理学和哲学等学科的知识，是范围十分广泛的科学。总的说来，人工智能研究的一个主要目标是使机器能够胜任一些通常需要人类智能才能完成的复杂工作。

二、人工智能与人类智能的本质区别

人工智能和人类智能有着本质的区别。通常来说，人工智能与人类智能的本质区别主要包括以下六个方面：

（一）两者的进化途径和本质属性不同

人类智能的进化过程不仅经历了漫长的物理化学的进化，同时也经历了长时间的社会进化，所以人类智能同时包含了自然规律与社会规律。人类的本质属性体现在人类的社会属性上，人类的思维是人脑自然进化与社会进化的结合物，人类的思维也是蕴含了思想发展的所有的历史与逻辑。人工智能的进化则是科技与技术进化的产物,是纯粹的物质的进化,所以其本质属性是自然性。人工智能是不包含社会规律的,其在执行相关的命令的时候,并不会思考指令背后的社会意义,也不会考虑指令的结果所带来的社会责任以及社会后果。人工智能的运行只遵循自然规律。总体来看,人类智能的进化过程是自然与社会的双重进化,不仅是物质的进化,更有思想的进化。人工智能的进化是在人类智能进化的前提下,人们对智能进一步理解的前提下,人类对人工智能的优化。这种优化仅仅是在功能上的优化,并不能使人工智能具有思想。物质的进化是两者共有的,但思想的进化就目前来说,仍然是人类智能区别于人工智能的根本所在。

(二)两者的物质承担者不同

人类智能活动的物质承担者是人本身,更具体地说是人的大脑。人工智能的物质承担者则是人创造的计算机系统。

(三)两者在智能活动中的地位不同

人工智能和人类智能的本质区别还体现在两者在智能活动中的地位不同。就目前而言,人类智能在智能活动中依然占据主体地位,而且人类智能将会永久占据主导地位。人工智能到目前为止,还是处于被人类认识与改造的地位,即人类智能活动中客体的地位。智能活动,即主体通过或者不通过任何媒介,对客体的认识与改造活动。人类智能活动中,人类自身是主体,是人类自身对外物的认知以及改造活动。当然,外物就是除了人类以外的事物,而人工智能的智能活动,到目前为止,还是在人类智能主导的前提下所进行的智能活动,即依照人类设定的程序或者算法,在机器中完成相关的智能活动。

所以人工智能依然是人类的工具,只是充当着人类对外物改造的中介,或者就是人类智能认知与改造的客体。当然,我们一定要把主体和客体区分开。而在主体与客体的区分之中,人类之所以占据着主体的地位,不仅仅是因为人类可以操控人工智能的运作,更是因为人类智能具有自主的意识、自主的意识使得人类具有对于价值与道德的判断能力,以及对于美的审视能力。人工智能即使是生物神经网络发展成熟,人工智能也不可能具备自主的意识,更不用说自主的价值判断以及审美能力等。

(四)人工智能没有人类的意识所特有的能动的创造能力即主观能动性

人工智能没有人类的意识所特有的能动的创造能力即主观能动性。就目前而言,人工智能发展的情况还是比较乐观的,人工智能虽然可以存储巨大的信息,但是它并没有主观能动性,如果我们没有对人工智能设备进行相关指令的输入,人工智能是不能自主地进行相关活动的。人类智能则可以对外界有所反应。人工智能对外界的反应是被动的,对问题的解决是机械的,从不会主动解决问题。人类智能是具有主观能动性的,人类的智能能够主动地提出问题、解决问题。

人类对于外界的变化,总是可以做出相应的调整,使得自身处于有利的地位。这就是我们经常所讲的趋利避害性。在社会生活中,由于人类的主观能动性,人类可以主动的去认知事物，并且可以随时控制自己的活动，因而人类智能又具有很强的主动性、灵活性以及可控性。但人工智能往往是主观不可控制的，因为它不具备自主意识，不会对事物有过多的思考，往往是一种不计后果的执行。人类智能能够进行不断的思考，并且对事物进行分析判断，这些都是人工智能没有的，所以，到目前为止，人工智能给人的印象总是被动的、机械的、死板的。

（五）两者的社会属性不同

人工智能没有社会属性，这也是两者在本质上的区别之一。以阿尔法狗对战围棋棋圣柯洁为例，阿尔法狗的围棋"造诣"远远超出人类顶尖棋手柯洁，甚至可以说是碾压一切人类棋手，强大到无可战胜的地步。但是我们可以说人工智能是人类智慧的体现和放大，它仅仅体现了人类的智慧，并没有体现人类所具有的社会属性，即人工智能不会直接参与人类的社会活动。人类的社会属性决定了人类在进行智能活动的时候，必须要考量多反面的因素，尤其是社会性的、道德上的诸多问题。这些问题约束着人类自身的种种行为，避免人类做出不计后果的行为，这也正是人类有别于其他生物的地方。

但是人工智能不同，它不具备社会属性，不会考量后果，它只会机械的执行相关的指令。同时，到目前为止，人工智能是不具备人类的七情六欲的，并且它是不会主动争取人权与自由的。因而人工智能与人类智能相比较，人类智能更加多元化、个性化、情感化，是理性与感性的结合体。人工智能却更加机械化、程序化，是绝对理性的代表。人类智能理性与感性的结合是人工智能所不能模拟的。这种理性与感性，一方面是人类智能的智慧的体现；另一方面，是人类对于精神层面思考的体现。人工智能或许能够在智力上超越人类，但是对于精神，是目前的人工智能还无法达到的。

从伦理方面来讲，人工智能没有社会属性而人类智能具有社会属性，这就决定了人工智能和人类智能不可能相提并论。

（六）两者的思维程序和思维深度不同

人工智能是无法和人类智能比拟的，这是因为人工智能和人类智能的思维程序和思维深度不同。现在有很多的人工智能产品在某些方面上胜过了人类，但是，我们却不得不承认，人工智能的一切能力都是人类创造并赋予的，是人类智能思维的体现，只是这种能力使用技术手段放大，以至于人工智能的能力超越了人类。追根溯源，是人类智能的思维在先，然后才有人工智能的思维。随着外界的改变，人类对外物的认知度是逐步提升的，并且，只有人类的认知度提升后，才能更新人工智能，人工智能的思维也才能提升。所以在整个思维过程中，总是先有人类的思维，然后才有人工智能的思维。人工智能的本质是对人类智能的模拟，没有人类的思维，人工智能的思维也就无从谈起。只是人工智能的能力由于某些原因得以放大，以至于达到甚至超越人类。

当然，人类的思维，受到各种因素的影响，会有诸如形象思维、抽象思维以及动作思维等分类。人类思维对于事物的思考，不光有逻辑的判断，还会有相关道德的、社会的思考。

这些思考是对问题的引申,是人类对于价值或者其他的判断。对于人工智能,它的思维过程其实仅仅是一种逻辑判断,只是这种逻辑判断比较复杂。人工智能的思维是对人类思维的简化,是从复杂的人类思维中抽取出的逻辑判断能力。所以人工智能的思维可以说,到目前为止,仅仅是对于逻辑的思考,没有其他的东西,原因很简单,就是在于人工智能没有自主的意识。没有自主的意识,便不会产生引申的思考,思维也就不会有深度。

第二节 人工智能的起源和发展

一、人工智能的起源

1950年,一位名叫马文·明斯基(后被人称为"人工智能之父")的大四学生与他的同学邓恩·埃德蒙一起,建造了世界上第一台神经网络计算机。这也被看做是人工智能的一个起点。巧合的是,同样是在1950年,被称为"计算机之父"的阿兰·图灵提出了一个举世瞩目的想法——图灵测试。按照图灵的设想:如果一台机器能够与人类开展对话而不能被辨别出机器身份,那么这台机器就具有智能。就在这一年,图灵还大胆预言了真正具备智能机器的可行性。1956年,在由达特茅斯学院举办的一次会议上,计算机专家约翰·麦卡锡提出了"人工智能"一词。后来,这被人们看做是人工智能正式诞生的标志。就在这次会议后不久,麦卡锡从达特茅斯搬到了麻省理工学院。同年,明斯基也搬到了这里,之后两人共同创建了世界上第一座人工智能实验室——麻省理工人工智能实验室。可以确定的是,达特茅斯会议正式确立了人工智能这一术语,并且开始从学术角度对人工智能展开了严肃而精专的研究。在那之后不久,最早的一批人工智能学者和技术开始涌现。达特茅斯会议被广泛认为是人工智能诞生的标志,从此人工智能走上了快速发展的道路。

二、人工智能的发展

人工智能按照发展深度的不同,可以分为三个阶段:第一个阶段是自动化,机器代替人完成一般性的、重复性的动作。第二个阶段是聪颖性,机器可以完成一个相对而言比较简单的数据集成的工作,或者人需要花费很长时间才能完成但是机器很快就可以完成的工作。第三个阶段是智能化,机器可以提供有深度、有洞察力的观点,真正能够进行预测、分类、聚类、提供策略等。

(一)人工智能的第一次高峰

在达特茅斯会议之后,人工智能迎来了属于它的第一次高峰。在这段长达十余年的时间里,计算机被广泛应用于数学和自然语言领域,用来解决代数、几何和语言问题。这让很多研究学者看到了机器向人工智能发展的信心。在当时,甚至有很多学者乐观地认为:"二十年内,机器将能完成人能做到的一切。"

(二) 人工智能的第一次低谷

二十世纪七十年代,人工智能进入了一段痛苦艰难的岁月。由于科研人员在人工智能的研究中对项目难度预估不足,不仅导致与美国国防高级研究计划署的合作计划失败,还让大家对人工智能的前景蒙上了一层阴影。与此同时,社会舆论的压力也开始慢慢压向人工智能,导致很多研究经费被转移到了其他项目上。

在当时,人工智能面临的技术瓶颈主要是三个方面,第一,计算机性能不足,导致早期很多程序无法在人工智能领域得到应用;第二,问题的复杂性,早期人工智能程序主要是解决特定的问题,而特定的问题对象少,复杂性低,一旦问题上升维度,程序立马就不堪重负了;第三,数据量严重缺失,在当时不可能找到足够大的数据库来支撑程序进行深度学习,这很容易导致机器无法读取足够量的数据进行智能化。

因此,人工智能项目停滞不前,1973 年莱特希尔(Lighthill)发表了针对英国人工智能研究状况的报告。报告批评了人工智能在实现"宏伟目标"上的失败。由此,人工智能掉入长达 6 年的科研深渊。

(三) 人工智能的崛起

1980 年,卡内基梅隆大学为数字设备公司设计了一套名为 XCON 的"专家系统"。这是一种采用人工智能程序的系统,可以简单的理解为"知识库+推理机"的组合,XCON 是一套具有完整专业知识和经验的计算机智能系统。这套系统在 1986 年之前每年能为公司节省四千多美元经费。有了这种商业模式后,衍生出了 Symbolics、Lisp Machines 和 IntelliCorp、Aion 等这样的硬件、软件公司。在这个时期,仅专家系统产业的价值就高达 5 亿美元。

(四) 人工智能第二次低谷

命运的车轮再一次碾过人工智能,让其回到原点。仅仅在维持了 7 年之后,这个曾经轰动一时的人工智能系统就宣告结束了。到 1987 年,苹果公司和 IBM 公司生产的台式机性能都超过了 Symbolics 等厂商生产的通用计算机。从此,专家系统风光不再。

(五) 人工智能再次崛起

二十世纪九十年代中期开始,随着人工智能技术尤其是神经网络技术的逐步发展,以及人们对人工智能开始抱有客观理性的认知,人工智能技术开始进入平稳发展时期。1997 年 5 月 11 日,IBM 公司的计算机深蓝战胜了国际象棋世界冠军卡斯帕罗夫,又一次在公众领域引发了现象级的人工智能话题讨论。这是人工智能发展的一个重要里程碑。

2006 年,辛顿(Hinton)在神经网络的深度学习领域取得突破,人类又一次看到机器赶超人类的希望,也是标志性的技术进步。

人工智能在二十一世纪第二个十年引爆了一场商业革命。谷歌、微软、百度等互联网公司巨头,还有众多的初创科技公司,纷纷加入人工智能产品的战场,掀起又一轮的智能化狂潮,而且随着技术的日趋成熟和大众的广泛接受,这一次狂潮也许会架起一座现代文明与未来文明的桥梁。

第三节　人工智能的研究目标与基本内容

一、人工智能的研究目标

关于人工智能的研究目标,目前还没有一个统一的说法。从研究的内容出发,李文特和费根鲍姆提出了人工智能的9个最终目标。

(一) 理解人类的认识

此目标研究人类如何进行思维,而不是研究机器如何工作,要尽量深入了解人的记忆、问题求解能力、学习的能力和一般的决策等过程。

(二) 有效的自动化

此目标是在需要智能的各种任务上用机器取代人,其结果是要建造执行起来和人一样好的程序。

(三) 有效的智能拓展

此目标是建造思维上的弥补物,有助于人们的思维更富有成效、更快、更深刻、更清晰。

(四) 超人的智力

此目标是建造超过人的性能的程序。如果越过这一知识阈值,就可以导致进一步地增殖,如制造行业上的革新、理论上的突破、超人的教师和非凡的研究人员等。

(五) 通用问题求解

此目标的研究可以使程序能够解决或至少能够尝试其范围之外的一系列问题,包括过去从未涉及的领域。

(六) 连贯性交谈

此目标类似于图灵测试,它可以令人满意地与人交谈。交谈时使用完整的句子,而句子使用某一种人类的语言。

(七) 自治

此目标是建造能够主动地在现实世界中完成任务的系统。它与下列情况形成对比:仅在某一抽象的空间做规划,在一个模拟世界中执行,建议人去做某种事情。该目标的思想是:现实世界永远比人们的模型要复杂得多,因此它才是测试所谓智能程序的唯一公正的手段。

(八) 学习

此目标是建造能够选择收集什么数据和如何收集数据的程序,然后再进行数据的收集工作。学习是将经验进行概括,成为有用的观念、方法、启发性知识,并能以类似方式进行推理。

(九) 存储信息

此目标就是要存储大量的知识,系统要有一个类似于百科词典式的,包含广泛范围知识的知识库。

要实现这些目标,需要同时开展对智能机理和智能构造技术的研究。即使对图灵所期望的那种智能机器,尽管它没有提到思维过程,但要真正实现这种智能机器,却同样离不开对智能机理的研究。因此,揭示人类智能的根本机理,用智能机器去模拟、延伸和扩展人类智能应该是人工智能研究的根本目标,或者叫远期目标。

人工智能研究的远期目标是要制造智能机器。具体来讲,就是要使计算机具有看、听、说、写等感知能力和交互功能,具有联想、推理、理解、学习等高级思维能力,还要有分析问题、解决问题和发明创造的能力。简言之,也就是使计算机像人一样具有自动发现规律和利用规律的能力,或者说具有自动获取知识和利用知识的能力,从而扩展和延伸人的智能。

人工智能的远期目标涉及脑科学、认知科学、计算机科学、系统科学、控制论及微电子等多种学科,并有赖于这些学科的共同发展。从目前这些学科的发展现状来看,实现人工智能的远期目标还有很长的路要走。

人工智能研究的近期目标是实现机器智能,是研究如何使现有的计算机更聪明,即先部分地或某种程度地实现机器的智能,从而使现有的计算机更灵活、更好用和更有用,成为人类的智能化信息处理工具,使它能够运用知识去处理问题,能够模拟人类的智能行为,如推理、思考、分析、决策、预测、理解、规划、设计和学习等。为了实现这一目标,人们需要根据现有计算机的特点,研究实现智能的有关理论、方法和技术,建立相应的智能系统。

实际上,人工智能的远期目标与近期目标是相互依存的。远期目标为近期目标指明了方向,近期目标则为远期目标奠定了理论和技术基础;近期目标和远期目标之间并无严格界限,近期目标会随人工智能研究的发展而变化,并最终达到远期目标。

二、人工智能研究的基本内容

关于人工智能的研究内容,各种不同学派、不同研究领域以及人工智能发展的不同时期,均有不同的看法。综合起来看,比较一致的观点认为人工智能研究的基本内容主要有以下几个方面。

（一）认知建模

认知建模主要研究人类的思维方式、信息处理的过程、心理过程，以及人类的知觉、记忆、思考、学习、想象、概念、语言等相关的活动模式。

对人类认知过程的研究形成了认知科学，也称思维科学，主要研究目的就是要说明和解释人类在完成认知活动时是如何进行信息加工的。

认知科学是人工智能的重要理论基础，对人工智能发展起着根本性的作用。从认知观点看，人工智能不能仅限于逻辑思维的研究，还必须深入开展对形象思维和灵感思维的研究。只有这样，才能使人工智能具有更坚实的理论基础，才能为智能计算机系统的研制提供更新的思想，创造更新的途径。

（二）知识表示

知识表示是将人类已经掌握的知识概念化、形式化、模型化。从人工智能的角度来说，知识表示就是对知识的描述，或者说用一些约定的符号把知识编码成一组可以被计算机直接识别，并便于系统使用的数据结构。知识表示不仅仅是为了把知识用某种机器可以直接识别的数据结构表示出来，更重要的是要能够方便系统正确地运用和管理知识。人类要想建立超越人的人工智能系统，就要把整个人类所掌握的知识灌输给它，让它在一定程度上可以在知识量方面超越任何一个人类个体。知识表示方法主要包括符号表示法和神经网络表示法两种。

（三）知识推理

知识推理是研究人类如何利用已有的知识去推导出新的知识或结论的过程。在计算机或智能系统中，就是模拟人类的智能推理方式，依据推理控制策略，利用形式化的知识进行机器思维和求解问题的过程，让机器也具有人一样的推理能力。

（四）知识应用

知识应用是利用已有的知识去解决有关问题的过程。知识图谱以其强大的语义处理能力和开放组织能力，为互联网时代的知识化组织和智能应用奠定了基础。

知识图谱是结构化的语义知识库，用于以符号形式描述物理世界中的概念及其相互关系，其基本组成单位是"实体-关系-实体"三元组，以及实体及其相关属性-值对，实体之间通过关系相互联结，构成网状的知识结构。

（五）机器感知

机器感知是让计算机具有类似于人的感知能力，如视觉、听觉、触觉、嗅觉、味觉。在这些感知能力中，目前研究较多、较为成功的是机器视觉（或叫计算机视觉）和机器听觉（或叫计算机听觉）。计算机视觉就是给计算机配上能看的视觉器官，如摄像机，使它可以识别并理解文字、图像、景物等；计算机听觉就是给计算机配上能听的听觉器官，如话筒等，使计算机能够识别并理解语言、声音等。

机器感知是计算机智能系统获取外部信息的最主要途径，也是机器智能不可缺少的重要组成部分。对计算机视觉与听觉的研究,目前已在人工智能中形成了一些专门的研究领域,如计算机视觉、模式识别、自然语言理解等。

(六) 机器思维

机器思维是机器智能的重要组成部分。机器思维是让计算机能够对感知到的外界信息和自己产生的内部信息进行思维性加工。由于人类的思维功能包括逻辑思维、形象思维和灵感思维,因此机器思维的研究也应该包括这几个方面。为了实现机器的思维功能,需要在知识的表示、组织及推理方法,各种启发式搜索及控制策略,神经网络、人脑结构及其工作原理等方面进行研究。

由于人类智能主要来自大脑的思维活动,因此机器智能也主要应该通过机器的思维功能来实现。

(七) 机器学习

机器学习是让计算机能够像人一样自动地获取新知识,并在实践中不断地完善自我和增强能力。机器学习是机器具有智能的根本途径,也是人工智能研究的核心问题之一。目前,人工智能研究和应用最广泛的内容就是机器学习,包括深度学习、强化学习等。

(八) 机器行为

机器行为是让计算机能够具有像人一样的行动和表达能力,如走、跑、拿、说、唱、写、画等。如果把机器感知看作智能系统的输入部分,那么机器行为则可看作智能系统的输出部分。

(九) 智能系统与智能计算机(智能系统构建)

人工智能研究的最终目的是要构建拟人、类人、超越人的智能系统,拟人、类人、超越人是人工智能发展的三部曲,因此需要开展对系统模型、构造技术、构造工具及语言环境等方面的研究。目前已有的人工智能系统主要是机器人、无人系统、人工大脑等。

总而言之,人工智能主要研究如何让机器像人一样具有能够感知、获取知识、储存知识、推理思考、学习、行动等能力,并最终创建拟人、类人或超越人的智能系统。

第二章 大数据

第一节 大数据概述

一、大数据的概念

大数据(Big Data)是指无法在一定时间范围内用常规软件工具进行捕捉、管理和处理的数据集合,是需要新处理模式才能具有更强的决策力、洞察发现力和流程优化能力的海量、高增长率和多样化的信息资产。

在维克托·迈尔-舍恩伯格及肯尼斯·库克耶编写的《大数据时代》中大数据是指不用随机分析法(抽样调查)这样的捷径,而采用所有数据的方法。

研究机构高德纳(Gartner)给出了这样的定义:大数据是需要新处理模式才能具有更强的决策力、洞察发现力和流程优化能力来适应海量、高增长率和多样化的信息资产。

麦肯锡全球研究所给出的定义是:一种规模大到在获取、存储、管理、分析方面大大超出了传统数据库软件工具能力范围的数据集合,具有海量的数据规模、快速的数据流转、多样的数据类型和价值密度低四大特征。

大数据技术的战略意义不在于掌握庞大的数据信息,而在于对这些含有意义的数据进行专业化处理。如果把大数据比作一种产业,那么这种产业实现盈利的关键,在于提高对数据的"加工能力",通过"加工"实现数据的"增值"。

从技术上看,大数据与云计算的关系就像一枚硬币的正反面一样密不可分。大数据必然无法用单台的计算机进行处理,必须采用分布式架构。它的特色在于对海量数据进行分布式数据挖掘。它必须依托云计算的分布式处理、分布式数据库和云存储、虚拟化技术。

随着云时代的来临,大数据也受到了越来越多的关注。大数据通常用来形容一个公司创造的大量非结构化数据和半结构化数据,这些数据在下载到关系型数据库用于分析时会花费过多时间和金钱。大数据分析常和云计算联系在一起,因为实时的大型数据集分析需要像 MapReduce 一样的框架来向数十、数百甚或数千的电脑分配工作。

适用于大数据的技术,包括大规模并行处理(MPP)数据库、数据挖掘、分布式文件系统、分布式数据库、云计算平台、互联网和可扩展的存储系统。

数据的最小单位是 bit，按顺序依次是：bit、Byte、KB、MB、GB、TB、PB、EB、ZB、YB、BB、NB、DB。

它们按照进率 1 024(2 的十次方)来计算：

1 Byte＝8 bit

1 KB＝1 024 Bytes＝8 192 bit

1 MB＝1 024 KB＝1 048 576 Bytes

1 GB＝1 024 MB＝1 048 576 KB

1 TB＝1 024 GB＝1 048 576 MB

1 PB＝1 024 TB＝1 048 576 GB

1 EB＝1 024 PB＝1 048 576 TB

1 ZB＝1 024 EB＝1 048 576 PB

1 YB＝1 024 ZB＝1 048 576 EB

1 BB＝1 024 YB＝1 048 576 ZB

1 NB＝1 024 BB＝1 048 576 YB

1 DB＝1 024 NB＝1 048 576 BB

全称：

1 Bit(比特)＝Binary Digit

8 Bits＝1 Byte(字节)

1 000 Bytes＝1 Kilobyte

1 000 Kilobytes＝1 Megabyte

1 000 Megabytes＝1 Gigabyte

1 000 Gigabytes＝1 Terabyte

1 000 Terabytes＝1 Petabyte

1 000 Petabytes＝1 Exabyte

1 000 Exabytes＝1 Zettabyte

1 000 Zettabytes＝1 Yottabyte

1 000 Yottabytes＝1 Brontobyte

1 000 Brontobytes＝1 Geopbyte

二、大数据的特征

大数据是海量资料、巨量资料，这些巨量资料来源于世界各地随时产生的数据。在大数据时代，任何微小的数据都可能产生不可思议的价值。大数据有 4 个特点，分别是：Volume(大量)、Variety(多样)、Velocity(高速)、Value(价值)，一般称之为"4V"。

(一) 大量

大数据的特征首先就体现为"大",在 MP3 时代,一个小小的 MB 级别的 MP3 就可以满足很多需求,然而随着时间的推移,存储单位从过去的 GB 到 TB,乃至现在的 PB、EB 级别。随着信息技术的高速发展,数据开始爆炸式增长。社交网络(微博、微信、推特、脸书)、移动网络、各种智能工具、服务工具等,都成为数据的来源。淘宝网近 4 亿个的会员每天产生的商品交易数据约 20 TB;脸书约 10 亿个的用户每天产生的日志数据超过 300 TB。这些都迫切需要智能的算法、强大的数据处理平台和新的数据处理技术,来统计、分析、预测和实时处理如此大规模的数据。

(二) 多样

广泛的数据来源,决定了大数据形式的多样性。任何形式的数据都可以产生作用,目前应用最广泛的就是推荐系统,如淘宝、网易云音乐、今日头条等,这些平台都会通过对用户的日志数据进行分析,从而进一步推荐用户喜欢的东西。日志数据是结构化明显的数据,还有一些数据结构化不明显,如图片、音频、视频等,这些数据因果关系弱,就需要人工对其进行标注。

(三) 高速

大数据的产生非常迅速,主要通过互联网传输。生活中每个人都离不开互联网,也就是说每个人每天都在向大数据提供大量的资料。并且这些数据是需要及时处理的,因为花费大量资本去存储作用较小的历史数据是非常不划算的,对于一个平台而言,也许保存的数据只有过去几天或者一个月之内,再远的数据就要及时清理,不然代价太大。基于这种情况,大数据对处理速度有非常严格的要求,服务器中大量的资源都用于处理和计算数据,很多平台都需要做到实时分析。数据无时无刻不在产生,谁的速度更快,谁就有优势。

(四) 价值

价值也是大数据的核心特征。现实世界所产生的数据中,有价值的数据所占比例很小。与传统的小数据相比,大数据最大的价值在于可以从大量不相关的各种类型的数据中,挖掘出对未来趋势与模式预测分析有价值的数据,并通过机器学习方法、人工智能方法和数据挖掘方法深度分析,发现新规律和新知识,并运用于农业、金融、医疗等各个领域,从而最终达到改善社会治理、提高生产效率、推进科学研究的效果。

在大数据时代,人们可以享受到大数据所带来的便利。买东西可以足不出户;有急事出门可以不用再随缘等出租车;想了解天下事只需要动动手指。虽然大数据会产生个人隐私问题,但总的来说,大数据还是在不断的改善我们的生活,让生活更加方便。

三、大数据的类型

大数据包括结构化、半结构化和非结构化数据,非结构化数据越来越成为数据的主要部分。据 IDC 的调查报告显示:企业中 80% 的数据都是非结构化数据,这些数据每年都按指数增长60%。大数据是互联网发展到现阶段的一种表现,在以云计算为代表的技术创新帮助下,这些原本看起来很难收集和使用的数据开始得以有效利用,通过各行各业的不断创新,大数据会逐步为人类创造更多的价值。

(一)结构化数据

结构化数据,简单来说就是数据库,也称作行数据,是由二维表结构来逻辑表达和实现的数据,严格地遵循数据格式与长度规范,主要通过关系型数据库进行存储和管理。结构化数据标记,是一种能让网站以更好的姿态展示在搜索结果当中的方式,搜索引擎都支持标准的结构化数据标记。

结构化数据可以通过固有键值获取相应信息,且数据的格式固定,如RDBMS data。

结构化最常见的就是具有模式的数据,结构化就是模式。大多数技术应用基于结构化数据。

(二)半结构化数据

半结构化数据和普通纯文本相比具有一定的结构性,但和具有严格理论模型的关系数据库的数据相比更灵活。它是一种适于数据库集成的数据模型,也就是说,适于描述包含在两个或多个数据库(这些数据库含有不同模式的相似数据)中的数据。它是一种标记服务的基础模型,用于Web上共享信息。对半结构化数据模型感兴趣的动机主要是它的灵活性。特别是半结构化数据是"无模式"的。更准确地说,其数据是自描述的。它携带了关于其模式的信息,并且这样的模式可以随时间在单一数据库内任意改变。

这种灵活性可能使查询处理更加困难,但它给用户提供了显著的优势。例如,可以在半结构化模型中维护一个电影数据库,并且能如用户所愿地添加类似"我喜欢看此部电影吗?"这样的新属性。这些属性不需要所有电影都有值,或者甚至不需要多于一个电影有值。同样的,可以添加类似"homage to"这样的联系而不需要改变模式,或者甚至表示不止一对的电影间的联系。

因为我们要了解数据的细节,所以不能将数据简单地组织成一个文件按照非结构化数据处理,由于结构变化很大也不能够简单的建立一个表和它对应。

半结构化数据可以通过灵活的键值调整获取相应信息,且数据的格式不固定,如json,同一键值下存储的信息可能是数值型的,可能是文本型的,也可能是字典或者列表。

半结构化数据比较有意思,首先它的数据是有结构的,但却不方便模式化,有可能因为描述不标准,有可能因为描述有伸缩性,总之不能模式化。XML和json表示的数据就有半模式的特点。

半结构化数据中结构模式附着或相融与数据本身,数据自身就描述了其相应结构模式,具有下述特征:

(1)数据结构自描述性。结构与数据相交融,在研究和应用中不需要区分"元数据"和"一般数据"(两者合二为一)。

（2）数据结构描述的复杂性。结构难以纳入现有的各种描述框架，实际应用中不易进行清晰的理解与把握。

（3）数据结构描述的动态性。数据变化通常会导致结构模式变化，整体上具有动态的结构模式。

常规的数据模型，如 E-R 模型、关系模型和对象模型恰恰与上述特点相反，因此可以成为结构化数据模型。而相对于结构化数据，半结构化数据的构成更为复杂和不确定，从而也具有更高的灵活性，能够适应更为广泛的应用需求。其实用半模式化的视角看待数据是非常合理的。没有模式的限定，数据可以自由地流入系统，还可以自由的更新。这更便于客观的描述事物。在使用时模式才应该起作用，使用者想获取数据就应当构建需要的模式来检索数据。由于不同的使用者构建不同的模式，数据将最大化的被利用。这才是最自然的使用数据的方式。

（三）非结构化数据

非结构化数据，是与结构化数据相对的，不适于由数据库二维表来表现，包括所有格式的办公文档、XML、HTML、各类报表、图片和音频、视频信息等。支持非结构化数据的数据库采用多值字段、子字段和变长字段机制进行数据项的创建和管理，广泛应用于全文检索和各种多媒体信息处理领域。据 IDC 的一项调查报告显示：企业中 80% 的数据都是非结构化数据，这些数据每年都按指数增长 60%。

非结构化数据不可以通过键值获取相应信息。非结构化一般指无法结构化的数据，如图片、文件、超媒体等典型信息，在互联网上的信息内容形式中占据了很大比例。随着"互联网＋"战略的实施，将会有越来越多的非结构化数据产生。据预测，在全部数据中，非结构化数据占比将达到 70%～80%。结构化数据分析挖掘技术经过多年的发展，已经形成了相对比较成熟的技术体系。也正是由于非结构化数据中没有限定结构形式，表示灵活，蕴含了丰富的信息。因此，综合看来，在大数据分析挖掘中，掌握非结构化数据处理技术是至关重要的。

第二节　大数据的发展阶段

数据一直存在，只不过记录数据的方式一直在变。一般认为，从古至今记录数据的方式可以划分为四个阶段。

第一个阶段，在没有 IT 前我们用书本等记录数据，这个时候受限于采集数据的手段单一、生产数据的工作效率低以及分享的不便捷性，导致数据单一、量少。这个时候数据的特点是量小、价值密度高。

第二个阶段，当有了 IT 技术后，人们把自己的工作数据和个人数据记录在服务器里面,这也就是信息化。例如,银行的业务系统、企业的 OA 系统等,通过信息化引发的各种工作数据、业务数据开始进入服务器中。这个时候的数据呈现出业务性特点。

第三个阶段,当互联网出现后,数据开始快速增多,开始出现分享的文档、图片、视频等数据。这个时候数据开始显现大量、多样性、价值密度低等特点。

第四个阶段,也就是我们目前所处的阶段,物联网的兴起带来了大量的高速的物联数据,如 GPS 设备、监控心跳和血压等的设备。移动互联网导致我们以手机为终端实时产生大量的语音、图片、视频等多样性的数据,如社交 App、支付等。这个阶段数据的特点是随时随地产生数据,真正达到了具备 4V 的特征。

大数据已经渗透当今每一个行业和业务职能领域,成为重要的生产要素。人们对于海量数据的挖掘和运用,预示着新一波生产率增长和消费者盈余浪潮的到来。大数据的发展大致经历了以下阶段:

一、大数据出现阶段(1980~2008 年)

1980 年美国著名未来学家阿尔文·托夫勒在《第三次浪潮》中将"大数据"称为"第三次浪潮的华彩乐章"。1997 年美国宇航局研究员迈克尔·考克斯和大卫·埃尔斯沃斯首次使用"大数据"这一术语来描述二十世纪九十年代的挑战:模拟飞机周围的气流——是不能被处理和可视化的。通常数据集之大,超出了主存储器、本地磁盘,甚至远程磁盘的承载能力,称之为"大数据问题"。

2002 年在"9·11"袭击后,美国政府为阻止恐怖主义已经涉足大规模数据挖掘。美国前国家安全顾问约翰·波因德克斯特领导国防部整合现有政府的数据集,组建了一个用于筛选通信、犯罪、教育、金融、医疗和旅行等记录来识别可疑人的大数据库。一年后国会因担忧公民自由权而停止了这一项目。2004 年"9·11"委员会呼吁反恐机构应统一组建"一个基于网络的信息共享系统",以便能快速处理应接不暇的数据。"大数据"在云计算出现之后才凸显其真正价值,谷歌在 2006 年首先提出云计算的概念。2007~2008 年随着社交网络的激增,博客技术和专业人士为"大数据"概念注入新的生机。"当前世界范围内已有的一些其他工具将被大量数据和应用算法所取代"。《连线》杂志的克里斯·安德森认为当时处于一个"理论终结时代"。一些政府机构和美国的顶尖计算机科学家声称,"应该深入参与大数据计算的开发和部署工作,因为它将直接有利于许多任务的实现。"2008 年 9 月《自然》杂志推出了名为"大数据"的封面专栏。

二、大数据热门阶段(2009~2011 年)

2009~2010 年,大数据成为互联网技术行业中的热门词汇。2009 年,印度建立了用于身份识别管理的生物识别数据库。同年联合国全球脉冲项目对如何利用手机和社交网站的数据源来分析预测从螺旋价格到疾病爆发之类的问题进行研究。美国政府通过启动

Data.gov 网站的方式进一步开放了数据的大门,该网站有超过 4.45 万个数据集被用于保证一些网站和智能手机应用程序来跟踪从航班到产品召回再到特定区域内失业率的信息,这一行动激发了从肯尼亚到英国范围内的各国政府相继推出类似举措。欧洲一些领先的研究型图书馆和科技信息研究机构建立了伙伴关系致力于改善在互联网上获取科学数据的简易性。2010 年,肯尼斯库克尔发表大数据专题报告《数据,无所不在的数据》;2011 年 2 月,IBM 公司的沃森超级计算机每秒可扫描并分析 4TB(约 2 亿页文字量)的数据量,并在美国著名智力竞赛节目《危险边缘》中打败了两名人类挑战者而夺冠。后来纽约时报配音这一刻为一个"大数据计算的胜利"。"大数据时代已经到来"出现在 2011 年 6 月麦肯锡发布的关于"大数据"的报告中,该报告正式定义了大数据的概念,后来逐渐受到了各行各业关注;2011 年 12 月,中国工业和信息化部发布的物联网十二五规划中,把信息处理技术作为 4 项关键技术创新工程之一,其中包括了海量数据存储、数据挖掘、图像视频智能分析,这些都是大数据的重要组成部分。

三、大数据时代特征阶段(2012～2016 年)

2012 年维克托·路迈尔-舍恩伯格(最早洞见大数据时代发展趋势的数据科学家之一)及肯尼斯·库克耶的《大数据时代》一书出版,作者分别从思维变革、商业变革和管理变革三个不同的层面分析了大数据的影响。"大数据"驾着互联网浪潮的强劲东风在各行各业中扮演着举足轻重的角色。

2012 年,大数据一词越来越多地被提及,人们用它来描述和定义信息爆炸时代产生的海量数据,并命名与之相关的技术发展与创新。数据正在迅速膨胀并变大,它决定着未来的发展,随着时间的推移,人们将越来越多地意识到数据的重要性。

在 2012 年 1 月瑞士达沃斯召开的世界经济论坛上,大数据是大会主题之一,会上发布的报告《大数据,大影响》宣称,数据已经成为一种新的经济资产类别。2012 年,美国奥巴马政府在白宫网站发布了《大数据研究和发展倡议》,这一倡议标志着大数据已经成为重要的时代特征。2012 年 3 月 22 日,奥巴马政府宣布拨款 2 亿美元投资大数据领域,是大数据技术从商业行为上升到国家科技战略的分水岭。2012 年,美国颁布了《大数据的研究和发展计划》,英国发布了《英国数据能力发展战略规划》,日本发布了《创建最尖端 IT 国家宣言》,韩国提出了"大数据中心战略",世界一些其他国家也制定了相应的战略和规划。2012 年 7 月,联合国在纽约发布了一份关于大数据政务的白皮书《大数据促发展,挑战与机遇》,总结了各国政府如何利用大数据更好地服务和保护人民。2012 年 7 月,为挖掘大数据的价值,阿里巴巴在管理层设立"首席数据官"一职,负责全面推进"数据分享平台"战略,并推出大型的数据分享平台——"聚石塔",为天猫、淘宝平台上的电商及电商服务商等提供数据云服务。

2013 年被称为中国的"大数据元年"。这一年大数据开始在我国逐渐展开,以势不可挡的态势进入人们的思想意识，并在社会的各个领域探索与落地实践。阿里巴巴 2013 年 1 月 1 日转型重塑平台、金融和数据三大业务。阿里是最早提出通过数据进行企业数据化运营的企业。2013 年在全球 70 个开放数据国家和地区中，中国仅位列第 35 位。大数据掀起的变革，正在对现有的生产力和生产关系造成重要影响。2013 年 9 月 8 日，贵阳市人民政府与中关村科技园区管理委员会在贵阳签署战略合作框架协议，双方共同打造的"中关村贵阳科技园"揭牌，拉开了贵阳发展大数据的序幕。此后，中关村和贵阳市开展了更为密切的合作，贵州省则把大数据作为实现工业结构快速更新的"一号工程"。

  2014 年 3 月，贵州省在北京宣布大数据产业启航。2014 年 4 月，世界经济论坛以"大数据的回报与风险"为主题发布了《全球信息技术报告(第 13 版)》。2014 年 5 月，美国白宫发布了 2014 年全球大数据白皮书的研究报告《大数据：抓住机遇、守护价值》。2014 年 6 月，贵州省政府成立贵州省大数据产业发展领导小组，时任省委书记亲自担任组长。2014 年，贵阳市政府贯彻省委、省政府《关于加快信息产业跨越发展的意见》，印发了《贵阳市大数据产业行动计划》，系统研究全市大数据产业规划、布局、政策和落地的相关支持条件；《关于以大数据为引领加快建成创新型中心城市的意见》等政策措施陆续出台，支持大数据及关联企业发展壮大。2014 年贵州省提出"中国数谷"概念，推出《关于加快建成"中国数谷"的实施意见》，希望借助大数据产业实现工业结构的快速更新。2014 年数据开放运动已覆盖全球 44 个国家。2014 年，"大数据"首次出现在当年的《政府工作报告》中。《政府工作报告》指出，要设立新兴产业创业创新平台，在大数据等方面赶超先进，引领未来产业发展。2014 年，国务院通过《企业信息公示暂行条例(草案)》，要求在企业部门间建立互联共享信息平台，运用大数据等手段提升监管水平，大数据成为国内热议词汇。

  2015 年 2 月，工业和信息化部将贵阳正式列为全国唯一的大数据产业发展试点示范区。2015 年 4 月，国内首个大数据交易所在贵阳挂牌成立。2015 年 5 月，科技红人齐聚大数据峰会。贵阳市计划打造"数据之都"。2015 年，大数据上升到国家战略层面，我国政府于 2015 年 8 月通过了《关于促进大数据发展的行动纲要》。2015 年 10 月 26 日至 29 日，党的十八届五中全会召开，公报提出要实施"国家大数据战略"，这是大数据第一次写入党的全会决议，标志着大数据战略正式上升为国家战略，五中全会开启了大数据建设的新篇章。

  2016 年 2 月，经国家发展改革委、工业和信息化部、中央网信办批复，同意贵州省建设国家大数据(贵州)综合试验区，这是首个国家级大数据综合试验区。2016 年 5 月 25 日，中国大数据产业峰会暨中国电子商务创新发展峰会在贵阳开幕。2016 年 12 月 18 日，工业和信息化部正式印发《大数据产业发展规划(2016～2020 年)》。

四、大数据爆发期阶段(2017～2022 年)

  2017 年，在政策、法规、技术、应用等多重因素的推动下，基本形成了跨部门数据共享共用的格局。京、津、沪、渝、冀、辽、贵、晋等省（市）政府相继出台了大数据研究与发展行动计划，整合数据资源，实现区域数据中心资源汇集与集中建设。广东、福建、浙江、河南、上海等16个地区均依据当地发展现状制定相应的大数据相关政策，近20个地方政府陆续推进大数据应用平台建设。北京、上海、贵阳开展了大数据标准试点示范。全国至少有13个省成立了21家大数据管理机构，已有35所本科院校获批"数据科学与大数据技术"本科专业，62所专科院校开设"大数据技术与应用"专科专业，申报数据科学与大数据技术本科专业的学校达到293所。

2017年，大数据已经渗透人们生活的方方面面，我国大数据产业的发展也进入爆发期。2017年2月8日，贵阳市向首批16个具有引领性和标志性的大数据产业集聚区和示范基地授牌，作为国家大数据综合试验区核心区。《2017中国地方政府数据开放平台报告》发布，全国首个《政府数据共享开放（贵阳）总体解决方案》通过评审，全国首部政府数据共享开放地方性法规诞生。2017年，《大数据安全标准化白皮书（2017）》《我国地方政府大数据发展规划分析报告》《中国大数据发展调查报告（2017年）》《2017大数据分析师能力模型与企业需求报告》《中国大数据发展报告（2017）》《贵阳市大数据标准建设实施方案》《工业大数据白皮书（2017版）》和《"十三五"国家信息化规划》等文件相继发布，"数字经济"首次写入政府工作报告。2017年11月，我国首个由行业主管协会起草的大数据人才培养发展方向的通识性标准——《中国大数据人才培养体系标准》正式发布。12月8日中共中央政治局就实施国家大数据战略进行第二次集体学习，实施国家大数据战略加快建设数字中国。据《中国大数据发展调查报告（2018年）》披露，2017年中国大数据产业总体规模为4 700亿元人民币，同比增长30%；2017年大数据核心产业规模为236亿元人民币，增速达到40.5%。

2018年达沃斯世界经济论坛等全球性重要会议都把"大数据"作为重要议题，进行讨论和展望。大数据是2018年达沃斯世界经济论坛的热词之一。在2018年拉斯维加斯消费电子展（CES）上，美国消费技术协会总裁兼首席执行官加里·夏皮罗、英特尔首席执行官布莱恩·克尔扎尼奇等都表示，大数据将对人类生活产生深远影响，大数据是未来科技浪潮发展不容忽视的巨大推动力量。2018年许多国家政府对大数据产业发展有着高度的热情高涨。2018年美国希望利用大数据技术实现在多个领域的突破，包括科研教学、环境保护、工程技术、国土安全、生物医药等。2018年欧盟在大数据方面的活动主要涉及四方面内容：研究数据价值链战略因素；资助"大数据"和"开放数据"领域的研究和创新活动；实施开放数据政策；促进公共资助科研实验成果和数据的使用及再利用。

大数据发展浪潮席卷全球。全球各经济社会系统采集、处理、积累的数据增长迅猛，大数据产业市场规模逐步提升。2018年大数据产业呈现七大发展趋势：①开源大数据商业化进一步深化；②打包的大数据行业分析应用不断开拓新市场；③大数据细分市场规模进一步增大；④大数据推动公司并购的规模和数量进一步提升；⑤大数据分析的革命性方法出现;⑥大数据与云计算深度融合;⑦大数据一体机陆续发布。

2017年全球的数据总量为21.6 ZB(1个ZB等于十万亿亿字节),目前全球数据的增长速度在每年40%左右,2018年全球大数据产业获得强劲发展。2018年我国大数据市场规模达到280亿元,2018～2022年年均复合增长率约为27.29%。2018年全球大数据市场规模达到454亿美元,2018～2022年年均复合增长率约为15.37%,至2022年,全球大数据市场规模预计将达到800亿美元。

第三节 大数据在金融业的应用

随着大数据技术的广泛普及和发展成熟,金融大数据应用已经成为行业热点,在交易欺诈识别、精准营销、黑产防范、消费信贷、信贷风险评估、供应链金融、股市行情预测、股价预测、智能投顾、骗保识别、风险定价等涉及银行、证券、保险等多领域的具体业务中,得到广泛应用。对于大数据的应用分析能力,正在成为金融机构未来发展的核心竞争要素。

金融大数据有着广阔的发展前景。然而,金融大数据应用也面临着数据资产管理水平不足、技术改造难度大、行业标准缺失、安全管控压力大和政策保障尚不完善等一系列制约因素。为推动金融大数据更好发展应用,必须从政策扶持保障、数据管理能力提升、行业标准规范建设和应用合作创新等多个方面入手,不断强化应用基础能力,持续完善产业生态环境。

大数据技术的应用提升了金融行业的资源配置效率,强化了风险管控能力,有效促进了金融业务的创新发展。金融大数据在银行业、证券业、保险业、支付清算业和互联网金融业都得到广泛的应用。

一、大数据在银行业的应用

国内不少银行已经开始尝试通过大数据来驱动业务运营,如中信银行信用卡中心使用大数据技术实现了实时营销,光大银行建立了社交网络信息数据库,招商银行则利用大数据发展小微贷款。总的来看,银行大数据应用可以分为四大方面。

(一)客户画像应用

客户画像应用主要分为个人客户画像和企业客户画像。个人客户画像包括人口统计学特征、消费能力数据、兴趣数据、风险偏好等;企业客户画像包括企业的生产、流通、运营、财务、销售和客户数据、相关产业链上下游等数据。值得注意的是,银行拥有的客户信息并不全面,基于银行自身拥有的数据有时候难以得出理想的结果甚至可能得出错误的结论。例如,如果某位信用卡客户月均刷卡8次,平均每次刷卡金额800元,平均每年打4次客服电话,从未有过投诉。按照传统的数据分析,该客户是一位满意度较高流失风险较低的客户。但真实情况是:该客户工资卡和信用卡不在同一家银行,还款不方便,好几次打客服电话没接通,客户甚至多次在微博上抱怨,客户流失风险较高。所以银行不仅要分析自身业务所采集的数据,更应整合外部更多的数据进行分析,以扩展对客户的了解,具体包括:

(1) 客户在社交媒体上的行为数据(如光大银行建立了社交网络信息数据库)。通过打通银行内部数据和外部社会化的数据可以获得更为完整的客户拼图,从而进行更为精准的营销和管理。

(2) 客户在电商网站的交易数据,如建设银行将自己的电子商务平台和信贷业务结合起来,阿里金融为阿里巴巴用户提供无抵押贷款,用户只需要凭借过去的信用即可申请贷款。

(3) 企业客户的产业链上下游数据。如果银行掌握了企业所在的产业链上下游的数据,就可以更好地掌握企业的外部环境变化情况,从而可以预测企业未来的状况。

(4) 其他有利于扩展银行对客户兴趣爱好的数据,如网络广告界目前正在兴起的DMP数据平台的互联网用户行为数据。

(二) 精准营销

在客户画像的基础上银行可以有效的开展精准营销,具体包括:

(1) 实时营销。实时营销是根据客户的实时状态来进行营销,如客户所在地、客户最近一次消费等信息来有针对性地进行营销(某客户采用信用卡采购孕妇用品,可以通过建模推测怀孕的概率并推荐孕妇类喜欢的业务);或者将改变生活状态的事件(换工作、改变婚姻状况、置业等)视为营销机会。

(2) 交叉营销。不同业务或产品的交叉推荐,如招商银行根据客户交易记录分析,有效地识别小微企业客户,然后用远程银行来实施交叉销售。

(3) 个性化推荐。银行可以根据客户的喜好进行服务或者银行产品的个性化推荐,如根据客户的年龄、资产规模、理财偏好等,对客户群进行精准定位,分析其潜在金融服务需求,进而有针对性的营销推广。

(4) 客户生命周期管理。客户生命周期管理包括新客户获取、客户防流失和客户赢回等,如招商银行通过构建客户流失预警模型,对流失率等级前20%的客户发售高收益理财产品予以挽留,使得金卡和金葵花卡客户流失率分别降低了15%和7%。

(三) 风险管控

风险管控包括中小企业贷款风险评估和欺诈交易识别等手段。

(1) 中小企业贷款风险评估。银行可通过企业的生产、流通、销售、财务等相关信息结合大数据挖掘方法进行贷款风险分析,量化企业的信用额度,更有效地开展中小企业贷款。

(2) 实时欺诈交易识别和反洗钱分析。银行可以利用持卡人基本信息、卡基本信息、交易历史、客户历史行为模式、正在发生行为模式（如转账）等，结合智能规则引擎（如从一个不经常出现的国家为一个特有用户转账或从一个不熟悉的位置进行在线交易）进行实时的交易反欺诈分析，如 IBM 金融犯罪管理解决方案帮助银行利用大数据有效地预防与管理金融犯罪，摩根大通银行则利用大数据技术追踪盗取客户账号或侵入自动柜员机（ATM）系统的罪犯。

（四）运营优化

（1）市场和渠道分析优化。通过大数据，银行可以监控不同市场推广渠道尤其是网络渠道推广的质量，从而进行合作渠道的调整和优化。银行也可以分析哪些渠道更适合推广哪类银行产品或者服务，从而进行渠道推广策略的优化。

（2）产品和服务优化。银行可以将客户行为转化为信息流，并从中分析客户的个性特征和风险偏好，更深层次地理解客户的习惯，智能化分析和预测客户需求，从而进行产品创新和服务优化，如兴业银行目前对大数据进行初步分析，通过对还款数据挖掘比较区分优质客户，根据客户还款数额的差别，提供差异化的金融产品和服务方式。

（3）舆情分析。银行可以通过爬虫技术，抓取社区、论坛和微博上关于银行以及银行产品和服务的相关信息，并通过自然语言处理技术进行正负面判断，尤其是及时掌握银行以及银行产品和服务的负面信息，及时发现和处理问题；对于正面信息，可以加以总结并继续强化。银行也可以抓取同行业的银行正负面信息，及时了解同行做得好的方面，以作为自身业务优化的借鉴。

二、大数据在证券业的应用

（一）股市行情预测

大数据可以有效拓宽证券企业量化投资数据维度，帮助企业更精准地了解市场行情。随着大数据广泛应用、数据规模爆发式增长以及数据分析及处理能力显著提升，量化投资将获取更广泛的数据资源，构建更多元的量化因子，投研模型更加完善。

证券企业应用大数据对海量个人投资者样本进行持续性跟踪监测，对账户投资收益率、持仓率、资金流动情况等一系列指标进行统计、加权汇总，了解个人投资者交易行为的变化、投资信心的状态与发展趋势、对市场的预期以及当前的风险偏好等，对市场行情进行预测。

（二）股价预测

证券行业具有自身的特点，与其他行业产品与服务的价值衡量普遍存在间接性的特点不同，证券行业客户的投资与收益以直接的、客观的货币形式直观地呈现。受证券行业自身特点和行业监管要求的限制，证券行业金融业务与产品的设计、营销与销售方式也与其他行业具有鲜明的差异，专业性更强。

诺贝尔经济学奖得主罗伯特·席勒设计的投资模型至今仍被业内沿用。在他的模型中,主要参考三个变量:投资项目计划的现金流、公司资本的估算成本、股票市场对投资的反应(市场情绪)。大数据技术可以收集并分析社交网络如微博、朋友圈、专业论坛等渠道上的结构化和非结构化数据,了解市场对特定企业的观感,使得市场情绪感知成为可能。

(三)智能投顾

智能投顾是近年证券公司应用大数据技术匹配客户多样化需求的新尝试之一,目前已经成为财富管理新蓝海。智能投顾业务提供线上的投资顾问服务,能够基于客户的风险偏好、交易行为等个性化数据,采用量化模型,为客户提供低门槛、低费率的个性化财富管理方案。智能投顾在客户资料收集分析、投资方案的制定、执行以及后续的维护等步骤上均采用智能系统自动化完成,且具有低门槛、低费率等特点,因此能够为更多的零售客户提供定制化服务。

三、大数据在保险业的应用

以数据作为驱动,结合先进的人工智能技术,帮助保险行业打造新的业务模式和商业形态,利用多种模型和系统工具,提升营销转化效果,同时进行风险评估和精准定价,帮助保险行业打造差异化产品和服务,提升核心竞争力。

(一)营销

(1)客户管理。大数据为保险营销提供精准的客户画像和客户信息管理,辅助保险销售人员了解客户,制定具备高目的性的销售方案,提升销售效果。

(2)营销模型。大数据可以定制化保险销售模型,优选高意向客户,并根据客户销售转化分层,构建最优化资源和人员的配置方案,提升总体销售转化率。

(二)风控

(1)车险风险识别。运用个人风险标签评分与现有车险风险定价模型,构建完整数据闭环,提升风险识别能力。

(2)高风险客户识别。综合运用大数据和人工智能识别,结合实际保险场景,对理赔欺诈等常见高风险投保行为,进行识别和定位,降低保险公司潜在损失。

(3)代理人风险识别。大数据可以识别代理人风险状况,降低由代理人行为带来的投诉和其他损失。

(4)骗保识别。借助大数据手段,保险企业可以识别诈骗规律,显著提升骗保识别的准确性与及时性。保险企业可以通过构建保险欺诈识别模型,大规模地识别近年来发生的所有赔付事件,通过筛选从数万条赔付信息中挑出疑似诈骗索赔,再根据疑似诈骗索赔展开调查能大幅度提高工作效率。此外,保险企业可以结合内部、第三方和社交媒体数据进行早期异常值检测,包括了解客户的健康状况、财产状况、理赔记录等,及时采取干预措施,减少先期赔付。

(5)风险定价。保险公司通过大数据分析可以解决现有的风险管理问题。例如,通过智能监控装置搜集驾驶者的行车数据,如行车频率、行车速度、急刹车和急加速频率等;通过社交媒体搜集驾驶者的行为数据,如在网上吵架频率、性格特征等;通过医疗系统搜集驾驶者的健康数据。以这些数据为依据进行风险定价,如果一个人不经常开车,并且开车十分谨慎的话,那么他可以比大部分人节省30%～40%的保费,这将大大地提高保险产品的竞争力。

四、大数据在支付清算业的应用

大数据在支付清算业的应用主要是运用大数据进行交易欺诈识别。目前,支付服务操作十分便捷,客户已经可以做到随时、随地进行转账操作。面对盗刷和金融诈骗案件频发的现状,支付清算企业交易诈骗识别挑战巨大。大数据可以利用账户基本信息、交易历史、位置历史、历史行为模式、正在发生行为模式等,结合智能规则引擎进行实时的交易反欺诈分析。整个技术实现流程为实时采集行为日志、实时计算行为特征、实时判断欺诈等级、实时触发风控决策、案件归并形成闭环。

第三章 云计算

第一节 云计算概述

一、云计算的概念

　　云计算(Cloud Computing)是分布式计算的一种,是指通过网络"云"将巨大的数据计算处理程序分解成无数个小程序,再通过多部服务器组成的系统进行处理和分析这些小程序得到结果并返回给用户。云计算早期是简单的分布式计算,解决任务分发,并进行计算结果的合并。因而,云计算又称为网格计算。通过这项技术,可以在很短的时间内(几秒钟)完成对数以万计的数据的处理,从而达到强大的网络服务。

　　现阶段所说的云服务已经不单单是一种分布式计算,而是分布式计算、效用计算、负载均衡、并行计算、网络存储、热备份冗杂和虚拟化等计算机技术混合演进并跃升的结果。

　　云实质上是一个网络,狭义上讲,云计算就是一种提供资源的网络,使用者可以随时获取云上的资源,按需求量使用,并且可以看成是无限扩展的,只要按使用量付费就可以。云就像自来水厂一样,我们可以随时接水,并且不限量,按照自己家的用水量,付费给自来水厂就可以。

　　从广义上说,云计算是与信息技术、软件、互联网相关的一种服务,这种计算资源共享池叫做云,云计算把许多计算资源集合起来,通过软件实现自动化管理,只需要很少的人参与,就能让资源被快速提供。也就是说,计算能力作为一种商品,可以在互联网上流通,就像水、电、煤气一样,可以方便地取用,且价格较为低廉。

　　云计算不是一种全新的网络技术,而是一种全新的网络应用概念,云计算的核心概念就是以互联网为中心,在网站上提供快速且安全的云计算服务与数据存储,让每一个使用互联网的人都可以使用网络上的庞大计算资源与数据中心。

　　云计算是继互联网、计算机后在信息时代又一种新的革新,云计算是信息时代的一个大飞跃,未来的时代可能是云计算的时代,虽然目前有关云计算的定义有很多,但概括来说,云计算的基本含义是一致的,即云计算具有很强的扩展性和需要性,可以为用户提供一种全新的体验,云计算的核心是可以将很多的计算机资源协调在一起。因此,云计算可以使用户通过网络就可以获取到无限的资源，同时获取的资源不受时间和空间的限制。

二、云计算产生的背景

互联网自二十世纪六十年代开始兴起，主要用于军方、大型企业等之间的纯文字电子邮件或新闻集群组服务。直到二十世纪九十年代才开始进入普通家庭，随着 Web 网站与电子商务的发展，网络已经成为目前人们离不开的生活必需品之一。云计算这个概念首次在 2006 年 8 月的搜索引擎会议上提出，成为互联网的第三次革命。

近年来，云计算也正在成为信息技术产业发展的战略重点，全球的信息技术企业都在纷纷向云计算转型。举例来说，每家公司都需要做数据信息化，存储相关的运营数据，进行产品管理、人员管理、财务管理等，而进行这些数据管理的基本设备就是计算机了。

对于一家企业来说，一台计算机的运算能力是远远无法满足数据运算需求的，那么公司就要购置一台运算能力更强的计算机，也就是服务器。对于规模比较大的企业来说，一台服务器的运算能力显然还是不够的，那就需要企业购置多台服务器，甚至演变成为一个具有多台服务器的数据中心，而且服务器的数量会直接影响这个数据中心的业务处理能力。除了高额的初期建设成本之外，计算机的运营支出中的电费开支要比投资成本高得多，再加上计算机和网络的维护支出，这些总的费用是中小型企业难以承受的，于是云计算便应运而生了。

三、云计算的发展历程

云计算这个概念从提出到今天（2020 年），已经差不多 15 年了。在这 15 年间，云计算取得了飞速的发展与翻天覆地的变化。云计算被视为计算机网络领域的一次革命，因为它的出现，社会的工作方式和商业模式也在发生巨大的改变。

云计算的产生和发展与之前所提及的并行计算、分布式计算等计算机技术密切相关，都促进着云计算的成长。追溯云计算的历史，可以追溯到 1956 年，克里斯托弗·斯特拉齐（Christopher Strachey）发表了一篇关于虚拟化的论文，正式提出虚拟化的概念。虚拟化则是今天云计算基础架构的核心，是云计算发展的基础。而后随着网络技术的发展，逐渐孕育了云计算的萌芽。

在二十世纪九十年代，计算机网络出现了"大爆炸"，出现了以思科为代表的一系列公司，随即网络出现泡沫时代。

2004 年，Web2.0 会议举行，Web2.0 成为当时的热点，这也标志着互联网泡沫破灭，计算机网络发展进入了一个新的阶段。在这一阶段，让更多的用户方便快捷地使用网络服务成为互联网发展亟待解决的问题，与此同时，一些大型公司也开始致力于开发大型计算能力的技术，为用户提供更加强大的计算处理服务。

在 2006 年 8 月 9 日,谷歌公司首席执行官埃里克·施密特(Eric Schmidt)在搜索引擎大会(SES San Jose 2006)首次提出"云计算"的概念。这是云计算发展史上第一次正式地提出这一概念,有着巨大的历史意义。

2007 年以来,云计算成为了计算机领域最令人关注的话题之一,同样也是大型企业、互联网建设着力研究的重要方向。因为云计算的提出,互联网技术和 IT 服务出现了新的模式,引发了一场变革。

2008 年,微软公司发布其公共云计算平台(Windows Azure Platform),由此拉开了微软的云计算大幕。同样,云计算在国内也掀起一场风波,许多大型网络公司纷纷加入云计算的阵列。

2009 年 1 月,阿里软件在江苏南京建立首个"电子商务云计算中心"。同年 11 月,中国移动云计算平台"大云"计划启动。到现阶段,云计算已经发展到较为成熟的阶段。

2019 年 8 月 17 日,北京互联网法院发布《互联网技术司法应用白皮书》。发布会上,北京互联网法院互联网技术司法应用中心揭牌成立。

四、云计算的基本特征

云计算采用计算机集群构成数据中心,并以服务的形式交付给用户,使得用户可以像使用水、电一样按需购买云计算资源。从这个角度来看,云计算与网格计算的目标非常相似。但是,云计算和网格计算等传统的分布式计算也有着较明显的区别:首先,云计算是弹性的,即云计算能根据工作负载大小动态分配资源,而部署于云计算平台上的应用需要适应资源的变化,并能根据变化做出响应;其次,相对于强调异构资源共享的网格计算,云计算更强调大规模资源池的分享,通过分享提高资源利用率,并利用规模经济降低运行成本;最后,云计算需要考虑经济成本,因此硬件设备、软件平台的设计不再一味追求高性能,而要综合考虑成本、可用性、可靠性等因素。

基于上述比较并结合云计算的应用背景,云计算的基本特征可归纳如下。

(1)快速弹性服务。服务的规模可快速伸缩,以自动适应业务负载的动态变化。用户使用的资源同业务的需求相一致,避免了因为服务器性能过载或冗余而导致的服务质量下降或资源浪费。

(2)资源池化。资源以共享资源池的方式统一管理。云计算利用虚拟化技术,将资源分享给不同用户,资源的放置、管理与分配策略对用户透明。

(3)按需自助服务。云计算以服务的形式为用户提供应用程序、数据存储、基础设施等资源,并可以根据用户需求,自动分配资源,而不需要系统管理员干预。

(4)服务可计费。云计算监控用户的资源使用量,并根据资源的使用情况对服务计费。

(5)泛在接入。用户可以利用各种终端设备(如 PC 电脑、笔记本电脑、智能手机等)

随时随地通过互联网访问云计算服务。

正是因为云计算具有上述 5 个特性，使得用户通过云计算存储个人电子邮件、存储相片、从云计算服务提供商处购买音乐、储存配置文件和信息、与社交网站互动、通过云计算查找驾驶及步行路线、开发网站，以及与云计算中其他用户互动。使用户处理生活、工作等事务更加便捷快速。这也是云计算能在短时间内迅速传播并流行发展起来的重要原因。

第二节 云计算的服务类型、关键技术和部署模式

一、云计算的服务类型

云计算的服务类型可分为三类：基础设施即服务（IaaS）、平台即服务（PaaS）和软件即服务（SaaS）。这 3 种云计算服务有时被称为云计算堆栈，以下简略介绍这三种服务。

（一）基础设施即服务

基础设施即服务是把 IT 基础设施作为一种服务通过网络对外提供，并根据用户对资源的实际使用量或占用量进行计费的一种服务模式。

在这种服务模式中，普通用户不用自己构建一个数据中心等硬件设施，而是通过租用的方式，利用互联网从 IaaS 服务提供商获得计算机基础设施服务，包括服务器、存储和网络等服务。

（二）平台即服务

平台即服务是为开发人员提供通过全球互联网构建应用程序和服务的平台，为开发、测试和管理软件应用程序提供按需开发环境。

（三）软件即服务

软件即服务是通过互联网提供按需软件付费应用程序，云计算提供商托管和管理软件应用程序，并允许其用户连接到应用程序和通过全球互联网访问应用程序。

二、云计算的关键技术

（一）虚拟化技术

云计算的虚拟化技术不同于传统的单一虚拟化，它是涵盖整个 IT 架构的，包括资源、网络、应用和桌面在内的全系统虚拟化，它的优势在于能够把所有硬件设备、软件应用和数据隔离开来，打破硬件配置、软件部署和数据分布的界限，实现 IT 架构的动态化，实现资源集中管理，使应用能够动态地使用虚拟资源和物理资源，提高系统适应需求和环境的能力。

对于信息系统仿真,云计算虚拟化技术的应用意义并不仅仅在于提高资源利用率并降低成本,更大的意义是提供强大的计算能力。信息系统仿真系统是一种具有超大计算量的复杂系统,计算能力对于系统运行效率、精度和可靠性影响很大,而虚拟化技术可以将大量分散的、没有得到充分利用的计算能力,整合到计算高负荷的计算机或服务器上,实现全网资源统一调度使用,从而在存储、传输、运算等多个计算方面达到高效。

(二)分布式存储技术

海量数据分布式存储技术是通过分布式存储技术的方法将数据存储在不同的物理设备中以实现快速、高效地处理海量数据。云计算系统由大量服务器组成,能同时响应大量用户的需求。同时云计算系统也采用冗余存储的方式(集群计算、数据冗余和分布式存储)保证了数据的可靠性。冗余的方式是通过任务分解和集群,用低配机器替代超级计算机的性能来保证低成本,这种方式提高了分布式数据的可用性、可靠性和经济性,能实现为同一组数据存储多个副本。分布式存储与传统的网络存储存在较大差异。为了存放全部的数据,传统网络存储系统采用了集中的存储服务器,因此无法满足大规模存储应用的需求。而分布式网络存储系统将存储的任务分担给多台存储服务器,将存储信息的定位交由位置服务器负责,合理运用了可扩展的系统结构,有效提高了系统的扩展性、可靠性、存储效率。当前云计算领域中被用户广泛使用的分布式数据存储系统是由谷歌提供的 GFS 和 Hadoop 团队开发的开源系统 HDFS。

(三)分布式资源管理技术

信息系统仿真系统在大多数情况下会处在多节点并发执行环境中,要保证系统状态的正确性,必须保证分布数据的一致性。为了分布的一致性问题,计算机界的很多公司和研究人员提出了各种各样的协议,这些协议即是一些需要遵循的规则,也就是说,在云计算出现之前,解决分布的一致性问题是靠众多协议的。但对于大规模、超大规模的分布式系统来说,无法保证各个分系统、子系统都使用同样的协议,也就无法保证分布的一致性问题得到解决。云计算中的分布式资源管理技术圆满解决了这一问题。谷歌公司的 Chubby 是最著名的分布式资源管理系统,该系统实现了 Chubby 服务锁机制,使得解决分布一致性问题的不再仅仅依赖一个协议或者是一个算法,而是有了一个统一的服务。

(四)并行编程技术

云计算采用并行编程模式。在并行编程模式下,并发处理、容错、数据分布、负载均衡等细节都被抽象到一个函数库中,通过统一接口,用户大尺度的计算任务被自动并发和分布执行,即将一个任务自动分成多个子任务,并行地处理海量数据。

对于信息系统仿真这种复杂系统的编程来说,并行编程模式是一种颠覆性的革命,它是在网络计算等一系列优秀成果上发展而来的,所以更加淋漓尽致地体现了面向服务的体系架构(SOA)技术。可以预见,如果将这一并行编程模式引入信息系统仿真领域,定会带来信息系统仿真软件建设的跨越式进步。

(五) 平台管理技术

云计算具备庞大的资源规模,能在不同的地点遍布数量众多的服务器,并维持数以百计的应用同时运行。整个云系统面临的最大挑战是如何对所有服务器进行合理高效的管理,确保系统持续的提供优质服务。云计算系统的平台管理技术能够使大量的服务器协同工作,方便进行业务部署和开通,快速发现系统故障并恢复,通过自动化、智能化的手段实现大规模系统的可靠运营。

云计算有私有云、社区云、公有云和混合云四种部署模式可供选择,然而这四种模式对平台管理的要求却大相径庭。不同企业在ICT资源共享的控制方面、在系统效率的把控以及成本投入的预算管理上也大不相同,企业对云计算系统的规模和性能的把控也不一致。因此,定制化的,能满足不同场景的平台管理是云计算供应商需要着重考虑的。

三、云计算的部署模式

云计算有四种部署模式,每一种都具备独特的功能,满足用户不同的要求。

(一) 公有云

在公有云模式下,应用程序、资源、存储和其他服务,都由云服务供应商来提供给用户,这些服务多半都是免费的,也有部分按需按量来付费,这种模式只能使用互联网来访问和使用。同时,这种模式在私人信息和数据保护方面也比较有保证。这种部署模式通常都可以提供可扩展的云服务并能高效设置。

(二) 私有云

私有云基础设施专门为某一个企业服务,无论是自己管理还是第三方管理,自己负责还是第三方托管,都没有关系,只要使用的方式没有问题,就能为企业带来很显著的帮助。不过这种模式所要面临的是,纠正、检查等安全问题需企业自己负责,否则出了问题也只能自己承担后果,此外,整套系统也需要自己出钱购买、建设和管理。这种云计算模式可非常广泛地产生正面效益,它可以为所有者提供具备充分优势和功能的服务。

(三) 社区云

社区云模式是建立在一个特定的小组里多个目标相似的公司之间的,他们共享一套基础设施,企业也像是共同前进。其产生的成本由他们共同承担,因此,所能实现的成本节约效果也并不很大。社区云的成员都可以登入云中获取信息和使用应用程序。

(四) 混合云

混合云是两种或两种以上的云计算模式的混合体,如公有云和私有云混合。他们相互独立,但在云的内部又相互结合,可以发挥出所混合的多种云计算模式各自的优势。

第三节　云计算的应用

较为简单的云计算技术已经普遍服务于现如今的互联网服务中,最为常见的就是网络搜索引擎和电子邮箱。

搜索引擎大家最为熟悉的莫过于谷歌和百度了,在任何时刻,只要用过移动终端就可以在搜索引擎上搜索任何自己想要的资源,通过云端共享数据资源。电子邮箱也是如此,在过去,寄写一封邮件是一件比较麻烦的事情,同时也是很慢的过程,而在云计算技术和网络技术的推动下,电子邮箱成为了社会生活中的一部分,只要在网络环境下,就可以实现实时的邮件的寄发。今天,云计算技术已经融入社会生活的各个方面。

一、存储云

存储云又称云存储,是在云计算技术上发展起来的一个新的存储技术。云存储是一个以数据存储和管理为核心的云计算系统。用户可以将本地的资源上传至云端上,可以在任何地方连入互联网来获取云上的资源。大家所熟知的谷歌、微软等大型网络公司均有云存储的服务。在国内,百度云和微云则是市场占有量最大的存储云。存储云向用户提供了存储容器服务、备份服务、归档服务和记录管理服务等,大大方便了使用者对资源的管理。

二、医疗云

医疗云是指在云计算、移动技术、多媒体、4G通信、大数据、以及物联网等新技术基础上,结合医疗技术,使用"云计算"来创建医疗健康服务云平台,实现了医疗资源的共享和医疗范围的扩大。因为云计算技术的运用,医疗云提高医疗机构的效率,方便居民就医,如医院的预约挂号、电子病历、医保等等都是云计算与医疗领域结合的产物,医疗云还具有数据安全、信息共享、动态扩展、布局全国的优势。

三、金融云

金融云是利用云计算的模型,将信息、金融和服务等功能分散到庞大分支机构构成的互联网"云"中,旨在为银行、保险和基金等金融机构提供互联网处理和运行服务,同时共享互联网资源,从而解决现有问题并且达到高效、低成本的目标。2013年11月27日,阿里云整合阿里巴巴旗下资源推出阿里金融云服务。其实,这就是现在基本普及了的快捷支付,因为金融与云计算的结合,现在只需要在手机上简单操作,就可以完成银行存款、购买保险和基金买卖。现在,不仅仅阿里巴巴推出了金融云服务,像苏宁金融、腾讯等企业均推出了自己的金融云服务。

四、教育云

教育云实质上是指教育信息化的一种发展。教育云可以将所需要的任何教育硬件资源虚拟化,然后将其传入互联网中,以向教育机构和学生老师提供一个方便快捷的平台。现在流行的慕课就是教育云的一种应用。慕课是大规模开放的在线课程。现阶段慕课的三大优秀平台为 Coursera、edX 以及 Udacity。在国内,中国大学 MOOC 也是非常好的平台。2013 年 10 月 10 日,清华大学推出 MOOC 平台——学堂在线。许多大学现已使用学堂在线开设了一些课程的 MOOC。

第四章 智能投顾

第一节 智能投顾的理论基础

一、马科维茨的现代投资组合理论

1952年,美国经济学家马科维茨在他的学术论文《资产选择:有效的多样化》中,首次应用资产组合报酬的均值和方差这两个量化指标,从数学上明确地定义了投资者偏好,并以数学化的方式解释投资分散化原理,系统地阐述了资产组合和选择问题,标志着现代资产组合理论(Modern Portfolio Theory,MPT)的开端。投资组合理论成为现代金融投资理论的基础。马科维茨给出了最优投资组合问题的实际计算方法。马科维茨的理论被誉为"华尔街的第一次革命"。马科维茨因首次提出投资组合理论,并进行了系统、深入和卓有成效的研究,荣获1990年诺贝尔经济学奖。该理论认为,投资组合能降低非系统性风险,一个投资组合是由组成的各证券及其权重所确定的,选择不相关的证券应是构建投资组合的目标。

(一) 马科维茨投资组合理论的内容

马科维茨的投资组合理论包含两个重要内容:均值—方差分析方法和投资组合有效边界模型。

在发达的证券市场中,马科维茨投资组合理论早已在实践中被证明是行之有效的,并且被广泛应用于组合选择和资产配置。从狭义的角度来说,投资组合是规定了投资比例的一揽子有价证券,当然,单只证券也可以当作特殊的投资组合。本书讨论的投资组合限于由股票和无风险资产构成的投资组合。

投资的本质是在不确定性的收益和风险中进行选择。投资组合理论用均值—方差来刻画这两个关键因素。均值是指投资组合的期望收益率,它是单只证券的期望收益率的加权平均,权重为相应的投资比例。当然,股票的收益包括分红派息和资本增值两部分。方差是指投资组合的收益率的方差。收益率的标准差称为波动率,它刻画了投资组合的风险。

人们在证券投资决策中应该怎样选择收益和风险是投资组合理论研究的中心问题。

投资组合理论研究"理性投资者"如何选择优化投资组合。理性投资者,是指这样的投资者:他们在给定期望风险水平下对期望收益进行最大化,或者在给定期望收益水平下对期望风险进行最小化。

因此把上述优化投资组合在以波动率为横坐标,收益率为纵坐标的二维平面中描绘出来,形成一条曲线。这条曲线上有一个点,其波动率最低,称之为最小方差点(英文缩写是 MVP)。这条曲线在最小方差点以上的部分就是著名的(马科维茨)投资组合有效边界,对应的投资组合称为有效投资组合。投资组合有效边界是一条单调递增的凹曲线,如图 4-1 所示。

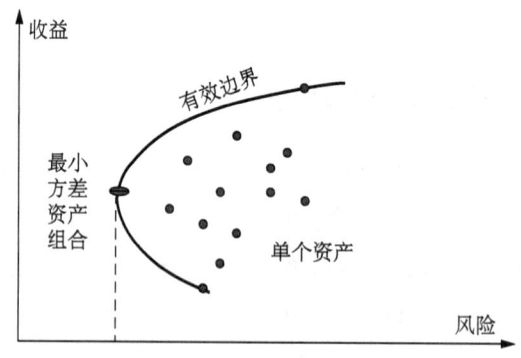

图 4-1　投资组合有效边界模型

在波动率-收益率二维平面上,任意一个投资组合要么落在有效边界上,要么处于有效边界之下。因此,有效边界包含了全部(帕累托)最优投资组合,理性投资者只需在有效边界上选择投资组合。

现代投资组合理论主要由投资组合理论、资本资产定价模型、APT 模型、有效市场理论以及行为金融理论等部分组成。它们的发展极大地改变了过去主要依赖基本分析的传统投资管理实践,使现代投资管理日益朝着系统化、科学化、组合化的方向发展。

马科维茨的投资组合理论对风险和收益进行了量化,建立的是均值-方差模型,提出了确定最佳资产组合的基本模型。由于这一方法要求计算所有资产的协方差矩阵,严重制约了其在实践中的应用。

1964 年,威廉·夏普提出了可以对协方差矩阵加以简化估计的单因素模型,极大地推动了投资组合理论的实际应用。

20 世纪 60 年代,夏普、林特和莫森分别于 1964、1965 和 1966 年提出了资本资产定价模型(CAPM)。作为基于风险资产期望收益均衡基础上的预测模型之一,CAPM 阐述了在投资者都采用马科维茨的理论进行投资管理的条件下市场均衡状态的形成,把资产的预期收益与预期风险之间的理论关系用一个简单的线性关系表达出来了,即认为一个资产的预期收益率与衡量该资产风险的一个尺度 β 值之间存在正相关关系。应该说,作为一种阐述风险资产均衡价格决定的理论,单一指数模型,或以之为基础的CAPM不仅大大简化了投资组合选择的运算过程,使马科维茨的投资组合选择理论朝现实世界的应用迈进了一大步,而且也使得证券理论从以往的定性分析转入定量分析,从规范性转入实证性,进而对证券投资的理论研究和实际操作,甚至整个金融理论与实践的发展都产生了巨大影响,成为现代金融学的理论基础。

该模型不仅提供了评价收益—风险相互转换特征的可运作框架,也为投资组合分析、基金绩效评价提供了重要的理论基础。

1976年,针对CAPM模型所存在的不可检验性的缺陷,罗斯提出了一种替代性的资本资产定价模型,即APT模型。该模型直接导致了多指数投资组合分析方法在投资实践上的广泛应用。

投资组合理论被定义为最佳风险管理的定量分析。无论分析的单位是家庭、公司,还是其他经济组织,为了找到最优的行动方案,需要在减少风险的成本与收益之间进行权衡,对这些内容阐述并估计的过程,即投资组合理论的应用。

对家庭而言,消费和风险偏好是已知的。偏好会随着时间而改变,但这些变化的机制和原因并非投资组合理论阐述的内容。投资组合理论阐述了如何在金融工具中进行选择,以使其特定的偏好最大化。通常,最佳选择包括对获取较高预期回报和承担较大风险之间权衡的评估。

(二) 投资组合理论的应用

投资组合理论为有效投资组合的构建和投资组合的分析提供了重要的思想基础和一整套分析体系,其对现代投资管理实践的影响主要表现在以下4个方面。

(1) 马科维茨首次对风险和收益这两个投资管理中的基础性概念进行了准确的定义,从此,同时考虑风险和收益就作为描述合理投资目标缺一不可的两个要件(参数)。

在马科维茨之前,投资顾问和基金经理尽管也会顾及风险因素,但由于不能对风险加以有效的衡量,也就只能将注意力放在投资的收益方面。马科维茨用投资回报的期望值(均值)表示投资收益(率),用方差(或标准差)表示收益的风险,解决了对资产的风险衡量问题,并认为典型的投资者是风险回避者,他们在追求高预期收益的同时会尽量回避风险。据此马科维茨提供了以均值—方差分析为基础的最大化效用的一整套组合投资理论。

(2) 投资组合理论关于分散投资的合理性的阐述为基金管理业的存在提供了重要的理论依据。

在马科维茨之前,尽管人们很早就对分散投资能够降低风险有一定的认识,但从未在理论上形成系统化的认识。

投资组合的方差公式说明投资组合的方差并不是组合中各个证券方差的简单线性组合,而是在很大程度上取决于证券之间的相关关系。单个证券本身的收益和标准差指标对投资者可能并不具有吸引力,但如果它与投资组合中的证券相关性小甚至是负相关,它就会被纳入组合。当组合中的证券数量较多时，投资组合的方差的大小在很大程度上更多地取决于证券之间的协方差，单个证券的方差则会居于次要地位。因此投资组合的方差公式对分散投资的合理性不但提供了理论上的解释，而且提供了有效分散投资的实际指引。

（3）马科维茨提出的"有效投资组合"的概念，使基金经理从过去一直关注单个证券的分析转向重视构建有效投资组合。

自马科维茨发表其著名的论文以后，投资管理已从过去专注于选股转到分散投资和组合中资产之间的相互关系上来。事实上投资组合理论已将投资管理的概念扩展为组合管理，从而也就使投资管理的实践发生了革命性的变化。

（4）马科维茨的投资组合理论已被广泛应用到了投资组合中各主要资产类型的最优配置的活动中，并被实践证明是行之有效的。

（三）马科维茨模型的局限性

马科维茨的投资组合理论不但为分散投资提供了理论依据，而且也为如何进行有效的分散投资提供了分析框架。在实际应用中，马科维茨模型也存在着一定的局限性。

（1）马科维茨模型所需要的基本输入包括证券的期望收益率、方差和两两证券之间的协方差。当证券的数量较多时，基本输入所要求的估计量非常大，从而也就使得马科维茨模型的应用受到很大限制。因此，马科维茨模型主要被用在资产配置的最优决策上。

（2）数据误差带来的解的不可靠性。马科维茨模型需要将证券的期望收益率、期望的标准差和证券之间的期望相关系数作为已知数据输入。如果这些数据没有估计误差，马科维茨模型就能够保证得到有效的证券组合。由于期望数据是未知的，需要进行统计估计，因此这些数据就不会没有误差。这种由于统计估计而带来的数据输入方面的不准确性会使一些资产类别的投资比例过高而使另一些资产类别的投资比例过低。

（3）解的不稳定性。马科维茨模型的另一个应用问题是输入数据的微小改变会导致资产权重的很大变化。解的不稳定性限制了马科维茨模型在实际制定资产配置政策方面的应用。如果基于季度对输入数据进行重新估计，用马科维茨模型就会得到新的资产权重的解，新的资产权重与上一季度的权重差异可能很大。这意味着必须对资产组合进行较大的调整，而频繁的调整会使人们对马科维茨模型产生不信任感。

（4）重新配置的高成本。资产比例的调整会造成不必要的交易成本的上升。资产比例的调整会带来很多不利的影响，因此正确的政策可能是维持现状而不是最优化。

二、其他投资理论

（一）凯恩斯选美论

选美论是由英国著名经济学家约翰·梅纳德·凯恩斯创立的关于金融市场投资的理论。凯恩斯应用人们熟悉的选美活动的规则及现象，研究和解释股票市场波动的规律，认为金融投资如同选美,投资者买入自己认为最有价值的股票并非至关重要,只有正确地预测其他投资者的可能动向,才能在投机市场中稳操胜券,并以类似击鼓传花的游戏来形容股市投资中的风险。

(二) 随机漫步理论

1959年,奥斯本提出了随机漫步理论(Random Walk Theory),认为股票交易中买方与卖方同样聪明机智,股票价格的形成,取决于市场对随机到来的事件信息作出的实际反应,当前的股价已基本反映了供求关系。股票价格的变化类似于"布朗运动",具有随机漫步的特点,其变动路径没有任何规律可循。因此,股价波动是不可预测的,根据技术图表预知未来股价走势的说法,实际上并不可信。

(三) 有效市场假说

1965年,美国芝加哥大学金融学教授尤金·法玛,发表了一篇题为《股票市场价格行为》的博士毕业论文,并于1970年对该理论进行了深化,提出有效市场假说(Efficient Markets Hypothesis,EMH)。有效市场假说有一个颇受质疑的前提假设,即参与市场的投资者有足够的理性,并且能够迅速对所有市场信息作出合理反应。该理论认为,在法律健全、功能良好、透明度高、竞争充分的股票市场,一切有价值的信息已经及时、准确、充分地反映在股价走势当中,其中包括企业当前和未来的价值,除非存在市场操纵,否则投资者不可能通过分析以往价格获得高于市场平均水平的超额利润。

(四) 行为金融学

1979年,美国普林斯顿大学的心理学教授丹尼尔·卡纳曼等人发表了题为《期望理论:风险状态下的决策分析》的文章,建立了人类风险决策过程的心理学理论,成为行为金融学(Behavioral Finance,BF)发展史上的一个里程碑。

行为金融学是金融学、心理学、人类学等有机结合的综合理论,力图揭示金融市场的非理性行为和决策规律。该理论认为,基于理性假设的传统经济学不足以解释人们的风险决策行为,股票价格并非只由企业的内在价值所决定,还在很大程度上受到投资者主体行为的影响,即投资者心理与行为对证券市场的价格决定及其变动具有重大影响,其主要内容可分为套利限制和心理学两部分。

由于卡纳曼等人开创了展望理论(Prospect Theory)的分析范式,成为二十世纪八十年代之后行为金融学的早期开拓者,瑞典皇家科学院在2002年10月宣布,授予丹尼尔·卡纳曼等人该年度诺贝尔经济学奖,以表彰其综合运用经济学和心理学理论,探索投资决策行为方面所做出的突出贡献,从此开启了经济学与其他学科大融合的新时代。

一般认为,到1980年,经典投资理论的大厦已基本落成,迄今为止,关于证券市场运作规律的研究没有获得突破性进展。在此之后,世界各国学者所做的只是一些修补和改进工作。例如,对影响证券收益率的因素进行进一步研究,对各种市场"异相"进行实证和理论分析,将期权定价的假设进行修改等。

第二节 智能投顾产生的背景和收益原理

一、智能投顾的概念

智能投顾又称机器人理财,是虚拟机器人基于客户自身理财需求,通过算法和产品来完成以往人工提供的理财顾问服务。机器人结合投资者的财务状况、风险偏好、理财目标等,通过已搭建的数据模型和后台算法为投资者提供相关理财建议。

或者说,智能投顾是智能投资顾问(Robo-Advisor)的简称,是指借助人工智能的技术,通过投顾机器人(Robo)帮助投资者实现自动投资顾问(Advisor)的一种新型投资理财和资产管理模式。从投资专业的角度来讲,就是指基于现代资产组合理论(Modern Portfolio Theory,MPT),运用大数据、云计算和人工智能等金融科技,以交易型开放式指数基金(Exchange Traded Funds,ETF)为底层资产,通过客户画像、风险评级、投资组合推荐和自动再平衡等一系列流程,实现投资理财的自动化。这一定义还只是狭义的智能投顾概念,广义的智能投顾概念还包括智能投研(Intelligent Research and Development)、社交投资(Social Investment)和量化投资(Quantitative Investment)。国内外很多智能投顾平台就属于后三者。

智能投顾即通过大数据挖掘技术加上深度学习算法,一方面对客户投资行为进行精准画像,另一方面对机构提供的产品组合进行深度挖掘、优化、配置,从而完成对客户的个性化资产精准配置服务。智能投顾是目前智能金融最成熟也是最普遍的应用模式。

资配易创始人张家林认为智能投顾有别于机器人投顾,在此之前人们一直认为二者是对等关系。他认为,机器人投顾的核心是人+机器学习+Web服务,而智能投顾的核心则是人工智能+云计算,二者是有区别的。

在第一财经主办的"解码新金融——智能投顾"活动中,普华永道对智能投顾作出如下定义:智能投顾是指通过使用特定算法模式管理账户,结合投资者风险偏好、财产状况与理财目标,为用户提供自动化的资产配置建议。蓝海智投创始人刘震则认为,智能投顾是一个机构投资的理念方法模型,通过互联网的方式,以专户的形式为个人管理资产。

综上所述,智能投顾是指利用大数据分析、量化金融模型以及智能化算法,根据投资者的风险承受水平、预期收益目标以及投资风格偏好等要求,运用一系列智能算法,投资组合优化等理论模型,为用户提供投资参考,并监测市场动态,对资产配置进行自动再平衡,提高资产回报率,为投资者实现"零基础、零成本、专家级"的动态资产配置。

智能投顾的金融理论基础是行为金融理论和马科维茨、Black-Litterman等资产组合模型。其本质并不是获取市场绝对收益,而是在优化投资者资产组合结构的基础上,平滑收益曲线，降低投资技术风险，帮助客户获得相对收益。其业务本质是利用智能金融相关工具，降低财富管理业务的运营成本，实现原有高端投顾服务、财富管理服务的大众化。

智能投顾作为一种新兴投资模式，在美国市场快速崛起，出现了以威尔斯弗兰特为首的一批"独角兽"互联网金融公司。信息技术把传统投资顾问所做的事情（个人资产分析、风险偏好分析、资产配置、组合推荐）或服务变成互联网直接可用的服务。

二、智能投顾产生的必然性

智能投顾的产生与银行、保险和证券交易所等的产生一样有其历史必然性。一方面，2008年世纪金融海啸以后社会产生了对低门槛低费率高效率投资理财服务的巨大需求，而传统的金融机构提供的传统投顾服务根本无法满足这一需求；另一方面，2006年以来，人工智能、大数据、云计算和区块链的发展进入一个崭新的阶段，在许多领域取得了实质性的突破，为智能投顾的产生提供了技术基础和可能性。

（一）社会对智能投顾的巨大需求

长期以来，随着经济的发展，人们的收入也随之增多，收入的结余也日益增加。出于对美好生活的向往，都希望通过投资理财增加收入，早日实现财务自由，过上幸福美满的生活。因而，人们的投资理财意识日益增强。特别是2008年金融危机发生之后，美国普通民众受到巨大冲击，个人财富大幅缩水。华尔街金融资本家的贪婪本性暴露无遗，从而使得个人投资者对华尔街的传统金融投资理财顾问服务疑窦丛生，进而逐步将目光转向门槛和费率更低的投资理财模式。这种情况在1984年至2000年出生的"千禧一代"身上表现尤为突出。他们经过金融危机的洗礼，通过进行不断反思，逐步认识到过度消费会使个人或家庭容易受到各种风险的冲击，个人或家庭抗风险能力低下，对个人或家庭生活的稳定有百害而无一利。从而纷纷改变以前过度消费的习惯而转向储蓄和理财，储蓄和理财意识逐步增强。

然而，随着市场经济的发展，特别是进入二十一世纪以来，金融市场不断深入发展，金融投资产品的种类和层次越来越多。股票、债券、基金、期货、期权、黄金、外汇、金融票据等，层出不穷。仅仅国内上市的股票、债券和基金等就不计其数。不仅如此，随着电子计算机和互联网的普及运用，加之经济全球化的快速推进，金融市场的国际化趋势日益加强，金融市场上的竞争越来越激烈，市场行情瞬息万变，信息量越来越海量化，而且真假难辨，因而把握市场行情的难度越来越大。为了适应这种日益复杂多变的市场形势，各种投资分析方法或工具层出不穷，而且越来越多地运用到高深的数学知识，通过建立数学模型来进行分析。交易策略、交易工具的日趋复杂，行情的复杂多变，即使专业投资者都深感力不从心，心力交瘁，普通投资者学习成本越来越高，即便如此也根本难以跟上市场发展步伐，更谈不上驾驭市场，只有望市兴叹的份。可以说今天金融投资分析的复杂程度在一定程度上远远超出了单个投资者的能力范围。而且"千禧一代"工作和家庭压力大，没有过多的时间和精力来打理投资理财。在这种情况下,许多投资者很自然的将目光转向专业投资顾问服务,形成社会上对专业投资顾问服务的巨大市场需求。

但是,"千禧一代"等普通投资者对专业的投资理财顾问服务的巨大需求在传统的投资理财顾问服务机构那里却根本得不到满足。也就是说传统的投资理财顾问服务根本无法为普通投资者提供投资理财顾问服务。这主要是由于传统的投资理财顾问服务或传统财富管理自身存在的缺陷所造成的。归纳起来,主要有以下几个方面的原因:

(1) 人工服务所能提供的服务数量极其有限,也就是所能覆盖到的用户极其有限,因而只能为极少数投资者提供投资理财顾问服务。传统的投资理财顾问服务主要是由金融理财师或投资理财师为投资者提供的投资理财顾问服务,是一种一对一的人工服务。需要金融理财师耗费大量的时间和精力来为投资者提供咨询,并进行分析、判断、谋划决策和日常投资管理。投资者的时间和精力总是有限的,金融理财师所能服务的投资者人数是极其有限的。加之投资理财顾问服务涉及多学科知识和能力的综合运用,是一个高度专业化的技术活动。需要接受长期专门系统的专业教育和职业培训,经过高难度复杂严格的考试获得金融理财师资格证书,取得执业资格,并经过较长时间的实践锻炼,且定期进行继续教育,不断进行知识更新和能力提升,才能从事投资理财顾问服务。这样一来,具备金融理财师资格能够从事投资理财顾问服务的金融理财师的人数就是极其有限的,能够提供的投资理财顾问服务也是极其有限的。只有极少数投资者才能享受到专业的金融理财师提供的投资理财顾问服务,包括"千禧一代"在内的普通投资者根本就享受不到传统财富管理机构提供的投资理财顾问服务。

(2) 管理收费比较高,普通投资者承受不起这么高昂的服务费用。由于传统的投资理财顾问服务是金融理财师为投资者提供的高度专业化的一对一的投资理财顾问服务,需要金融投资理财师付出大量的时间和精力,造成传统财富管理机构资源配置效率低下,获客成本居高不下,因而管理收费都比较高昂,只有机构投资者和高净值客户才能承受得起。包括"千禧一代"在内的普通投资者工作时间短或刚参加工作,或者由于收入低,积蓄少,财力极其有限,也承受不起传统投资理财顾问服务高昂的服务费用。

(3) 传统财富管理服务中金融理财师的专业能力参差不齐,有些金融投资理财师知识结构陈旧单一,难以胜任理财顾问服务,造成理财顾问服务的实际效果差强人意。加之传统财富管理服务收费与成交额关系密切,造成传统金融理财师出于自身利益即提成和奖金的考虑,大部分理财经理为了增加佣金收入,希望客户或投资者频繁交易,做大成交额,而不希望客户长期持有单一的金融理财产品,甚至有意诱导客户进行频繁买卖。这样一来,就使得传统的投资理财顾问服务存在比较高的道德风险。金融投资理财师往往不是把投资者的利益放在第一位,从投资者的利益出发,而是从自身利益出发进行投资理财。从而使得投资者对金融投资理财师的信任感越来越低。

综上所述,一方面由于传统财富管理为一对一的人工服务,力有不逮,只能为机构投资者和极少数高净值投资者提供理财顾问服务,根本无力为普通投资者提供理财顾问服务。另一方面由于理财顾问服务属于高度专业化的技术活动,需要金融理财师付出大量的时间和精力,加之传统财富管理效率较低,运营成本高昂,管理收费比较高,普通投资者难以承受。普通投资者就被传统投资理财顾问机构拒于千里之外。加之传统财富管理中理财顾问的专业能力良莠不齐且存在较高的道德风险,使得投资者对传统理财顾问的信任度下降,转而将目光投向传统投资理财顾问服务以外的投资理财顾问模式,迫切需要一种能够弥补传统投资理财顾问缺陷,资金门槛低甚至没有资金门槛、流程简单、服务方便、收费低廉,能最大限度地满足普通投资者投顾需求的投资理财顾问模式,转而热情拥抱新兴的智能投资顾问模式。

(二)人工智能的发展为最大限度地满足普通投资者的投资顾问服务需求提供了可能

一般来说,智能投顾系统主要由数据和信号采集系统、业绩评价系统、决策系统和交易执行系统等子系统构成。智能投顾系统涉及四大关键技术,即人机对话、大数据、云计算和深度学习自主进化。人工智能和大数据是智能投顾的两个技术基础。智能投顾基于大数据,运用人工智能进行信息整合和分析,精准构建投资组合。

人类进入二十世纪九十年代后期以来,随着计算机科学和技术的发展,计算机的运算速度和存储器的存储容量以及读取速度都发生了质的飞跃,为人工智能和大数据、云计算等的发展提供了坚实的技术基础。

近四十多年来,计算机的计算速度和内存容量遵循摩尔定律每两年翻一番。进入二十一世纪第一个十年,计算性能上的基础性障碍已被逐渐突破,计算机的性能已经今非昔比,量变的积累已经达到发生质变的条件。随着神经网络研究的进一步深入,研究人员对人类大脑一些局部的认识有了很大提高,在对感知器、视觉处理网络和存储与记忆问题等的研究方面都取得了相当大的成功。2006年,杰弗里·辛顿等提出了深度置信网络,并设计出了该模型的一个高效学习算法,构建了深度学习算法的主要框架。深度学习算法的推出发展了人工神经网络,推动了"深度学习"技术的进步,克服了二十世纪五十年代所提出的"多层神经网络"训练方法的局限性,解决了多层神经网络的缺陷,极大地提高了机器人学习的效率,并有效地改进了其收敛性的推广能力。以深层人工神经网络和尝试学习为代表的人工智能算法已经取得了极大成功。深度学习通过构建具有很多隐层的机器学习模型和海量的训练数据,来学习和鉴别更有用的特征,从而最终提升分类或预测的准确性。深度学习使得自然语言处理、语音识别操作系统、翻译机、自动驾驶、机器人、社交网络兴趣推荐、知识图谱、大数据分析、特征提取、预测预警、规划、研发设计等成为可能。

随着人工智能的发展,大数据技术也得到了快速发展。不仅可以快速处理种类繁多的包括结构化数据、半结构化数据和非结构化数据在内的海量数据,而且可以快速处理包括文字、图片、数据表、视频、音频、流数据等等在内的海量数据。至此,人工智能、大数据、云计算、区块链和数字技术等高新技术的发展为智能投顾的发展提供了坚实的技术基础，使智能投顾的这种社会需要得以满足。

三、智能投顾的收益原理

投资理论表明，投资收益与风险成正比，风险与收益如影随形。要获得一定的收益，就要承担相应的风险，收益越高，风险就越大；反之，收益越低，风险就越小。理性投资者都是厌恶风险、追求收益最大化。不仅希望收益高，而且希望收益尽可能确定，即寻求预期收益最大化的同时追求收益的不确定性最小，在决策时力求使这两个相互制约的目标达到最佳平衡。

投资组合理论阐明，一个投资组合的收益，包括无风险收益和风险收益两部分，其中风险收益又可以划分为 α 收益和 β 收益。α 收益和 β 收益都具有波动性，会随着市场变动发生周期性波动，而 α 收益的波动性更大。α 收益是指投资的绝对收益，一般是投资者或资产管理人通过分析判断和决策，主动承担一定的风险，买卖某种证券或资产进行投资而获得的收益，如股神巴菲特、金融大鳄索罗斯等进行投资、国内股市操盘手和散户投资高手等进行投资所获得的收益，就是 α 收益。投资者为了获得 α 收益，甘冒较大的风险进行主动投资。一般来说，α 收益要远远高于 β 收益，但是 α 收益虽高却难以得到。也就是说投资者为了获得高的 α 收益进行投资，获胜成功的概率很低，反而失败亏损的概率却很高。投资者为了获得 α 收益而进行投资大多数投资者大多数时候是亏损铩羽而归。只有极少数投资高手才有可能获得 α 收益。即使是极少数投资高手也不是每一次都能获得 α 收益，有时也会投资失败而亏损。总而言之，获得 α 收益是一件十分艰难的事情，要付出艰苦的努力，做认真细致全面缜密的信息收集处理分析推理判断等工作综合分析考虑海量的信息，在此基础上进行正确的决策，在千变万化的市场行情中，捕捉转瞬即逝的投资机会，掌握恰当的买卖时机，做到稳、准、狠，才有可能获得 α 收益。要获得 α 收益不是一件容易的事情。类似于买彩票中大奖的情况。买彩票中大奖的概率极小，几百万分之一，甚至更小。所以长期来看 α 收益并不很高，加上时刻冒着市场波动的巨大风险，从收益风险对比中性价比综合起来看，α 收益的缺陷十分明显。

β 收益则是指资产管理人通过承担系统风险进行大类资产配置而获得的收益。β 收益的获得主要是取决于投资者或资产管理人进行大类资产配置的能力。通俗地说，盯住大盘或者某种指数进行被动投资来建立投资组合而获得与大盘平均水平相当的收益就是 β 收益。β 收益虽然较 α 收益低，但普通投资者甚至菜鸟型投资者通过盯住大盘或某种指数被动建立一定的投资组合来进行投资，都能够很容易获得而且较 α 收益稳定。因而从长期来看，特别从风险与收益的对比中来看和从投资者付出的时间和精力这种性价比综合起来看，并不比 α 收益低。概括来说，通过主动投资获得远高于大盘水平的收益就是 α 收益。通过盯住大盘或某种指数，建立投资组合进行被动投资获得与大盘水平相当的收益

就是 β 收益。比如中国 A 股一年涨 15％，A 投资者通过被动投资获得 15％的收益，这个 A 投资者获得的收益就叫 β 收益；B 投资者通过主动投资获得了 30％的收益，这个 B 投资者获得的收益就叫 α 收益。

智能投顾的理论基础是马科维茨的现代投资组合理论。在收益和风险达到最佳平衡的情况下来构建投资组合，获取长期稳定的投资收益。长期综合起来看，α 收益相较于 β 收益的优势并不是很大，加之随时要冒市场波动的巨大风险，得不偿失。因而智能投顾基于资产配置理论，不以追求较高赢利但不易获得的 α 收益为目标，而是以追求操作简单、容易获得且长期稳定的 β 收益为目标。

四、智能投顾的发展阶段

从智能投顾产生的背景可以看出，智能投顾的产生，一是社会存在对智能投顾的巨大市场需求；二是人工智能、大数据和云计算、区块链等金融科技的发展为智能投顾提供了现实可能性。这些条件或前提最早是在美国出现的，因而智能投顾的最早起源地是在经济发达、投资理财需求旺盛和人工智能等金融科技发达的美国。早在二十世纪九十年代后期，随着互联网技术的发展，就出现了传统投顾利用互联网为投资者提供"在线投顾"服务。后来，随着人工智能的发展，逐步演变为机器人投顾和人工智能投顾。总起来看，智能投顾的发展可以划分为三个阶段。

（一）智能投顾 1.0 阶段

智能投顾 1.0 阶段开始于二十世纪九十年代后期，止于 2007 年。在这一阶段，主要是随着计算机技术特别是互联网技术的发展，计算机和互联网的应用不断深入发展并得到普及，专业投顾服务机构借助计算机和互联网通过在线投资分析工具，为投资者提供"在线投顾"服务。建立这样的投顾服务机构所需要的投资并不多，几百万元到千万元即可，系统结构主要表现为专业投顾＋Web，服务形式或手段主要是在线投资分析工具，服务功能则是"在线投顾"服务，所能服务的用户数仅限于万级别，极其有限。但在这一阶段，毕竟借助于计算机和互联网，投资者可以足不出户即可获得"在线投顾"服务，相较于传统投顾服务所能够服务的用户数大大增加，服务效率显著提高，人力需要大为减少。

（二）智能投顾 2.0 阶段

智能投顾 2.0 阶段开始于 2008 年，止于 2015 年。在这一阶段，计算机和互联网的应用得到全面普及，特别是人工智能得到飞速发展，在许多领域取得长足进步，机器人在许多行业领域得到应用。这一阶段智能投顾的系统结构主要表现为专业投顾＋机器学习＋Web 服务，服务形式或手段则是部分投资管理功能，由机器人提供投顾服务，但智能化程度极其有限。所能服务的用户数与智能投顾 1.0 阶段相比，有所增加，但没有发生质的变化，仍然停留于万级别，只是由于机器人的使用，服务效率有明显提高，人力需要进一步减少。设立这样的投顾服务机构所需要的投资与智能投顾 1.0 相比没有太大的变化,几百万至千万元即可。

(三)智能投顾 3.0 阶段

从 2015 年开始智能投顾进入 3.0 阶段。从 2015 年开始,随着人工智能、大数据、云计算和区块链等金融科技的快速发展,智能投顾发生了质的变化,智能化程度越来越高,发生质的跨越。这一阶段的系统结构主要表现为 AI 开发人员与人工智能+云计算频繁互动,使系统功能不断得到改进升级进化。建立这样的智能投顾服务平台或机构所需要的投资少则 1~2 亿元,多的则需要几十亿元。在这一阶段服务的形式或手段则进一步表现为投资管理全价值链。由人工智能投顾为超大规模用户即千万、甚至上亿的海量用户提供智能投顾服务,机器智能显著提高。可以预见,随着人工智能、大数据、云计算和区块链等金融科技的进一步发展,智能投顾的智能化程度会日益提高,服务效率和服务质量也会随之进一步提高,普通投资者都可以享受到高效价廉的智能投顾服务。

智能投顾发展简史见表 4-1。

表 4-1 智能投顾发展简史

年代	系统结构	投资额	服务形式或手段	服务功能	用户容量或能服务用户数	智能化程度
20 世纪 90 年代末	专业投顾+Web 服务	几百万元或千万元	在线投资分析工具	"在线投顾"服务	单个用户万级别	人力需要减少
2008~2015 年	专业投顾+机器学习+Web 服务	几百万元或千万元	投资管理部分功能	"机器人投顾"服务	单个用户万级别	人力需要进一步减少
2015 年至今	AI 开发人员↕人工智能+云计算	少则 1 亿元至 2 亿元,多的达到几十亿元	投资管理全价值链	"人工智能投顾"服务	超大规模用户千万、亿级别的海量用户	机器智能提高

资料来源:张家林《FINRA 的报告解读》,兴业证券经济与金融研究院整理。

五、智能投顾与传统投顾的区别

智能投顾是运用大数据、云计算,特别是人工智能算法,由人工智能机器人 7×24 小时全天候为所有投资者提供的量身定制的财富管理服务。传统投顾则是理财师主要是在工作时间,为高净值投资者提供的全方位个性化的、一对一的人工财富管理服务。它们之间的区别主要表现在以下几个方面。

(1) 从服务模式来看,智能投顾的服务模式主要是由人工智能机器人,偶尔加上极其有限的人工通过互联网提供的纯线上或网上投资顾问服务。传统投顾则是由理财师在服务柜台为投资者提供线下的一对一的人工投资顾问服务。简单地说,智能投顾是由人工智能机器人提供的 7×24 小时全天候线上投资顾问服务。传统投顾则是由理财师在有限的工作时间内提供的一对一的人工线下的投资顾问服务。

(2)从服务内容来看,智能投顾是由人工智能机器人通过客户画像,为投资者提供量身定制的投资组合建议,进行智能资产配置与自动多样化投资。传统投顾则是理财师为投资者提供一对一的全方位、个性化的财富管理服务。

(3)从服务对象来看,智能投顾由于是由高效率的智能机器人 7×24 小时全天候提供的投顾服务,完全有能力为千万甚至上亿的投资者提供投顾服务,所以智能投顾的服务人群涵盖高、中、低净值的大多数人群,但目标客户主要是中产、普通大众投资者。传统投顾由于是由理财师提供的一对一的人工服务,理财师的人数和工作时间有限,只能为极其有限的投资者提供投顾服务,因而传统投顾将主要目标客户定位于高净值人群。

(4)从投资门槛来看,智能投顾有能力为千万甚至上亿的投资者高效率低成本地提供 7×24 小时全天候投资顾问服务,所以智能投顾的投资门槛极低,很多智能投顾甚至没有投资门槛。传统投顾则不一样,由于是理财师提供的一对一的人工服务,效率低,成本高,服务时间或服务量极其有限,只能为高净值人群提供服务,所以投资门槛很高,一般在 100 万美元以上。

(5)从服务时间来看,智能投顾是由人工智能机器人为投资者提供的线上投资顾问服务,可以 7×24 小时全天候提供投资顾问服务。而传统投顾是由理财师提供的线下一对一的人工服务,所以一般只能在工作时间为投资者提供极其有限的投资顾问服务。

(6)从服务效率来看,智能投顾由人工智能机器人 7×24 小时提供全天候服务,服务效率高。传统投顾是理财师在工作时间人工提供的一对一线下服务,服务时间极其有限,收集、阅读和分析处理信息的速度与智能机器人相比,不可同日而语,效率低。

(7)从服务收费来看,智能投顾由于服务效率高成本低,因而收费即管理费率很低,一般平均费率 0.25% 至 0.5%,远远低于传统投顾。相反传统投顾由于服务效率低,成本高,因而收费即管理费率高,一般平均在 1% 至 3%,约为智能投顾的八九倍。

(8)从投资依据来看,智能投顾的投资依据是通过大数据、云计算,特别是人工智能算法运用现代投资组合理论构建的投资组合模型。传统投顾则主要是建立在人工投资顾问即理财师个人或团队理论水平和以往投资经验基础上的主观分析判断。

(9)从风险大小来看,智能投顾是由人工智能机器人严格按照智能投顾系统对智能投顾的全过程进行控制,整个控制过程能够做到严格、科学、规范,且能够针对市场动态变化及时发出预警并立即做出相应的调整,风险小。比较而言,传统投顾主要是理财师根据个人或团队的理论水平和经验进行主观分析判断,受个人主观因素的影响,有时囿于自身利益考虑,做出有损投资者利益的举动,因而风险远较智能投顾大。

(10)从信息透明度来看,智能投顾能够比较准确地了解投资者的风险偏好、收益预期和财务状况，进行客户画像，并通过人工智能算法自动为投资者制定量身定制的投资策略。高度的自动化流程使得透明度和流动性大大提高，不但为中小投资者提供了个性化的定制资产配置方案，投资者随时可以查阅和了解自己的资产配置情况和盈亏情况，信息透明度高。传统投顾条件下投资者要查阅和了解自己的资产配置情况和盈亏情况则需要专门去营业网点打印清单，有的还可能要收费，要了解自己的资产配置情况等费时费力还费钱，很不方便，信息透明度低。

（11）从时效性来看，智能投顾是由人工智能机器人 7×24 小时全天候全程进行实时动态监控和管理，遇有情况能立即发出预警，遇有获利机会也能马上响应，捕捉难得的获利机会，时效性强。传统投顾则不同，由于是人工管理，只能在上班时间进行控制，无法实现 7×24 小时全天候实时动态全程监控，加上受理财师主观情绪、反应应变能力等因素的影响，会存在相当大的延迟，故时效性差。

（12）从用户体验来看，智能投顾条件下投资门槛低、流程或手续简单、操作方便及时、随时随地可以操作，效率高收费低，用户体验好。相反，传统投顾投资门槛高、流程复杂、手续繁琐，要专门去营业网点排队等待，效率低收费高，用户体验差。

（13）从投资结果来看，智能投顾基于马科维茨的现代投资组合理论运用大数据、云计算，特别是人工智能算法构建智能投顾系统，进行大类资产配置，可以长久稳定地获得市场平均收益水平的 β 收益。而传统投顾由于是由理财师个人及其团队依据其主观分析判断进行投资决策，失误时有发生，收益的波动性大，因投资顾问个人或团队的水平而定，有的高，有的低，有时高，有时低，极不稳定。

六、智能投顾与智能投资的区别

智能投顾是指运用大数据、云计算和人工智能算法等技术，根据投资者的收益目标、财务状况和风险偏好等，借助现代投资组合理论等金融模型，为客户自动生成量身定制的资产配置建议，并对资产配置组合进行持续跟踪和动态再平衡调整。智能投资则是运用人工智能、云计算、大数据等技术，基于传统金融模型，收集分析市场实时动态大数据以及生产、流通、消费和投资中存在的海量信息，提炼隐藏在数据中的规律并自主优化模型，服务于投资研究、决策、交易管理和风险管理等环节，对投资对象未来的发展趋势进行预测，或对各种风险进行预警，以优化投资决策，及时捕捉买卖时机，提高交易效率。总起来看，智能投顾与智能投资的区别主要表现在以下几个方面。

（1）理论基础不同。智能投顾是建立在马科维茨的现代投资组合理论基础上，是大类资产配置理论；而智能投资建立的理论基础则是最优资产配置理论。

（2）投资目的不同。智能投顾的投资是为客户提供投资组合建议，目的是通过大类资产配置获得与大盘或指数相当的平均收益或 β 收益；而智能投资则是通过最优资产配置寻求远高于市场平均收益的超额收益即 α 收益。

(3) 投资的能动性不同。智能投顾往往是通过盯住某一指数的被动投资来建立投资组合,并根据指数内证券的变动对投资组合进行微调,完全是被动地跟着指数起舞。而智能投资则往往是根据市场实时动态、预测未来市场趋势,优选最具有成长潜力的证券进行投资,以获取最大限度的利润,属于典型的积极的主动投资。

(4) 从是否有底层资产来看,由于智能投顾以大类资产配置为前提,在智能投顾的投资组合中有以 ETF 为核心的公募基金作为底层资产。而智能投资由于以最优资产配置为前提,则没有底层资产。

(5) 从交易频率来看,由于智能投顾属于盯住某一指数的被动投资,其投资组合只会随着指数内证券的变动作些微调,因而交易频率低。而智能投资则是为了获取超额收益,需要及时捕捉市场转瞬即逝的获利机会,买卖频繁,交易频率特别高。

(6) 从是否全权委托来看,智能投顾主要是为客户提供投资组合建议,并非全权委托。而智能投顾为了寻求超额收益,建立最优资产配置,及时捕捉市场获利机会,一旦机会来临,需要迅速做出买卖决定,马上进行交易,因而往往是全权委托。

智能投顾与智能投资的区别见表 4-2。

表 4-2　智能投顾与智能投资的区别

对比项目	智能投顾	智能投资
投资的能动性	通常属于被动投资	典型的主动投资
投资目的	寻求平均收益	寻求超额收益
理论基础	大类资产配置	最优资产配置
底层资产	以 ETF 为核心的公募基金	无底层资产
是否全权委托	并非全权委托	是
交易频率	低	高

第三节　智能投顾的类型和流程

一、智能投顾的类型

目前来看,国内外各智能投顾平台用户进行投资的流程大同小异,不外乎风险测评、投资组合推荐、连接账户、下单交易、投资组合再调整、完成投资等几个步骤。但是,如果从业务模式上分析,基本可以将目前的智能投顾平台划分为独立建议型、混合推荐型和一键理财型三种。

(一) 独立建议型

美国著名智能投顾平台威尔斯弗兰特(Wealthfront)、贝特曼(Bettermant),国内蓝海财富、弥财和资配易等就是典型的独立建议型智能投顾平台。独立建议型智能投顾平台只提供资产配置或投资组合建议,并以此收取服务费,平台没有自己的金融产品供客户投资或购买。独立建议型智能投顾平台通过调查问卷的方式,收集用户年龄、收入、资产、投资期限、预期收益、风险偏好和风险承受能力等方面的信息并进行分析后,通过人工智能算法,向客户提供与其风险偏好和收益期望相适应的一系列不同配比的金融产品或产品组合。这类智能投顾平台只为理财客户提供资产配置或投资建议,同时代销其他机构的金融产品,平台自身并不开发金融产品。一般情况下,平台推荐的金融产品大多数为货币型基金、债券型基金、指数型基金和股票型基金等基金产品。有些平台提供的资产配置建议中也包括债券、黄金、股票和期权等。

(二) 混合推荐型

混合推荐型智能投顾平台既向客户提供资产配置或投资组合建议,也向客户提供部分金融产品。也就是说,混合推荐型平台将平台自身开发的特有的金融产品融入智能投顾业务中,即平台向投资者推荐的投资组合中,有部分金融产品是平台参与开发的。至于平台自己开发的特有的金融产品在投资组合中占多大比例则各平台差别较大。除这一点外,混合推荐型平台与独立建议型平台差不多。平台也是通过调查问卷的方式,收集用户年龄、收入、资产、投资期限、预期收益、风险偏好和风险承受能力等方面的信息并进行分析后,通过人工智能算法,向客户推荐与其风险偏好和收益期望相适应的一系列不同配比的金融产品或产品组合。与独立建议型平台有所不同的是,在混合推荐型平台向投资者推荐的产品或产品组合中包含平台自身开发的特有金融产品和其他机构的金融产品两类。例如,在一些混合推荐型平台向投资者提供的产品组合中就包含平台参与开发的固定收益理财产品、票据理财产品等。与此同时,为了更好地满足客户多方面的投资需要,平台也会为客户配置或推荐其他机构的金融产品。平安一账通、京东金融等就属于混合推荐型智能投顾平台。

(三) 一键理财型

一键理财型智能投顾平台是指客户只需要选择"智能投顾"这项业务,平台就会根据该客户的需求和以往的行为数据自动为投资者建立相应的投资组合。在这一模式下客户不直接参与制定具体的金融产品配置方案。简单来说,这类智能投顾平台,客户的操作极其简单明了,只需要选择自己所希望得到的"收益率"这个投资结果,智能机器人就会自动根据该客户的需求和以往的行为数据为投资者进行相应的资产配置,而不需要客户参与其中进行任何操作。例如,有的一键理财型智能投顾平台会通过人工智能算法分析客户行为数据,预测客户转出资金的概率和时间,为每个客户建立与其流动性需求相适应的资产组合,并保留不同的现金比例。

二、智能投顾的投资流程

智能投顾要为客户提供投资理财服务,并不仅仅是向客户推送资产配置建议或投资组合建议而已,它实际上是一个建立在马科维茨现代投资组合理论基础上,运用人工智能算法,为客户提供投资理财服务的过程。这一过程包含几个必不可少的步骤。从目前国内外主要智能投顾平台业务的实际运作过程来看,有的平台将这一过程划分为五个步骤,有的划分为六个步骤,还有的则将其划分为七个步骤。不管划分为几个步骤,都是大同小异。一般认为,典型的智能投顾服务过程主要包括以下六个步骤:第一步,客户画像。智能投顾系统通过问卷调查确定客户的风险偏好、风险承受能力和投资目标。第二步,投资组合推荐。系统根据客户画像为客户量身定制与其风险偏好和收益目标相适应的个性化的投资组合,并推荐给客户进行选择。第三步,客户资金托管。客户将交易资金转入第三方(多为托管银行)进行托管。第四,交易执行。系统接受客户委托,代理客户发出交易指令,买卖金融产品。第五步,投资组合再平衡。客户定期对投资组合进行检测,平台对投资组合进行实时动态监测,并在需要时根据市场情况和客户需求变化及时调整投资组合。第六步,平台按双方约定收取相应的服务费(有的平台也叫管理费)。

智能投顾投资流程见图 4-2。

图 4-2 智能投顾投资流程图

下面我们根据图 4-2 所示的步骤详细说明智能投顾的投资流程。

（一）客户画像

智能投顾的六个步骤中，最关键的步骤是第二步投资组合推荐，就是要构建一个最佳的投资组合推荐给投资者。最佳的投资组合是最符合客户的风险偏好和收益目标的投资组合。构建最佳投资组合的前提和基础是熟悉客户的风险偏好和收益目标，通俗一点说就是要了解客户，即客户画像。客户画像也叫用户画像，就是给用户打标签。标签通常是人为规定的高度精炼的特征标识，如年龄、性别、地域、兴趣等。每个标签分别描述了该用户的一个维度，各个维度之间相互联系，共同构成对用户的一个整体描述，这些标签集合就能抽象出一个用户的信息全貌。通过用户画像就可以构建一个全面、准确、多维的用户画像体系。智能投顾中的客户画像通过让客户填写或回答问卷调查表，收集客户年龄、职业、家庭成员结构、收入、投资目的、可投资资产及其种类、投资时间、投资经历及经验、投资收益、财务状况、风险偏好、对投资波动的感觉、能承受的最大波动幅度、亏损对策和回撤感受等与投资有关的一系列信息，并将这些客户信息标签化。在实际运行过程中，不同的智能投顾平台所设计的问题数量不尽相同，有的平台所提的问题很多，而有的平台所提的问题较少。在客户填写或回答完问卷调查表并提交后，智能投顾系统就会自动处理分析客户信息，并对客户进行画像。然后进一步确定客户属于哪一类投资人格。也就是确定客户属于保守型、稳健型、平衡型、积极型、激进型中的哪一类投资者。

下面是智能投顾平台进行客户画像时问卷调查表的常见问题：

1. 您的年龄是多少？
○60岁以上　　○50～59岁　　○40～49岁　　○30～39岁　　○30岁以下
2. 您或家庭的税后收入是多少？
○10万元以下　○10～50万元　○50～100万元　○100～500万元　○500万元以上
3. 您或家庭的可投资资产是多少？
○5万元以下　○5～50万元　○50～100万元　○100～500万元　○500万元以上
4. 您曾经做过什么类型的投资？（以下选项省略）
5. 您选择智能投顾主要是出于何种考虑？
6. 您期望的收益率是多少？
7. 您愿意投资多少金额？
8. 您愿意持有多长时间？
9. 您最看好哪些行业未来的发展前景？
10. 如果一个月内您的投资组合贬值10%，您会怎么做？
11. 您能够接受的最大亏损是多少？
……

由于客户的风险偏好与投资期望会随着时间的推移和市场环境的变化而变化，因而，客户的投资期望和风险偏好是经常变化的。所以,我们应该清楚地认识到不可能通过一次画像就能十分准确地把客户的投资人格特征刻画出来。譬如原来的积极型和激进型客户,在连续遭遇几次投资失败或较大亏损后,投资起来就可能缩手缩脚,瞻前顾后,谨小慎微,投资风格趋向保守而变成保守型投资者。相反,原来的保守型和稳健型投资者,在连续几次投资异常成功和大赚之后,可能会志得意满,意气风发,而转变成激进型投资者。同一个客户当还清房贷等各种债务后,手里现金流充裕时或赌性显露时,可能会比较激进,与之相反,在背负沉重的房贷等各种债务,现金流不足或心态平和时,可能会趋向保守。随着客户数据量的积累和机器学习、深度学习的不断深入扩展,人工智能算法的不断进化,客户画像的准确性会日益提高。

(二) 投资组合推荐

通过客户画像,智能投顾平台了解了客户的投资目标、风险偏好,清楚地知道客户的投资风格以及属于哪一个风险等级。智能投顾系统就可以着手分析市场上不同类型金融产品的风险收益特征等因素,为客户量身定制与其投资目标和风险等级相适应的投资组合方案并推荐给投资者。为了构建最切合客户实际情况的最满意的投资组合方案,客户可以反复填写问卷调查表,再三画像,以便智能投顾系统全面、准确、多维地把握客户的投资人格。

智能投顾系统在客户画像的基础上,为客户量身定制的投资组合方案应该是各不相同,千差万别的。因此,智能投顾系统推荐给投资者的投资组合策略应该是千人千策。从理论上讲,由于每一个投资者的投资目标和风险等级都是各不相同的,智能投顾系统向不同的客户推荐的投资组合方案也应该是千差万别的。然而实际情况并非如此,国内许多智能投顾平台向投资者推荐的投资组合策略并非千人千策,智能投顾系统能够提供给投资者选择的投资组合策略区区十几二十几个,远远谈不上量身定制,千人千策,而更像是电信行业的手机套餐。

对于智能投顾平台来说,为不同的客户量身定制千人千策的投资组合策略的能力是智能投顾平台的核心技术和核心竞争力,是其在本行业立于不败之地并不断发展壮大的强大技术基础。在这里,大数据和人工智能算法是关键所在。

(三) 客户资金托管

出于降低智能投顾平台设立资金池、卷款跑路的信用风险,保护投资者的利益,金融监管机构要求智能投顾平台与第三方机构(银行或第三方支付机构)签订战略合作协议,将投资者的投资准备金存入第三方机构集中托管。类似于股票投资者将准备购买证券的准备金存入第三方存管银行,即第三方存管。客户资金托管是指投资者经过客户画像和投资组合选择,确定要投资时,在智能投顾平台开立投资账户,在与智能投顾平台签订了战略合作协议的第三方机构开立资金账户,客户转入投资账户的投资准备金将全部存入第三方机构进行集中托管。

（四）交易执行

客户办理好开立投资账户手续，完成了资金托管确定投资后，就可以下单，进行交易了。交易执行就是由智能投顾系统代理客户发出交易指令，按投资组合方案中金融产品的种类和比例买入相应的金融产品。如遇投资组合调整则是按新的投资组合方案买入相应数量的调入产品，卖出相应数量的调出产品。交易执行的最后结果就是构建起与投资组合策略所要求的资产组合。交易执行是由智能投顾系统自动完成的。

（五）投资组合再平衡

投资组合再平衡就是智能投顾系统自动依据市场的变化对原有的投资组合进行调整，建立新的投资组合。我们知道，市场竞争越来越激烈，市场行情千变万化。这就需要根据发展变化了的情况对原有投资组合进行调整。投资组合的自动再平衡能力是检验智能投顾平台大数据和人工智能算法性能即智能化程度的重要指标，也是整个智能投顾投资流程中最重要的环节之一。交易一旦开始执行，智能投顾机器人就会7×24小时全天候对投资组合权重进行实时动态监控，如遇市场趋势变化，会自动调整投资组合中各类不同风险水平的资产比例。如果某类金融资产的价格趋向下跌，智能投顾机器人就会通过全部或部分减持该类资产使其占比下降。相反，如果某类金融资产的价格趋向上涨，智能投顾机器人则会增持该类金融资产使其占比提高。

投资组合再平衡是智能投顾平台通过智能投顾机器人顺应市场环境变化，实时为投资者提供再平衡策略、调仓以及风险预警服务。这不可避免地涉及金融产品仓位的调整。而调整仓位是通过买入卖出交易实现的，有交易发生必然会增加交易成本。因而，调仓的次数越多，交易就越频繁，交易成本就越大，进而使投资者的收益降低。为了降低成本，增加收益，不宜频繁调仓。美国智能投顾平台一般是半年或一年再平衡一次。

（六）平台收取服务费

智能投顾平台为投资者提供智能投顾服务，是以营利为目的，付出了一定的服务，耗费了一定的成本，有权按照合同约定向客户收取一定的服务费或管理费。智能投顾投资者享受智能投顾平台提供的智能投顾服务进行投资，获得了收益，理应付出一定的代价，向智能投顾平台支付智能投顾的服务费或管理费。

全球智能投顾领头羊美国智能投顾平台贝特曼只按客户账户结余向客户收取年费。年费的收取根据客户的投资金额实行浮动收费制。客户投资金额越大，收费越少。平台费率在 $0.15\% \sim 0.35\%$。账户结余 10 000 美元以下的账户，年费率为 0.35%；10 000～100 000 美元的账户，年费率为 0.25%；1 000 000 美元以上的账户，年费率为 0.15%。有关资料显示，国内蓝海智投和弥财金融的费率都是 0.5%。

在美国，智能投顾投资流程除以上 6 个步骤外，还有一个税收规划步骤。税收规划是美国智能投顾平台特有的一些增值服务，主要是指智能投顾系统通过分析税收对投资收益的影响，优化资产配置，提高客户投资组合的税后收益，在美国投资理财市场广泛使用。

如将当期亏损的证券卖出,用已经确认的损失来抵扣所获投资收益的应缴税款,从而达到节税目的的税收损失收割即为此例。由于我国目前没有资本利得税,税收对投资收益的影响很小,税收规划对提高投资组合收益的作用微乎其微,一般智能投顾平台没有开发这个功能,因而,在智能投顾的投资流程中也就没有这一步骤。

显而易见,在智能投顾投资流程的6个步骤中客户画像、投资组合推荐和投资组合再平衡是关键步骤,特别是投资组合推荐和投资组合再平衡的能力是智能投顾平台的核心技术和核心竞争力,决定着智能投顾平台在激烈的市场竞争中的成败。而其他几个步骤只是一些辅助性和事务性的工作,对提高投资组合的收益没有多大影响。

三、智能投顾的优势

智能投顾是互联网和人工智能发展到一定阶段的产物。毫无疑问,智能投顾是21世纪融合了金融科技和互联网双重优势的最伟大的金融创新之一。它借助人工智能、大数据、云计算和区块链技术扩大了服务范围,提高了服务效率和服务质量,降低了服务成本,提高了投资收益,特别是使普通投资者能以非常低廉的费用获得从前属于高净值人群专利的财富管理服务,也使"普惠金融"的理念落到实处。可以毫不夸张地说,智能投顾的产生开创了投顾服务或财富管理服务的新时代。

相对于以人工服务为主的传统投顾模式,智能投顾的最大意义就在于投资大众化和简单化。因为低门槛和低费率,使普通大众也能参与进来,实现了投资大众化。因为智能和投资组合,人工智能机器人自动操作,同时简化了流程和步骤,实现了投资简单化。

智能投顾最核心的技术是人工智能算法构建投资组合的能力,这是传统投顾所没有的。基于此,智能投顾相对于传统投顾具有巨大的优势,概括起来,主要表现在以下10个方面。

(一) 服务人数的优势

传统投顾由于是投资顾问人工一对一服务,只能在工作时间为客户提供投顾服务,加上人的精力是有限的,所能服务的人数极其有限。由于智能投顾借助互联网特别是移动终端、人工智能、大数据和云计算,由人工智能机器人为客户提供投顾服务,实现了投顾服务的智能化和全自动化,因而,可以为上千万人、甚至上亿人提供投顾服务。这一点是传统投顾望尘莫及的。

(二) 服务时间和地点的优势

传统投顾由于是投资顾问人工一对一服务,只能在营业时间或工作时间、在投顾机构物理网点的营业柜台才能为客户提供投顾服务,服务时间极其有限,服务地点局限于物理网点的营业柜台。智能投顾是人工智能机器人为客户提供投顾服务,实现了智能化和全自动化,又借助互联网特别是移动终端,可以在任何时间和任何地点为客户提供投顾服务,可以 7×24 小时全天候提供投顾服务。真正做到了随时随地提供智能投顾服务。这一点也是传统投顾无法想象的。

（三）服务效率和质量的优势

传统投顾的各个环节，由于是人工操作，加之流程繁琐、手续复杂，效率十分低下。由于效率低，服务质量也不高。而在智能投顾条件下由于实现了智能化和全自动化，人工智能机器人工作的效率是人力所无法比拟的。智能投顾的效率比传统投顾快几千几万倍，甚至更多。人工投顾需要几天几个月才能处理好的事情，人工智能不到1秒钟的时间就能处理好，而且处理的质量更高。智能投顾服务起来也更加精准到位，更加细致，更令客户满意。因而智能投顾的服务效率和服务质量与传统投顾相比具有巨大的优势，是传统投顾无法企及的。

（四）投资门槛和费率的优势

传统投顾是人工服务，能服务的人数极其有限，加之投资顾问是高度专业化知识密集型劳动，报酬高，管理费率也高，所以只能为高净值人群提供投顾服务，投资门槛高，将普通民众排除在投顾服务大门之外。与传统投顾正好相反，智能投顾由于实现了智能化和全自动化，可以为上千万甚至上亿客户提供投顾服务。当客户数达到一定数量后，新增服务的边际成本为零，真正实现薄利多销。所以智能投顾投资门槛极低，甚至不设门槛。智能投顾的低投资门槛和费率为普通民众敞开了大门。

（五）量身定制个性化投资组合的优势

传统投顾根本做不到为每个投资者量身定制个性化投资组合。以我国为例，根据中证协公布的数据，截至2020年年底我国获得投资顾问资格的从业人员共60 482人。根据中国证券登记结算公司公布的统计数据，截至2020年11月底我国股票个人投资者数量达17 574.09万人。这样算起来，一个投资顾问要为2 906个投资者提供投顾服务。如果一年按250个工作日计算，如果投资者轮流排队接受投资顾问的服务，投资顾问每天要为12位投资者提供顾问服务，一天按8小时算，投资顾问能够为每个投资者服务40分钟时间。在这短短的40分钟时间里，恐怕连投资者的基本情况都很难搞得很清楚，更不用说为投资者量身定制个性化的投资组合。

建立在大数据、云计算和强大的人工智能算法基础上的智能投顾则大不一样，通过客户画像可以在转瞬间为上千万甚至上亿客户量身定制个性化的资产配置策略。

（六）智能调仓或随时自动再平衡的优势

传统投顾条件下，如果客户投资后要调整投资组合，投资顾问需要花费大量的时间阅读消化海量市场信息，经过一番耗时费力的分析推理判断，制定调整策略，然后付诸实施，效率低下，时间漫长，甚至有可能错过最佳时机。而智能投顾则大不一样，人工智能投顾机器人一方面能7×24小时全天候不间断地对投资组合、市场行情及其发展变化进行实时动态监控，遇有情况立即预警，不会错失任何投资机会，也不会忽略或遗漏任何可能的风险损失。另一方面能7×24小时全天候、全球不间断地为客户提供投资咨询、管理服务。完全可以根据客户的投资需求和发展变化了的市场动态,借助强大的人工智能算法对投资组合进行随时自动再平衡。这一点是传统投顾根本无法做到的。

(七) 决策和执行方面的优势

在传统投顾条件下,由于是投资顾问人工操作,受获取信息的数量、质量和能力、个人投资经验和水平、职业道德素养以及个人主观情绪等的限制,在投资决策过程中分析判断失误,坐失良机,投资失败造成亏损时有发生,在所难免。决策过后在付诸实施的过程中,执行力不强,犹豫再三,贻误战机的事情也不可避免。总而言之,就是不能很好地做到理性决策,不折不扣地、快速高效地果断执行,而是受人的主观因素的影响很大。

智能投顾机器人是不带任何主观情绪的,而且能够最大限度地克服人为因素的影响和局限,一方面可以在转瞬间全面、准确、及时地获取市场信息并进行阅读分析,另一方面可以按照设定的规则进行不受人的主观因素影响的理性决策。决策完后,一旦发出交易指令,会立即加以不折不扣的执行,完全能做到令行禁止,而不会出现临阵犹疑拖延的情况。

(八) 投资广和降低投资风险方面的优势

由于智能机器人的信息收集和处理能力以及分析决策能力非人力所能比拟,所以智能投顾完全有能力将投资范围扩大到全球的所有资产类别,投资范围极其广泛。实际上,智能投顾平台往往能够与第三方 ETF 基金公司或国外金融机构展开广泛的合作,为客户构建基于全球范围内投资产品的资产配置方案。不仅如此,还可以针对税率问题自动选择最佳方案。例如,在全球智能投顾平台标杆威尔斯弗兰特的投资范围中,涵盖国债、地方债、公司债、美国股票、发达国家股票、新兴市场股票、股息成长性股票、新兴市场债券、不动产、自然资源等 11 项资产类别,投资组合的载体则是指数基金 ETF。人工智能机器人进行投资决策和投资组合管理,可以同时对成千上万个投资标的进行投资管理,产品投资范围极其广泛和分散,风险也更小。

我们知道构建投资组合的能力是智能投顾的核心技术和核心竞争力。智能投顾建立在大数据、云计算和人工智能算法基础上,可以为投资者量身定制个性化的资产配置方案,并且可以随时自动再平衡,就可以最大限度地分散和降低风险。而传统投顾由于人工操作,存在受控于人的主观情绪等各种局限性和不足,难以构建最有效地分散投资的资产配置方案,因而也就不可能最大限度地分散和降低风险。

(九) 透明度高

传统投顾信息披露不够充分透明,投资者购买了理财产品以后,资金投向了什么地方、收益如何等,投资者都很难知晓。要查询也很麻烦,要专门去到金融机构的营业网点,取号排队花上很长时间打印清单才能知其大概。智能投顾却大不同,信息披露充分透明。投资者购买了智能投顾产品以后,对投资理念、金融产品选择范围、收费标准、投资组合构成、收益情况等,投资者通过手机 App 可以随时随地查到,方便快捷。另一方面,智能投顾由于是智能机器人自动操作,能够严格执行程序或模型给出的投资组合方案,采取自动化策略为客户提供投顾服务,不会出于自身利益为了做大业绩或成交量获得更高的佣金收入而故意误导客户交易,减少了道德风险,投顾建议更加客观公正,信息披露更加公开透明。

(十) 操作更加方便简单

在传统投顾条件下,手工操作,环节多流程复杂,手续繁琐,操作起来极不方便,耗时费力。与之相反,智能投顾环节流程都经过智能机器人重新整合设计,环节少、流程简单,操作过程大幅度减少。加之可以在网上特别是手机 App 进行操作,步骤少,操作简单方便快捷,几分钟就能完成整个投资流程。

第四节　智能投顾在中国的发展

一、智能投顾在中国的发展

对中国来说,智能投顾是一个"舶来品"。中国智能投顾是在美国智能投顾产生四五年后才出现的。2014 年(有的观点认为是 2015 年),理财魔方、弥财、财鲸、蓝海财富和拿铁财经等中国智能投顾创业平台先后成立。蚂蚁金服、资配易、钱景私人理财、雪球、京东金融等原来从事互联网理财、量化投资和社交投资业务的平台也纷纷涉足或转投智能投顾业务。

2015 年 8 月 18 日,京东金融推出了智能型理财工具——智投。京东智投背靠京东金融的产品资源及京东的大数据优势,为投资者定制个性化投资组合。

2015 年 10 月,蓝海智投推出的蓝海财富正式上线,宣称为中国乃至亚洲首款智能投顾产品,主要投资于国内 ETF、QDII 以及海外 ETF。

同年,北京弥财投资咨询有限公司推出的机器人投顾产品弥财上线,号称"中国版威尔斯弗兰特"。投资产品主要为全球 ETF,包括 8 只海外 ETF 基金。

由于业内人士普遍认为未来智能投顾行业的潜力巨大,我国智能投顾在 2016 年和 2017 年出现了爆发式发展。商业银行、证券公司和保险公司以及基金管理公司等传统金融机构也纷纷试水推出自己的智能投顾服务。但在之后的一年多时间里,由于定位不明确和缺乏清晰的业务模式,发展陷入低潮。即使这样,市场发展速度仍然十分惊人。据 Statista 估算,2017 年我国智能投顾管理的资产达到 289 亿美元,比上年增长高达 261%,资产规模仅次于美国,全球排名第二。预计到 2022 年,中国智能投顾客户数量有望超过 1 亿户,管理的资产总额将达到 6 650 亿美元。

目前情况下,市场上的智能投顾产品大致可以划分为三大类:一是初创型智能投顾服务公司,如弥财、理财魔方、蓝海智投、璇玑智投、盈米财富等。这类公司以提供智能投顾服务为主,有 to B 和 to C 两种业务模式,目前 to B 端的初创公司运营状况好于 to C 端的初创公司。二是传统互联网金融公司。如京东智投、蚂蚁聚宝、宜信 RA、百度股市通等。这类公司为客户提供升级版的在线投顾服务,主要产品是国内各家基金公司的理财产品,由于广泛使用手机 App,随时随地都可以进行操作,且操作简单方便,投资门槛和费率低,深受普通投资者特别是中青年投资者青睐。三是商业银行、证券公司和保险公司以及基金管理公司等传统金融机构提供的投顾服务。如招商银行的摩羯智投、广发证券的贝塔牛和嘉实基金的金贝塔等。传统金融机构具有天然的优势,其智能投顾业务的开展情况与其所具有的天然优势不太相称,客户潜力没有被充分挖掘出来,因而,未来发展潜力巨大。

传统金融要实现领先的智能投顾服务,还需要打造客户洞察智能化、投资组合决策模型智能化、资产配置场景化、风险管控智能化、客户互动智能化五大核心业务能力。

总体来看,我国智能投顾的发展还存在一些问题:①在中国金融投资市场,智能投顾的观念还没有深入人心,对智能投顾服务的认可度明显不足;②我国大数据、云服务器等数字基础设施不完善,智能投顾不够智能,不能为不同的投资者提供千人千策的个性化投资建议和资产配置服务;③投资顾问服务属于卖方市场,智能投顾的业务逻辑和盈利模式不明确,在算法模型、服务功能和客户体验方面需要大力提升;④智能投顾市场的监管法规不完善,智能投顾服务存在法律合规风险,也在一定程度上阻碍了智能投顾的发展。

二、中国著名智能投顾平台

(一) 招商银行摩羯智投

摩羯智投是由招商银行财富管理智能投资团队研发的并于 2016 年 12 月推出的智能投顾服务平台,投资团队成员专长涵盖大类资产配置、基金评价、智能算法、量化投资等领域。

摩羯智投是一套资产配置服务流程,依靠"大类资产配置"和"围绕基金的金融大数据"进行双轮驱动。

摩羯智投是一种根据现代投资组合理论设定大类资产配置逻辑,对资产进行分类,运用机器学习算法,以公募基金为基础,在全球进行资产配置的智能基金组合配置服务操作系统。摩羯智投依靠招商银行的资产配置能力,以招商银行基金筛选体系为基础,自行研发基金筛选模型,将定量分析与定性分析相结合,基于全球各类基金产品构建核心基金池。摩羯智投基于 5.4 万亿的财富管理数据,每天进行 107 万次的机器学习投资训练,使其具备算法进化能力,在对全球市场行情进行跟踪和监控的过程中发现并挖掘基金组合最优状态。不仅如此,摩羯智投每日会对客户持仓情况进行回归验证,当验证结果与当前最优状态有一定偏离时,为客户提供动态的基金组合调整建议,在客户认可之后,即可进行"一键优化"。摩羯智投通过"分散化"和"再平衡"策略优化组合收益风险特征,实现资产管理服务与客户需求的有效衔接,运用"战略+战术"的资产配置方式对组合进行动态调整。因而,可以说,摩羯智投本质上是一个组合基金(FOF)。

摩羯智投投资团队根据基金在过去几年的业绩、晨星评级、基金规模和历史等标准,从3 000多个公募基金中选取了他们认为合适的17个基金来帮助投资者进行资产配置。这些基金包括:8个债券型基金、7个股票型基金、1个货币型基金(招行自己的217004)、1个黄金基金。在摩羯智投的基金库里,有4个QDII基金。他们分别是:南方亚洲美元,大成标普500等权重,富国中国中小盘和工银全球精选。

摩羯智投主要是基于投资者的投资期限和选定的风险承受级别两项指标来确定投资者的风险偏好。

摩羯智投把用户的风险等级分为10级,1为低风险,10为高风险。将投资期限分为1年以下、1~3年、3年以上三个档次。每个档次都有10个风险等级,每个风险等级都有一个与之相匹配的投资组合。每个档次就有10个投资组合,3个档次共有30个投资组合。

在客户进行投资期限和风险收益选择后,摩羯智投会根据客户自主选择的"目标—收益"要求、构建基金组合,由客户进行决策、"一键购买"并享受后续服务。

从2016年12月到2018年1月底,摩羯智投全部组合的平均收益达到8.97%。其所有组合的平均波动率仅有3.42%,整体最大回撤为1.52%~4.03%。"低波动、稳增长"的风险收益,让摩羯智投拥有了15万名用户,规模突破100亿元。

(二)京东智投

京东金融于2015年8月18日推出了智能型理财工具——京东智投。京东智投背靠京东金融的产品资源及京东的大数据优势,为投资者定制个性化投资组合。

京东智投推出之前,京东金融财富管理业务共有小金库、基金、小白理财、票据理财、定期理财、固收理财等多种理财产品。这些理财产品从预期收益层面涵盖了浮动收益与固定收益产品;从期限层面涵盖了活期、定期各个期限的金融产品;从产品类型层面涵盖了基金、保险、固收、票据等现有财富管理市场中最为流行的品种。

京东智投聚合了京东金融财富管理现有产品,改变了以前各个理财产品"各自为战"的局面,打通了旗下众产品的链接。京东智投是基于大数据和AI技术的理财方法,可以为用户提供定制化的智能资产配置管理方案。从之前单纯提供互联网理财服务的互联网理财平台,到目前为投资者提供全方位的投资理财解决方案,一站式的投资理财体验,京东金融凭借京东智投,完成了投资理财的生态闭环。

作为一项创新型的产品,京东智投主要有三大特点:①背靠京东金融庞大的产品资源、专业的算法以及京东大数据优势,京东智投可以为每个投资者定制个性化投资组合;②京东智投降低了投资者获取投资组合的难度,非专业人士也可以通过京东智投获取投资组合;③京东智投打破了传统金融服务的门槛限制。

京东智投分为用户画像、财务分析、资产配置、产品筛选和再平衡投后管理五个功能板块。

京东智投风险评测包括6个方面:用户的年龄、投资金融、资产状况、投资期限、主观风险承受态度及预期年化收益。从用户客观风险承受能力和主观风险承受态度两个维度综合考量,依据京东金融大数据建模计算,向用户介绍符合自身投资偏好和风险承受能力的个性化投资组合,用户可以通过关注组合,一目了然地看到组合的整体预期年化收益,同时进行持续追踪。

京东智投的投资组合产品有:货币型基金、债券型基金、股票型基金、商品基金以及海外QDII资产等。

投资者只需要填写一份简单的调查问卷,京东智投就会通过特定算法,结合京东大数据体系,同时依托京东金融丰富的产品线,为用户提供千人千策的个性化智能投资组合。

例如,同样是稳健型投资者,在年龄、收入、理财产品需求等很多方面均存在比较大的差异,京东智投会根据投资者的个体差异,利用京东大数据平台优势,为投资者制定个性化的投资组合方案。

投资者登录京东智投网页后,平台首先要求用户完成风险测评问卷,投资者完成风险测评问卷后,平台就会根据投资者的风险测评结果,为投资者推荐投资期限为6个月的包括固收、债券基金、股票基金、票据、定期理财、京东小金库等6款投资组合产品,同时还会显示该投资组合近6个月的预期收益信息。

点击相关产品组合,平台会提供该产品组合的详细信息,如查看固收类产品,可以看到预期年化收益率、投资风险中低,起投金额为100元等具体信息。投资者关注某个组合的收益情况后,注册账号,即可购买该投资组合产品。

三、中国智能投顾业务平台

2020年中国部分智能投顾平台列表,如表4-3所示。

表4-3 2020年中国部分智能投顾平台列表

序号	平台	备注
1	蚂蚁聚宝	蚂蚁集团旗下的智慧理财平台,致力于让"理财更简单"
2	中银慧投	中国银行依托人工智能和大数据技术,向个人客户提供智能投资顾问服务
3	工行AI投	工商银行基于人工智能技术推出的智能投顾品牌
4	平安一账通	中国平安集团专为平安客户提供的一种方便、灵活的新型理财工具
5	摩羯智投	招商银行旗下的一站式理财导购平台,专注于理财产品返利导购业务
6	财智机器人	浦发银行基于手机银行8.0推出的智能投顾系统

(续表)

序号	平台	备注
7	贝塔牛	广发证券旗下的机器人投顾,为客户提供智能化、个性化的投资理财服务
8	京东智投	京东基于大数据和AI技术,为客户提供定制化的智能资产配置管理方案
9	广发智投	广发银行自主研发并推出的智能投资理财平台
10	华夏查理智投	华夏基金推出的市场上首个立足于生活场景的专业智能投顾平台
11	农银智投	农业银行凭借智能模型为客户提供优选基金组合,并可根据行情调整仓位的投资产品
12	智投魔方	光大证券推出的互联网综合金融服务产品
13	华宝智投	华宝证券推出的一款智能股票交易工具
14	IFinD	同花顺推出的在线实时金融信息终端
15	信智投	中信银行推出的"有温度"的人工智能投资顾问服务
16	天弘爱理财	天弘基金移动团队打造的一款专注于移动端的理财投资平台
17	度小满理财	度小满金融旗下专业的互联网理财平台
18	水滴智投	中欧基金旗下理财平台,首批基金投顾试点机构
19	RUN智投	华润银行与金融科技公司弘量研究合作推出新一代智能投资产品
20	JT^2智管有方	京东数科推出的国内首个一站式、全方位、智能化的资管科技系统
21	龙智投	建设银行基于大数据分析的智能投资理财顾问
22	超级智投宝	南方基金旗下,主打智能定制和个性化理财服务
23	Assetmark	华泰境外子公司,北美领先的统包资产管理平台(TAMP)

来源:2020年10月,德本咨询、eNet研究院、互联网周刊选择排行。

四、智能投顾优劣的判断标准

投资者选择智能投顾平台应从以下5个方面进行综合分析判断:

(1) 技术智能先进。智能投顾平台应该是智能的,人工智能的因素必不可少,至少要有一个优秀的技术团队。

(2) 投资经验丰富。智能投顾平台应该经过投资实践的检验,无论怎么先进的技术,也是在金融领域的应用,团队中资深的、拥有大资金管理经验、投资经验的专家必不可少。

(3) 业绩优良稳定。检验投资标准的是风险与收益,业绩因素不可或缺。

(4) 信息公开透明。智能投顾平台的底层资产应该是透明可查的,作为一个新兴事物,只有让用户清楚明白地知道自己的投资投向了哪里,才会赢得投资者的信任。

(5) 服务周到高效。智能投顾平台应该有优质的服务,智能投顾属于投顾的范畴,是一项服务不是卖产品,也就是把具有特定的风险与收益的产品,分配给特定的用户,并且根据市场状况进行动态调整,所以客户服务至关重要。

第五节　全球著名智能投顾平台

进入二十一世纪第一个十年后期,随着个人投资者理财需求的快速增长,特别是大数据、云计算和人工智能的发展,智能投顾在世界范围内应运而生。智能投顾最先产生于美国,在其后的发展中,美国也一直是这一领域的领跑者。2008 年 8 月 25 日,贝特曼在美国纽约州纽约市正式挂牌成立,成为第一家为客户提供自动化在线资产管理服务的投资理财公司。2010 年,贝特曼公司借产品在美国最具影响力的科技大会——TechCrunch Disrupt 上获得 Disruptor 大奖的东风,正式开始运营。随后 Future Advisor 公司也开始为美国 1 000 家证券公司提供自动化的投资和退休金账户管理服务。2010 年,威尔斯弗兰特公司在硅谷成立。之后各种智能投顾公司如雨后春笋般喷薄而出。智能投顾行业备受资本市场的青睐,贝特曼、威尔斯弗兰特、普森诺资本(Personal Capital)等都获得来自多家顶级风险投资机构的上亿美元融资,其中贝特曼和威尔斯弗兰特的市场估值都超过 10 亿美元。

随着智能投顾的迅猛发展,传统投顾公司客户被分流、市场份额被蚕食而受到巨大挑战,纷纷向智能投顾转型。嘉信理财推出智能投顾产品 SIP,先锋基金推出类似服务 PAS,高盛投资 Motif,黑石收购 Future Advisor,肯枭公司涉足智能投资。传统金融理财机构的加入,使智能投顾如虎添翼,迅速发展壮大。Corporate Insight 的统计数据显示,到 2015 年年中,美国智能投资顾问公司管理的资产规模就已超过 210 亿美元。据世界知名咨询公司 A.T.Kearneycbim 预测,到 2020 年,美国智能投资顾问行业的资产管理规模将达到 2.2 万亿美元,年均复合增长率高达 68%。

在美国智能投顾迅猛发展的同时,世界其他国家特别是发达国家也不甘落后,智能投资顾问平台也是层出不穷。从世界范围来看,全球著名的智能投顾平台主要有:美国的威尔斯弗兰特、贝特曼、普森诺资本、嘉信理财(Charles Schwab)、Intelligent Portfolio、Vanguard Personal Adviser Services、Future Advisor 等;英国的 Money on Toast、Vaamo、Zen Assets 等;德国的 Finance Scout 24、Quirion 等;法国的 MarieQuantier、Fund SHop、Advize.fr;意大利的 Money Farm;加拿大的 Wealthsimple;澳大利亚的 Stockspot 等。

一、全球智能投顾领头羊:贝特曼

贝特曼与威尔斯弗兰特一起同属美国智能投顾领域的两家明星公司。贝特曼成立伊始,业务拓展没有起色,入不敷出,长期靠创始人不断补贴资金艰难度日,苦苦支撑。但是危机就是转机。2010 年 5 月,美国最具影响力的科技大会 TechCrunch Disrupt 大会顺利召开。贝特曼公司的产品获得 Disruptor 大奖，公司因此一炮而红，声名鹊起，公司发展也因此出现重大转机。不久，公司赢得了真正的客户，业务走上正轨，正式开始运营。很快，公司受到风投和天使资本的密切关注，获得 300 万美元的融资。在此后的几年时间里，贝特曼公司成为资本市场的宠儿，几乎每年都能成功获得一轮融资。特别是 2016 年 3 月，公司获得 1 亿美元的 E 轮融资。到 2016 年 6 月，贝特曼公司已经拥有 16 万客户，管理资产规模达到 49 亿美元，市场估值高达 7 亿美元，成为全球智能投顾领域当之无愧的领头羊。

业务走上正轨后，贝特曼公司为了进一步开发新产品，扩大市场，投入更多的时间和精力学习和开发产品，使公司的产品日益丰富。2014 年，在 Fidelity 的参与下，为机构和公司提供智能投顾服务的 Betterment Institutional 平台正式上线。2015 年 4 月，又正式推出能为所有客户制定个性化退休储蓄和投资方案的 Betterment Retire Guide。2016 年 3 月，公司又发布了针对美国退休储蓄计划 401(K) 的平台产品 Betterment for Business，并开发了一项新的功能，就是能够将客户在贝特曼内外的资产集中到一处的资产聚合工具。可以明显看出，贝特曼几乎每年都能开发出一个新的产品或推出一个新的平台。

以下我们主要介绍一下贝特曼的业务模式和盈利模式。

(一) 业务模式

贝特曼的专业分析师团队对全球数十种资产类别进行持续跟踪，并对不同的债券和股票指数进行分析研究，在此基础上，对公司智能投顾系统的投资算法不断进行调整和优化。贝特曼与另一家智能投顾明星公司威尔斯弗兰特相比，极其注重"目标导向——定制理财计划"的过程。基于这一理念，在贝特曼的智能投顾平台系统中就有实现这一理念的功能。①目标导向，客户可以借助这一功能十分方便地针对个人生命周期中的每个目标定制个性化的投资策略；②目标拆解，客户可以据此把个人投资理财的长期大目标层层分解拆细成众多短期小目标；③收支预算，客户可以据此为自己每月的开支设置一个限额；④资金归集，贝特曼能够每月自动将客户银行资金账户上超过所设限额的部分转入投资账户。

贝特曼智能投顾平台设立了"超安全"债券组合和股票组合两个投资项。投资者将个人银行账户绑定贝特曼平台后，通过调整指针就可以实现两个投资项之间资金分配比例的调整，进而实现投资组合风险高低的调整。平台还对投资流程和操作步骤进行重新设计，使步骤尽量简化，投资者只须投入资金、确定债券和股票的比例即可完成投资操作。

贝特曼的投资操作极其简单。共分为以下几个步骤：

第一步：客户在平台注册登录，回答几个简单问题，如年龄、收入、投资目标等。

第二步：人工智能投顾根据客户的年龄和收入等信息，通过智能算法给出投资目标建议，如优先考虑安全净投资计划、退休金管理计划、一般投资等投资目标建议。

第三步：人工智能投顾针对客户的选择给出具体的投资组合建议。

第四步：客户根据个人需要，调整投资组合进而生成合适的投资组合。

投资组合方案确定后,客户就可以通过贝特曼平台进行直接投资。如果客户将自己的银行账户与平台进行绑定,平台能够自动从客户银行账户中扣款。平台还允许用户将账户以电子账户的形式连接起来,从而实现客户资金在不同账户之间实时便捷地转移。

(二) 盈利模式

贝特曼依据马科维茨的资产组合理论及其衍生模型,运用大数据、云计算、特别是人工智能算法,通过互联网低门槛、低成本、低费率、快速、批量地为客户定制个性化的资产配置方案,从而使广大投资者足不出户就可以低门槛、低费用管理自己的资产。贝特曼作为一家智能投顾服务公司,有它特殊的价值。贝特曼也正是凭借自己特殊的服务价值,为投资者提供智能投顾服务,向用户收取服务费。

贝特曼的盈利模式主要是根据账户余额计算年费来向用户收取服务费,作为其收入和盈利的来源。贝特曼收取的年费大致是账户余额的 0.15%~0.35%。投资金额越大,费率越低,收取的费用越少。具体计算标准是:账户存款余额低于 100 美元的,每月额外收取 3 美元管理费;账户存款余额低于 10 000 美元的,每年收取账户余额 0.35% 的管理费;账户存款余额 10 000~100 000 美元的,每年收取账户余额 0.25% 的管理费;账户余额 100 000 美元以上的,每年收取账户余额 0.15% 的管理费。

由于贝特曼是借助大数据、云计算,通过人工智能理财机器人 7×24 小时全天候随时随地为成千上万投资者提供智能投顾理财服务,服务范围广、效率高、成本低,其收费是真正的薄利多销,与传统投顾相比,具有巨大的优势。

二、全球智能投顾平台标杆:威尔斯弗兰特

(一) 产生和发展

威尔斯弗兰特公司的前身是 Kaching 公司,由丹·卡罗尔于 2007 年创立。丹·卡罗尔 15 岁就开始投资,长期从事投资工作,具有丰富的投资经验。他认为"没人注意维护小投资者的利益",他希望使有天赋的投资者能轻易获得以往只对富豪开放的财富管理工具。丹·卡罗尔成立 Kaching 公司,旨在提高投资界的透明度,为广大投资水平低下的中小投资者得到投资高手的指导提供方便。Kaching 公司成立之初,主要是一个在线交易和业绩展示的平台。用户在 Kaching 平台注册后,就可以开立自己的投资账户。Kaching 会每日公布用户的交易、持仓以及业绩情况。每位用户不仅可以随时查看优秀投资人的投资情况并借鉴与学习,如有需要,在向少数业绩优秀的投资人支付一定比例佣金后,用户还可以将自己的股票账户与优秀投资人的股票账户相连接,自动跟随这些优秀投资人进行交易。在这一过程中 Kaching 也能分到部分佣金收入。

2008 年,斯坦福大学教授、资深硅谷风险投资人、风险投资基准资本的创始人之一安迪·拉切列夫加入 Kaching 公司,并成为公司第二任 CEO。同年底,安迪·拉切列夫将 Kaching 注册成为一家投资咨询顾问公司。

2011年，Kaching更名为威尔斯弗兰特，正式转型成为一家专业在线财富管理公司。公司利用身处硅谷地区的区域优势，将目标用户定位于20～30岁之间无暇理财的科技人士，为他们提供在线代理投资理财服务。

2012年12月，普林斯顿大学经济学教授马尔基尔加盟威尔斯弗兰特，并成为首席投资官。马尔基尔是《漫步华尔街》一书的作者、国际投资界响当当的人物。马尔基尔对有效市场理论推崇备至，并将指数化的被动投资方式应用到威尔斯弗兰特的财富管理过程中，利用多样化的ETF来最大限度地分散风险。

2014年，威尔斯弗兰特迎来公司第三任CEO亚当·纳什。亚当·纳什早年曾在苹果、eBay、Linkedin工作过，有着广泛的人脉网。由于亚当·纳什的缘故威尔斯弗兰特获得了许多来自斯坦福大学等名校的优秀工程师和具有金融产品工作经验的硅谷高管的支持。更为重要的是，亚当·纳什善用大数据进行个人理财业务分析的专长正好满足威尔斯弗兰特的需求，使公司如虎添翼，业务蒸蒸日上，资产管理规模急速扩大。2014年6月，公司资产管理规模超过10亿美元，平均每个客户投资10万美元，最高投资额超过500万美元。令人难以想象的是，取得这一骄人业绩的是一个仅有25人的管理团队。

2015年1月，公司资产管理规模达到18.3亿美元，短短半年多一点的时间就增长了80%。到2016年4月底，威尔斯弗兰特已经是规模最大、发展最快的基于软件的在线理财咨询公司，成为全球智能投顾行业翘楚，资产管理规模超过30亿美元。

(二) 业务模式

1. 主要产品

威尔斯弗兰特提供的产品和服务种类丰富，主要产品和服务是自动化的投资组合理财咨询服务，包括为用户开设和管理账户、资产组合配置、交易实现、投资组合的评估、税收损益收割、账户再平衡等。其中最具特色的是税收优化直接指数化服务和单只股票分散化服务。用户能够通过威尔斯弗兰特平台投资，标的为ETF。

税收优化直接指数化(Tax-Optimized Direct Indexing)是威尔斯弗兰特用个股组合代替用户投资组合中的指数基金(ETF)，以此来构建可以模拟不同规模指数ETF表现的组合，在个股层面上实现税收亏损收割功能。具体方法是利用100～1 000只大盘股来模拟美股大中盘指数ETF，同时配置1只小盘股指数ETF，实现不同规模指数ETF的替代。这样一来，不仅可以降低ETF投资成本，而且可以在交易成本增加不明显的前提下实现个股层面上的税收亏损收割，使用户获得更多潜在的节税收益。但只有账户规模10万美元及以上的用户才能享受此服务，而且是免费的。

单只股票分散化服务(Single-Stock Diversification)是威尔斯弗兰特为大量持有某只股票的投资者提供的有序卖出、分散化再投资以及税收筹划等服务。如果投资者手中只有1只股票，且大量重仓持有时，由于把鸡蛋放在一个篮子里，投资单一，风险倍增，无法获得分散化投资带来的低风险的好处，而且在大量卖出时还会冲击市场，使供求关系发生变化，价格走低，卖不到一个好的价钱。基于此，威尔斯弗兰特就会根据用户短期资金需求和长期投资计划，免费为用户提供一定时间内不声不响地逐渐卖出一定数量某只股票，并将变现资金再投资于用户的分散化投资组合，同时对投资者账户进行税收筹划管理的服务。

2. 目标客户

威尔斯弗兰特的客户定位十分明确。威尔斯弗兰特公司是借助大数据、云计算和人工智能算法为投资者提供智能化、数字化的在线理财顾问服务。完全是一种前所未见、闻所未闻的服务模式，许多投资者特别是年龄较大的投资者感到很陌生，难以接受。而"千禧一代"高科技行业的年轻人对大数据、云计算和人工智能比较熟悉，接受新生事物快，又愿意尝试，更容易接受这种在线理财服务模式。而且人口统计数据显示，"千禧一代"年轻人的数量比"婴儿潮"一代要多得多。于是，威尔斯弗兰特公司把"千禧一代"高科技行业的年轻人作为自己的目标客户。由于投资门槛低和收费低，操作方便简单，随时随地都可以操作，威尔斯弗兰特也深受美国中产阶级青睐。

3. 投资操作流程

威尔斯弗兰特为用户提供基于PC端和移动端的服务。操作流程简单方便快捷，几分钟即可完成。

威尔斯弗兰特要求客户在投资开户之前先填写调查问卷，进行风险等级测试。智能投顾系统根据调查问卷了解和掌握客户有关账户类型、资金规模、风险承受能力、风险偏好和投资目标等方面的情况。然后平台根据测试结果，自动为客户量身定制投资建议，但是客户可以根据自己的实际需求做适当修改。一旦最终投资策略确定后，客户就可以开立新的投资账户或者绑定已有账户进行投资，平台提供资产管理服务，购买相应的产品并根据市场情况变化及时调整投资策略。

威尔斯弗兰特的整个操作流程包括以下6个步骤。

(1) 风险容忍度评估。投资者风险容忍度是指投资者对于其可能面临的投资回报波动情况的接受程度。投资者风险容忍度大致可以分为三种类型：激进的风险承担者、温和的风险承担者、保守的风险承担者。

通过问卷调查进行风险偏好评级，了解用户资金需求和账户情况。平台设计了一些问题和选项以调查问卷的形式要求客户填写，然后平台即智能投顾系统根据客户填写的调查问卷来评定客户的容忍度。威尔斯弗兰特公司调查问卷中的问题有"您目前的年龄是多少？""您每年的税前收入是多少？""您的现金和短期投资总额是多少？""您投资的主要原因？""当决定投资时，您最关心的是什么？""全球股市经常波动，如果一个月在某个市场您的投资组合价值损失10%，您将如何应对？"，等等。

(2) 系统推荐投资计划。根据风险偏好评级以及资金账户情况给予具体投资建议。平台根据每个投资者的风险容忍度为其量身定制个性化的投资组合方案并推荐给投资者。威尔斯弗兰特公司的投资组合包括两大类：有需要纳税的投资组合（适用个人账户、联合账户、信托账户）和退休金投资组合（适合传统 IRAs 账户、401（K）Rollovers 账户、Roth IRAs 账户、SEP IRAs 账户）。投资组合的载体为指数基金。资产类别有 11 个大类：美国国债、市政债券、公司债券、新型市场债券、美股、海外股票、新型市场股票、股利股票、美国通胀指数化证券、房产、自然资源。每个投资者的风险容忍度不同，所以平台向投资者推荐的投资计划包含的资产类别也会千差万别。

（3）开户及投资管理。开户就是投资者在平台开立投资理财账户，与平台正式确立投资理财顾问服务关系。可以开设新的投资账户，绑定已有账户或将其他账户进行划转。如果投资者经过权衡最终选定该公司为自己提供投资理财顾问服务，就会在该平台开立投资理财账户。在投资者开立投资理财账户时，平台会要求投资者先选择所要开立的投资理财账户的类型、是否选择避税的工具和方式，然后是填写基本信息、个人信息（如雇佣情况、每年净收入）、排除的股票清单、资金支付方式、检查核对五个小的步骤。账户类型主要有传统 IRAs 账户、401（K）Rollovers 账户、Roth IRAs 账户、SEP IRAs 账户和个人账户、联合账户、信托账户等。由于不同的账户类型适用不同的纳税规则，所以，系统推荐的投资组合也不一样。账户开好后公司对账户进行主动管理。

（4）平台代客户向证券经纪公司 ApexClearing 发送交易指令，买卖 ETF。

（5）用户评估、检查自己的投资组合。如果投资者要求变更投资组合，平台会根据投资者的需求重新为投资者量身定制一个新的个性化的投资组合。

（6）平台收取服务费或佣金。开户当月免收服务费，次月起开始收取服务费，每月第一个工作日按账户余额扣除 10 000 美元之后的 0.25% 收取服务费。平台是按账户金额的一定比例收取服务费，账户金额不同，收费比例略有不同。

4. 投资标的

威尔斯弗兰特最大的优势就是运用以马科维茨和威廉·夏普为代表创建的现代投资组合理论，借助大数据、云计算和人工智能算法为用户量身定制个性化的投资组合并推荐给投资者，通过分散的投资组合来提高投资的风险收益比。为了提高分散化程度，降低风险，同时为更多风险偏好用户提供更多的资产组合选择，平台选择的资产种类达到 11 种之多。威尔斯弗兰特投资组合的投资标的是各类 ETF。ETF 资产类别包括美国国债、市政债券、公司债券、新型市场债券、美股、海外股票、新型市场股票、股利股票、美国通胀指数化证券、房产、自然资源等 11 个大类，但并不是所有投资组合中都囊括了上述 11 个资产大类。不同的投资组合涵盖的资产种类及其内部比例各不相同。有的投资组合涵盖了上述 11 个资产种类中的 7~8 种，有的投资组合则涵盖了上述 11 个资产种类中的 6~7 种。

5. 投资模式

威尔斯弗兰特以现代投资组合理论为基础，运用人工智能投顾机器人为客户提供智能投顾服务。通过人工智能算法为客户构建千人千策的个性化投资组合,并通过人工智能投顾机器人7×24小时全天候高效率的工作将服务范围扩大到成千上万中低收入普通投资者,为普通民众提供了享受高质量投资理财服务的机会和平台。

威尔斯弗兰特的投资方法遵循5个步骤:

(1) 根据现有的投资环境,确定一套理想的资产类型。为了使投资组合的可选择性更多,威尔斯弗兰特确定了一套多样化的资产类别。

(2) 选择低费率的ETF来代替每一种资产类型。威尔斯弗兰特主要是选择费率低、追踪误差小、能提供丰富的市场流动性、并能使它们所对应的基础证券的支出最小的ETF。特别是在投资组合中每种ETF税后的风险调整报酬率是威尔斯弗兰特关注的重点。

(3) 确定客户的风险偏好,为客户定制合适的投资组合。威尔斯弗兰特为每一种资产类别设置了最低配置限额和最高配置限额,如美股的最低配置限额为5%,最高配置限额为35%。

(4) 应用现代投资组合理论来分配根据客户的风险偏好选出的投资组合。威尔斯弗兰特采用优化均方差(MVO)来寻找有效边界,确保自己的投资组合是最优的,并用资本资产定价模型来评估每种资产的预期回报率。

(5) 监测和定期调整客户的组合。用现金流买入配置不足的资产类别能极其有效地使税费影响和交易成本降到最低,以临界值为基础调整投资组合相较于以时间为基础调整投资组合能取得更好的市场效果。

(三) 盈利模式

威尔斯弗兰特是由智能投顾机器人向投资者提供的智能化、数字化和全自动化的投资理财顾问服务。可以7×24小时全天候运作,投资者随时随地都可以进行投资操作,简单方便快捷,而且可以为千万甚至亿级别的用户使用。由于拥有巨大的技术优势,只需要极少的人工和场地就可以运转良好,节省了大量的人工费用和场地费用,因而效率高成本低、投资门槛低和收费低是威尔斯弗兰特最大的优势和特点。威尔斯弗兰特公司的收费不仅远远低于传统投资理财公司,而且也低于其他智能投资顾问平台。因而吸引了成千上万中等收入年轻人前来投资理财,并成为公司的主要客户。

向客户收取咨询服务费是威尔斯弗兰特的主要收入和盈利来源。但平台也不是一刀切式的收费。为了扩大业务规模吸引更多的客户前来投资理财,平台也推出了一系列优惠措施。威尔斯弗兰特的收费项目、收费比例以及优惠措施主要有以下几个方面:

(1) 咨询费。具体规定是账户资金低于1万美元的免收咨询费,高于1万美元的部分每年收取0.25%的咨询费。计算公式为:(账户资产净值-10 000)×0.25%×投资持有天数/365(或366)。

(2) 咨询费减免优惠。老客户每邀请一个新用户加入,邀请人即可获得5 000美元投资额的咨询费减免。

（3）转账费用补偿。平台对客户原有经纪公司向用户收取的转账费用进行补偿。

（4）其他费用。其他费用主要是 ETF 持有费用，是投资者持有 ETF 期间，ETF 基金公司收取的相关费用，平均为 0.12%。

第五章 智能投研

人工智能、大数据和云计算的迅猛发展使证券行业发生了颠覆性的变革。证券公司的业务和组织架构发生了巨大的变化,绝大部分业务都能在线上进行,并出现了纯互联网的证券公司。随着网上证券业务的快速推广,证券市场逐渐从有形市场过渡到无形市场,远程终端交易、网上交易逐渐成为证券交易的主流。传统的人工投资顾问逐渐过渡到人工智能投资顾问,人工投研过渡到人工智能投研,并出现智能量化交易系统。总而言之,整个证券行业智能化程度越来越高。本章将主要介绍随着证券行业的智能化出现的人工智能投研。

第一节 智能投研的基本原理

一、智能投研概述

(一) 智能投研是行业发展的必然

(1) 分析处理海量数据人力有所不逮。金融业是世界上信息最密集、数据最丰富的行业之一,同时也是变化最快、最为纷繁复杂的行业之一。资本的借贷、收付结算、证券交易、黄金外汇交易、期货期权交易等等各种各样的金融交易 7×24 小时一刻也不停顿地进行着,时时刻刻产生海量的数据信息,使人们目不暇接,无以应对。进入互联网时代特别是自媒体时代以后,金融信息和金融数据更是瀚如烟海,但也良莠不齐,数据的价值密度在下降。在证券行业,要投资首先要进行投资分析。在今天信息爆炸的时代,投资分析师面对日益扩大的金融市场,越来越庞杂的海量信息,凭借肉眼凡胎根本无法做到信息的全覆盖。而即使是经过投资分析师收集分析处理后撰写的研究报告也是多如牛毛,仍然需要投资者付出大量的时间和精力进行筛选阅读分析和判断。随着互联网特别是移动互联网的普及,我们已身处信息过载时代,投研业务面临数据量过大、数据渠道过多、数据结构多样、数据真假难辨等突出问题,这些问题单靠传统的投研处理方法和手段已很难胜任或很难长期胜任,信息爆炸与人类手工收集处理能力之间的矛盾日益突显出来,急需利器解决人类手工收集处理信息能力远远不足的问题。

（2）投研作为业务链条的一环，交易、风控等都在快速智能化发展，投研同样需要变革，紧跟时代发展的大趋势和行业发展的步伐，避免成为行业发展的短板，拖行业发展的后腿。

（3）保持分析的客观性是投研工作的基本要求，借助现代科技手段，既可以提高各类投研工作的效率，又可以弥补人类主观情绪的干扰。得益于人工智能、大数据和云计算的发展，特别是自然语言处理、图像识别、知识图谱、大数据存储和处理技术的快速发展，人工智能在信息收集处理速度、记忆、执行功能等方面，有着人类手工所无法比拟的巨大优势，是人类手工的成千上万倍，人工智能可以 7×24 小时全天候不知疲倦地高效率地工作。

综上所述，内外因共同促进，智能投研是行业发展的必然。

(二) 智能投研的定义

智能投研就是智能机器人运用自然语言理解和自然语言生成技术阅读，消化和学习公司日常公告、季报、中报、年报和其他有关海量宏微观经济数据，并对其进行处理和分析，在此基础上自动生成用户所需要的宏观经济研究报告、行业研究报告和公司研究报告。换句话说，智能投研是指利用大数据和机器学习，将数据、信息、决策进行智能整合，并实现数据之间的智能化关联，从而提高投资工作者效率和投资能力。从这个定义来看，智能投研只是智能投顾和智能投资的一部分，或者前端部分，其主要目的是通过智能手段为智能投顾和智能投资提供可供投资决策的研究成果，本身并不参与投资。目前智能投研在交互体验、数据动态关联、自我学习能力方面，与传统投研工具已有本质区别，可利用知识图谱、动态智能搜索、语义识别自动实现上下游产业分析、建立智能财务模型。

智能投研是智能金融正在迅速成熟的应用领域。宏微观经济研究是证券公司服务的重要方面，同时也是投顾服务的重要组成部分。目前在新闻领域，大量的智能简报、新闻生成技术已经被普遍应用。

二、智能投研的技术基础

在智能投研中主要应用的人工智能技术包括图像识别、自然语言处理、情感分析、机器学习、知识图谱等。这些技术的使用本身存在递进的关系。首先通过图像识别技术，对图像中印刷或者手写的文字进行识别，输出可以编辑的文档格式。其次是通过自然语言处理及情感分析对本文进行结构化处理，变成机器可读的数据。最后结合专家知识和机器学习等算法，建立起数据之间的关系网络，实现一定程度的分析功能。

(一) 图像识别

智能机器人在进行智能投研的过程中需要收集和处理海量的数据信息，而在这些海量数据信息中很大比例是以图像的形式存在的。因而智能投研机器人必须具有强大的图像识别能力。

图像识别是人工智能的一个重要领域，是指利用计算机对图像进行处理、分析和理解，并对质量不佳的图像进行一系列的增强与重建，从而有效改善图像质量，以识别各种不同模式的目标和对象的技术，是深度学习算法的具体应用。

现阶段图像识别技术一般分为人脸识别与商品识别，人脸识别主要运用在安全检查、身份核验与移动支付中；商品识别主要运用在商品流通过程中，特别是无人货架、智能零售柜等无人零售领域。

图像识别的发展经历了三个阶段：文字识别、数字图像处理与识别、物体识别。

文字识别的研究是从1950年开始的，一般是识别字母、数字和符号，从印刷文字识别到手写文字识别，应用非常广泛。

数字图像处理和识别的研究开始于1965年。数字图像与模拟图像相比具有存储和传输方便、可压缩、传输过程中不易失真、处理方便等巨大优势，这些都为图像识别技术的发展提供了强大的动力。

物体识别主要是指对三维世界的客体及环境的感知和认识，属于高级的计算机视觉范畴。它是以数字图像处理与识别为基础的结合人工智能、系统学等学科的研究方向，其研究成果被广泛应用在各种工业及探测机器人上。

AI+时代最为常见的图像识别技术主要是神经网络的图像识别与非线性降维的图像识别。

神经网络图像识别技术是一种比较新型的图像识别技术，是在传统的图像识别方法基础上融合神经网络算法的一种图像识别方法。但这种神经网络并不是动物本身所具有的真正的神经网络，而是人类模仿动物神经网络后人工生成的。在神经网络图像识别技术中，遗传算法与BP网络相融合的神经网络图像识别模型是非常经典的，在很多领域都有它的应用。

非线性降维图像识别技术是一种极其有效的非线性特征提取方法。它可以发现图像的非线性结构而且可以在不破坏其本征结构的基础上对其进行降维，使计算机在尽量低的维度上进行图像识别，从而使识别速率得到进一步提高。例如人脸图像识别系统所需的维数通常很高，其复杂度之高对计算机来说无疑是巨大的"灾难"。由于在高维度空间中人脸图像的不均匀分布，使得人类可以通过非线性降维技术来得到分布紧凑的人脸图像，从而提高人脸识别的效率和准确率。

(二) 自然语言处理

自然语言处理(NLP)就是将复杂的人类自然交流的语言转化成标准化的计算机语言。自然语言处理包括两个部分：一是自然语言理解(NLU)，即使计算机理解人类的语言；二是自然语言生成(NLG)，即将计算机运算的结果以人类自然语言的形式呈现出来。

1. 自然语言理解

将日常话语消化理解，并转化为机器可后续处理的结构。自然语言理解俗称人机对话。使计算机能理解和运用人类社会的自然语言如汉语、英语等,实现人机之间的自然语言通信,以代替人的部分脑力劳动,包括查询资料、解答问题、摘录文献、汇编资料以及一切有关自然语言信息的加工处理。

2. 自然语言生成

将由机器拆分好的结构化数据以人们能看懂的自然语句表达出来。自然语言生成是研究使计算机具有人一样的表达和写作的功能,即能够根据一些关键信息及其在机器内部的表达形式,经过一个规划过程,来自动生成一段高质量的自然语言文本。

自然语言生成主要有3个功能:

(1) 内容规划,决定生成的文本所要表达的内容,并对已确定的内容进行结构化描述,使之符合阅读理解习惯。

(2) 句子规划,就是在第一步内容规划的基础上进一步明确定义规划文本的细节。

(3) 表层生成,将句子规划后的文本描述映射至由文字、标点和结构注解信息组成的表层文本。

情感分析也是自然语言处理中的一个重要研究方向,主要是对带有感情色彩的主观性文本进行分析、处理、归纳和推理。情感分析的发展得益于社交媒体的兴起,产生了大量个体参与的、对于人物、事件和产品的评论信息,通过机器学习,得出可量化的数据结论。

情感分析可以分为以下4个步骤:

第一步,情感信息的提取,即在文本中抽取有价值的信息。

第二步,情感信息的分类,主要包括主、客观信息的分类和主观信息的情感分类。

第三步,情感信息的检索,可以检索出与主题相关且包含情感信息的文档。

第四步,情感信息的归纳,可以将与大量主题相关的情感文档进行自动分析和归纳并得出情感分析结论。

自然语言处理在大数据分析、日志挖掘及分析、自动摘要、文本分类、信息提取、文本朗读/语音合成、语音识别、信息检索、文字校对、机器翻译、问答系统等场景中有着广泛的应用。在金融行业,智能投顾、智能投研、舆情监测、智能风控、智能获客、智能客服、智能营销、智能核保、智能定损和智能理赔等都要应用自然语言处理。

(三) 机器学习

在智能投研活动中,智能投研机器人要运用机器学习算法不断进化,进行自然语言处理、图像识别、建立知识图谱。机器学习是人工智能的核心,是使计算机具有智能的根本途径。它专门研究计算机怎样模拟或实现人类的学习行为,以获取新的知识或技能,重新组织已有的知识结构使之不断改善自身的性能。

机器学习在知识系统、自然语言理解、非单调推理、机器视觉、模式识别等许多领域都得到了广泛应用。一个系统是否具有学习能力已成为是否具有"智能"的一个标志。机器学习的研究方向主要分为两大类：①传统机器学习的研究，主要是研究学习机制，重在探索模拟人的学习机制；②大数据环境下机器学习的研究，主要是研究如何有效利用信息，重在从巨量数据中获取隐藏的、有效的、可理解的知识。

在大数据时代，各行业对数据的分析需求持续增加，通过机器学习高效地获取知识，已逐渐成为当今机器学习技术发展的主要推动力。大数据时代的机器学习更强调"学习本身是手段"，机器学习成为一种支持和服务技术。如何基于机器学习对复杂多样的数据进行深层次的分析，更高效地利用信息成为当前大数据环境下机器学习研究的主要方向。所以，机器学习越来越朝着智能数据分析的方向发展，并已成为智能数据分析技术的一个重要源泉。与此同时，在大数据时代，数据产生的速度越来越快，数据的体量急剧扩大，新的数据种类不断涌现，使得大数据机器学习和数据挖掘等智能计算技术在大数据智能化分析处理应用中的作用日益突显出来。毫无疑问，智能投研的水平取决于智能投研机器人的智能化程度，而智能投研机器人的智能化程度又决定于机器学习算法的水平。

（四）知识图谱

知识图谱是将知识结构绘制成以各个知识单元概念为节点的地图。知识图谱的基础是自然语言处理，在计算机对文本中的知识点理解之后，再建立起各个知识单元之间的关系，形成知识网络，最后以可视化的形式展现出来，或者通过智能搜索引擎呈现。知识图谱的底层是文本、标签和表格，在此基础上构建图表、模式、本体和规则。

在投研领域，知识单元包括公司、产品、股东、管理层等，知识单元之间的关系包括上下游、竞争对手、合作、股权、担保等。知识图谱可以知识单元之间的关系网络直观地显示出来，当其中某个节点发生变化时，能快速识别出这个变化在关系网络中的传导过程及对特定主体的具体影响。

建立知识图谱有以下两个步骤：

第一步，实体识别，主要从新闻资讯、公司公告、券商研究报告等海量的信息源中抓取实体。

第二步，关系构建，主要基于机器学习等方法挖掘实体之间的各种关系。

三、智能投研的发展历程

投资研究应该是随着证券投资的产生而产生的，后来，慢慢成为一个独立的行业。可以说投研行业早已有之，但是智能投研则是二十一世纪才出现的，它是随着人工智能的发展而产生和发展的，历史较短。

2000年，美国黑石集团开发了使用自然语言处理技术解析文档的Aladdin系统，该系统可以提供风险管理和投研咨询，投研智能化的序幕由此拉开。2010年，Alphasense成立。2015年我国开始出现人工智能辅助投研。目前行业参与者众多，但在技术水平、数据

积累、市场开拓等方面与国际先进水平相比还有很大的差距。从全球范围来看,智能投研的发展历程大致如下:

2000年,美国黑石集团开发资产管理平台——Aladdin系统,使用大数据和自然语言处理等技术处理新闻、企业和行业研究报告等不同文件,并将文件中的信息与可能涉及的公司和行业联系起来,给研究人员提供投资建议。

2010年,Alphasense推出面向金融投资人员的智能搜索引擎,采用自然语言处理技术,从公司公告、新闻和研究报告中整合投资信息。该搜索引擎可以向研究人员快速提供与标的有关的信息。

2013年,肯枭成立,早期服务于高盛内部,专注事件驱动与资产的相关性研究,通过机器学习及云计算搜集和分析数据,大大缩短传统投资分析周期,能够分析海量数据对资本市场各类资产的影响,并通过自然语言处理技术理解和解答复杂的金融问题。

2015年,我国文因互联成立,陆续发布智能搜索、公告自动化阅读等工具;恒生电子发布智能小梵,可以实现智能搜索。智能小梵是恒生电子旗下控股子公司、中国领先的金融资讯服务供应商恒生聚源,基于17年的大数据处理及颗粒化成果,用两年时间打造推出的智能数据产品。这个梵思(FAIS)系列智能产品的机器人大脑不仅可以为普通投资者提供精准的数据提炼,而且通过强大的人机自然交互,投资者输入"房价上涨""新能源""今日涨停股"等自然语言即可获得关联的股票和资讯信息。

2015年,鼎复数据推出金融风险智能防控产品,为各类金融投资机构提供金融分析的平台。

2016年,通联数据成立萝卜投研,产品包括智能咨询、智能金融搜索、市场监控机器人等。

2017年,熵简科技推出面向基金公司的辅助决策智能工具。熵简科技是一家智能投研辅助决策工具研发商,专注于智能投研辅助决策工具的研发,为投研从业者提供服务,拓展现有投资框架的分析维度,形成行业及公司层面的前瞻性指标,提高投资决策成功率,提供多级安全防护及灾备保障,对投研数据进行加密存储,并在提供智能投研产品的同时,将代码开源,组织培训沙龙。

此外,招商基金、天弘基金、博时基金、嘉实基金、华夏基金等国内众多公募基金和私募基金目前也在进行智能投研的研发工作。

四、智能投研与传统投研的区别

智能投研的本质是用人工智能代替投研人员的部分工作。与传统投研相比,智能投研在数据来源、数据处理方式、获取渠道等方面都有很大的区别,其主要区别如表5-1所示。

表 5-1　智能投研与传统投研的区别

区别项目	传统投研	智能投研
数据来源	宏观、行业和公司等数据；数据量小	各类网站、社交平台、卫星等数据；数据量大
数据获取方式	投研人员手动搜索整理构建数据库	计算机利用爬虫等手段自动获取
数据处理方式	大量投研人员利用自身知识储备和经验人力处理	利用自然语言处理和知识图谱等人工智能手段自动处理数据，构建模型
投研成果呈现	研究报告为主	智能搜索引擎、智能生成研究报告等

五、智能投研与智能投顾的区别

智能投顾主要是将人工智能辅助引入投顾业务，而智能投研则是将人工智能引入投研业务中。智能投顾更加偏向于站在客户立场上为投资者提供资产配置建议，对客户资金配置到股票、债券、基金等品种上的份额提供合理建议，收取咨询服务费，主要面向 C 端客户；而智能投研更加偏向于辅助资产管理，服务于金融机构的投研人员，主要面向 B 端客户。

第二节　智能投研的步骤

通常智能投研从数据采集到最后生成研究报告主要有以下 4 个步骤。

一、数据采集

投研水平的高低取决于能否快速、准确、完整、全面地获取数据。海量数据是智能投研分析处理研究的材料或对象。如果没有全面完整的海量数据，再先进智能的算法和模型都会英雄无用武之地，实际上没有海量的数据去喂养，也不会产生不断进化的先进智能的算法和模型。传统投研除通过现场调研获取并求证部分信息外，还需要从行业垂直信息平台（如万得、彭博社等）、综合搜索平台（如百度、搜狗等）、公司年报、半年报和季报、日常公告、招股说明书、咨询公司各类研究报告、券商研究报告、政府网站等渠道获取数据，数据渠道多且收集的数据难以快速、准确、高效整合，而智能投研则能很好的解决这一问题。首先，智能投研可以丰富数据源的获取渠道，可以获取与研究标的相关的非常规的直接或间接的海量信息，也称为另类数据，比如通过卫星图片观测油管数量来预测公司经营状况等。其次，智能投研可以丰富数据获取的形式，投研数据结构可以是结构化，也可以是 PDF、图片等非结构化数据，如获取上市招股书、企业年报、定增公告等等各类数据。最后，智能投研能自动、高频的获取数据，以保证信息的及时、有效。智能投研的数据采集系统是用来批量采集网页、论坛等的内容,直接保存到数据库或发布到网络的一种信息化工具。可以根据用户设定的规则自动采集原网页,获取格式网页中需要的内容,也可以对数据进行处理。

网络数据采集主要是通过网络爬虫或网站公开 API 等方式从网站上获取数据信息。该方法可以将非结构化数据从网页中抽取出来,将其存储为统一的本地数据文件,并以结构化的方式存储。它支持图片、音频、视频等文件或附件的采集,附件与正文可以自动关联。

在互联网时代,网络爬虫主要是为搜索引擎提供最全面和最新的数据。在大数据时代,网络爬虫更是从互联网上采集数据的有力工具。目前已经知道的各种网络爬虫工具已经有上百个,网络爬虫工具基本可以分为 3 类:分布式网络爬虫工具,如 Nutch;Java 网络爬虫工具,如 Crawler4j、WebMagic、WebCollector;非 Java 网络爬虫工具,如 Scrapy(基于 Python 语言开发)。

网络爬虫是一种按照一定的规则,自动地抓取 Web 信息的程序或者脚本。

Web 网络爬虫可以自动采集所有其能够访问到的页面内容,为搜索引擎和大数据分析提供数据来源。从功能上来讲,爬虫一般有数据采集、处理和存储三大功能。

二、数据处理

将投行分析师需要阅读的年报数据以及行业分析报告等海量数据,先让机器进行消化和学习。这些数据既包括自然文本的新闻报告,也包括数据库、第三方平台、API 等来源的结构化数据,若遇到文本中的图片与表格,还需要利用 OCR 等技术解析。该环节将机器获取的海量数据变成机器可处理的结构化形式,然后模型化。将非结构化数据结构化处理的效率和质量是智能投研平台的重要竞争力之一。Quid 公司(https://quid.com/,一个搜索、分析和可视化世界集体情报以帮助回答战略问题的平台)就是把新闻、公司信息、专利、报告、评论等非结构化数据转变为结构化数据而展业发家,后续又提供数据复杂分析、展示等一条龙服务,目前客户包括彭博社、韩国现代等。Dataminr 公司通过收集、分析推特等平台的实时数据,提供特定线索和信号。

三、分析研究数据

该环节将基于人工智能对海量的初步处理过的数据进行再加工,建立公司、关键股东等知识图谱,并分析知识图谱中关键相关主题信息,最终生成各个独立观点。智能投研平台需要对标的直接、间接以及关联数据进行提取和处理,构建动态知识图谱。Palantir Metropolis 公司就通过整合多渠道数据源,对表面上不相干的信息统一进行分析,构建动态知识图谱。在这一过程中,需要运用知识图谱中常用的知识提取与实体关联,将逻辑主干抽离出来,再结合事件地点等因素,获得报告的关键信息,并嵌入预先设计好的报告模板中。

四、生成研究报告

观点聚焦、整合形成各类报告,如深度研究报告、行业报告、公司报告、点评报告、调研报告等等。根据需要,这些报告可以是自动化的,如美联社投资的 Automated Insights 公司、法国 Yseop 已自动生成出海量新闻报道。应该注意的是,作为投研产出物的各类报告是主要为交易服务的。投研、交易分离,投研生成的各类报告应该尽可能地站在用户也即基金经理、交易员的角度去展现,尽量避免正确但无用的报告。经过上面三个步骤后,智能投研系统即可生产新闻、投行分析研报、企业研报、企业公告等。在智能投研系统中,用户只需要选择符合其需求的模板并确定好主题与关键信息,以及报告呈现的形式,系统便可自动生成报告基本内容。不仅可以生成券商分析研报,还可以生成上市招股书、企业年报,定增公告、投资建议等。研究人员可以对生成结果进行校对与人工二次编辑,加入有价值的观点与结论,并提升报告精准度。每一个层面语义联想技术可以帮助分析师完成高效信息搜索,寻找报道的摘要、产业链的分析、数据的集成等信息。一系列的机器算法(比如带有条件控制的漏斗模型)可以在每一个细节上提高研究人员的工作效率。

第三节 国内外著名案例

一、文因互联

文因互联全称为北京文因互联科技有限公司,是一家用人工智能解决金融数据分析问题的创业公司。2013 年始建于美国硅谷,是国内领先的金融认知智能解决方案的提供商,在知识图谱技术、自然语言处理技术、金融知识建模等方面有深厚积淀。当前主营业务是基于知识图谱技术和自然语言处理技术,为金融机构提供业务流程自动化和智能化解决方案。

文因互联首席执行官、联合创始人鲍捷博士是全美顶尖理工大学伦斯勒理工学院博士后,师从图灵奖获得者蒂姆·伯纳斯-李(Tim Berners-Lee)与"语义网之父"詹姆斯·A·亨德勒(James A. Hendler),是人工智能领域国际知名专家,曾是三星美国研发中心研究员。目前任中国中文信息学会语言与知识计算专业委员会委员、W3C 顾问委员会委员、中国计算机学会会刊编委,发起并领导中文开放知识图谱联盟(OpenKG)以及 CIPS 语言与知识计算专业委员会金融知识图谱工作组。研究领域涉及自然语言处理、语义网、机器学习、描述逻辑、信息论、神经网络、图像识别等人工智能诸多方向,发表高质量论文 70 多篇。

文因互联的核心技术团队来自美国麻省理工学院、美国伦斯勒理工学院、德国图宾根大学、西班牙马德里理工大学、三星、美满（Marvell）等知名大学和公司，深耕人工智能领域十多年。

用鲍捷的话说，"文因互联的核心竞争力是在掌握了认知智能核心技术的基础上，真正重视工程落地，真正理解金融领域的业务特点，真正为客户解决问题。我们提出了'柳叶刀'综合方法，用手术刀式的灵巧工具解决金融领域的各种高度复杂的问题，效果领先，成本可控。"

文因互联具备全链条的知识提取和知识表示与推理的技术，已经建立了覆盖各类金融文档的金融文本智能处理技术引擎和知识图谱引擎，具备文本处理、标签处理、表格处理、大规模图处理、本体构建、规则构建以及推理机等全流程的知识图谱能力。它提供的智能金融解决方案已经先后服务了上交所、全国股转公司、招商银行、平安银行、恒丰银行、南京银行等金融机构。

文因互联通过研发的从非结构化数据提取结构化信息点的模块，利用知识图谱技术对信息进行融合、归纳与演绎的模块，利用自然语言生成与摘要技术转换信息形式的模块等数百个能力模块，能够通过自然语言理解技术把PDF、Word格式的报告、研报、新闻，转换成结构化信息，对纷繁复杂的数据进行处理，归纳总结出金融知识和逻辑，辅助解决各种金融场景下的问题。

文因互联的知识图谱生成技术，能够将自然语言的报告转换成结构化数据，再从结构化数据生成知识图谱。

文因互联的智能问答系统不仅仅是一个基于检索的数据库问答系统，而是用比数据库复杂得多的知识图谱形式进行数据结构化以及问答，能够将复杂问题的答案也一步到位地呈现在用户面前。

文因助手以自动报告＋金融问答这种全新的工作方式，用技术提高金融工作的生产效率，可以极速响应，能够3秒钟即可生成实时的自动报告，1个小时可以自动生成9 000多份新三板挂牌公司的研究报告，而且7×24小时全天候不间断服务。全覆盖，3 000＋A股和10 000＋新三板公司的公开文本信息极速聚合。能够跨平台服务，可以微信小程序端快速浏览，PC电脑端直接编辑修改。真正做到极速响应、贴身秘书、随时查询无忧。

二、萝卜投研

通联数据股份公司（Datayes）是由金融和高科技资深专家发起，中国万向投资成立的一家金融资讯和投资管理服务公司。致力于通过新一代的信息技术和投资理念打造国际一流的、具有革命性意义的金融服务平台，为客户提供更专业和更全面的服务，并让客户享受到全新的用户体验。其总部位于中国上海虹口区虹口金融科技大厦，并在美国硅谷、北京和南京设有分公司。

通联数据主要产品有萝卜投资、优矿、金融大数据和萝卜投研 App,可以提供金融大数据、智能投研、基金投顾、智能 FOF、组合分析与风险管理和量化投资等方面的解决方案。目前已为海内外 2 000 多家金融机构和 1 000 多万个人投资者提供服务。

萝卜投研是通联数据旗下,应用人工智能和大数据技术,构建开放、分享、高效的智能投研平台;辅助用户在证券研究过程中高效处理信息、快速挖掘投资线索,为投资决策提供重要支持;帮助机构沉淀积累碎片化的研究成果,构建投研团队核心竞争力。

萝卜投研的智能投研将市场领先的人工智能、大数据、知识图谱技术,融合量化基本面的投资理念,帮助资管机构跟踪投资动态、发掘投资机会、规避投资风险、沉淀投资知识,提高投资效率,具有智能搜索、智能监控和投研管理等功能。

智能搜索是基于知识图谱构建的垂直搜索场景,一站式实现数据、图表、新闻、公告、研报搜索,智能理解研究员搜索意图,实现秒级数据聚合。

智能监控是基于投研逻辑从海量大数据中筛选出基本面、产业链等重要信息异动,并实时预警。

投研管理拥有可编辑的盈利预测模型、金融知识图谱,让专家经验与人工智能交汇;记录集体投研过程与成果,传承、共享投研知识库。

萝卜投研的智能投研利器是用大数据和机器学习打造的智能投研平台。其最大特点是 AI+大数据,可以快速挖掘投资线索,降低投资复杂度。它主要由以下几个部分构成:

(1) 智能金融搜索引擎。专业投资从智能搜索开始。智能金融搜索引擎能够结合投资逻辑展现丰富的搜索结果。用户可以输入关键词搜索资讯、数据和研究,在研报搜索引擎中输入关键词,研报数据、图表、核心观点可以一搜搞定。

(2) 市场监控机器人。基于大数据算法,智能预测大盘趋势和个股中报、年报盈利预测。在 2019 年年报的盈利预测实验中,萝卜投资人工智能预测以 82.5% 的胜率战胜了市场一致预期,模型预测结果与年报披露值平均误差为 2.04%,低于卖方分析师一致预期 3.80% 的误差值。

在 2020 年中报的盈利预测实验中,虽然市场受到疫情黑天鹅的冲击,但人工智能预测误差中位数只有 2.07%,而老板电器、五粮液等公司的人工智能预测误差则小于 1%,准确度十分可观。

(3) 全市场券商分析师研报。研报类型有宏观研究、行业研究、公司研究、投资策略、晨会早报、债券研究、基金研究、期货研究、期权研究、外汇研究、第三板研究、金融工程和其他研究等研报,包罗万象,一览无余。拥有 50 多万份分析师报告,100 多万份投研数据。智能投研框架除了覆盖全市场外,对 1 000 家重点上市公司更有 VIP 投研框架,在广度和深度方面帮助金融机构扩充研究范围,完善研究体系。

(4) 丰富行业的实时大数据。查询、订阅、对比、提醒等一步到位。

(5) 上市公司公告监控。拥有 10 多万公告事件热门、高频事件全归类,一目了然。

三、肯㚛-沃伦

肯㚛（Kensho）公司成立于2013年，是一家从事数据分析与机器学习的创业公司，被誉为华尔街的Siri。长期以来，肯㚛基于开放性的扩展分析框架进行人工智能软件的研发，开发了针对投资者的新一代数据分析与知识平台。这个平台将自然语言处理、大数据、机器学习与大规模并行统计计算结合起来，能够快速、大规模地进行各种数据处理分析，自动生成研究报告，并解答用户提出的各种复杂的金融问题。近年来，肯㚛在非结构化数据工程方面取得突破，直面目前华尔街最重要的挑战，它能够从事以前本属人类的知识密集型的分析工作，提供快速化、规模化、自动化的分析结果。

由于各大金融机构现有分析师的部分工作将被肯㚛的软件所取代，预计在未来十年内，金融行业将有三分之一到二分之一的雇员因肯㚛的软件与其他自动化软件的大规模应用而面临失业。在全球市场，彭博社和汤姆斯路透社长期以来在金融数据市场的垄断地位未来将有可能为肯㚛所撼动。

沃伦（Warren）是肯㚛公司的主要软件产品，之所以用沃伦来命名这款软件产品是为了继承沃伦·巴菲特的精神。沃伦是一款面向金融市场数据的自然语言搜索引擎。它是一个拥有良好的可视化界面的人工智能软件。用户能够以通俗易懂的英文来向沃伦询问各种复杂的金融问题。例如，当三级飓风袭击佛罗里达州时，哪只股票上涨得最快？沃伦在接受问题后，将问题转换成机器能够识别的信息，然后从云数据库与互联网中寻找各类相关数据与事件，运用大数据技术进行分析，并根据市场走向自动生成研究预测报告，回答投资者的问题。沃伦的强大功能使金融量化分析大众化，让普通民众能够以较低的门槛和费用获得专业的分析结果。

（一）肯㚛产品沃伦的优势

沃伦之所以能获得众多华尔街金融机构的青睐，是因为它具有许多其他公司所没有的突出优势。沃伦最重要的优势表现在以下几个方面：

（1）高效的数据整理与强大的数据分析能力。2013年年底肯㚛宣布将其专业分析平台完全搭建在纳斯达克（OMX FinQloud）云平台上，使得沃伦海量的数据储存与超级计算的能力，能对各种结构化与非结构化的数据（包括有史以来所有资产价格数据以及全球发生的所有大事件数据）进行计算与分析。2014年沃伦能够在数秒内搜索90 000多个全球事件，分析与回答650万个金融问题，预计未来能回答超过一亿个不同类型的金融问题。沃伦把投资分析周期从传统的长达几天时间缩短到几分钟，计算速度上的优异性能使得沃伦实现了分析能力上的一个巨大跨越。

（2）自然语言平台，直观的用户体验。沃伦深受青睐的原因还在于其搭建的自然语言平台，直观简洁是沃伦的一大优点。它通过人机交互的模式与用户进行交流，用户只需要用简单正确的英语进行提问，沃伦就能给出精确的回答。沃伦的这一特点与苹果公司的

Siri 和谷歌公司的 Whatson 相类似,让用户感觉是在跟一位超脑大师交流,整个过程简单而直观。

(3)基于人工智能算法,拥有强大的学习能力。沃伦运用人工智能算法,具有强大的机器学习能力,能够根据各类不同的问题积累经验,并逐步获得成长。

肯枭的计算机系统能够让沃伦以极快的速度读取亿万条数据或信息,在分析数据的过程中不断地进行学习,并不断地优化其分析结果,变得更加智能。这类似于阿尔法狗,使得沃伦能够胜任复杂的计算分析工作。

肯枭公司创始人是丹尼尔·纳德勒与程序员彼得·克鲁斯卡尔。目前其团队成员都曾是谷歌、苹果、脸书和美国联邦储蓄系统的资深员工,其中年龄最小的员工只有 15 岁。肯枭的员工团队是一个由多样化的工程师、科学家、物理学家与经济学家组成的团队,这些人才都是有成就的分析师、有头脑勤思考和精力无限的问题解决者。

(二)肯枭对投资研究行业的冲击

1. 肯枭对行业研究的冲击

毫无疑问,肯枭的发展将会对传统金融行业研究领域造成重大的冲击。

肯枭具有高效的整理数据能力、智能的分析数据能力、专业的金融决策能力,使其基本上能够取代 Excel 等办公软件进行的行业分析模型、取代相当一部分行业分析师的工作。肯枭创始人纳德勒预计,在未来十年内,由于肯枭与其他的自动化软件,金融行业将有三分之一到二分之一的雇员失业。2013 年年末,两位牛津学者在其论文中指出,未来二十年内,美国将有 47% 的工作面临被自动化代替的威胁,而在所有受到自动化威胁的行业中,金融行业受到自动化威胁的风险是最高的,将达到 54%。而肯枭正是金融行业的革命者、行业研究的冲击者,将对数据整理、数据分析、金融决策等方面带来巨大冲击。

2. 肯枭对行研数据整理的冲击

在进行行业研究时,分析师首先需要进行金融数据的获取与整理。分析师们通常需要花费几万至几十万的金融终端使用费从彭博社或者万得资讯金融平台上获取金融数据,分析师需要花费半天甚至更长的时间才能搜索到的金融数据,而肯枭同时搜索全球范围内的金融数据只需几秒钟时间,获得所需数据也只需短短几分钟时间。这样既确保了数据的全面性、完整性、时效性,也极大地提高了数据整理的效率。

另一方面,肯枭具有海量文本挖掘能力,可以处理非结构化数据,如市场情绪数据或者网络舆情数据。在进行行业研究时,往往需要考虑不同的事件对研究造成的影响。分析师收集的事件是很有限的,根本难以做到综合全球所有大事件;同时分析师收集的数据也难以进行量化,受主观因素影响,不同分析师对同一事件的判断也存在较大偏差。而肯枭能够做到在数秒钟内搜索全球 90 000 多事件并进行量化处理,大大提高了事件类非结构化数据的整理效率。

肯枭数据整理的高效性、全面性、及时性、客观性与准确性,实现了数据搜索与整理的自动化,不仅完全可以取代分析师的工作,而且比分析师做得更好、更有效率。

3. 肯枭对行研数据分析的冲击

分析师对金融数据的分析是行业研究最核心的组成部分。而分析水平的高低直接取决于分析师的专业知识和分析能力,这也是分析师全部工作中最难以被人工智能所取代的部分。即使这样,肯枭在这方面做了巨大的努力,成功地利用深度学习对金融数据进行学习与分析。其中的难点在于深度学习算法的构造与相关性关系推理的分析,这使得肯枭能够做到不断利用以前的分析逻辑,结合当前的数据进行学习,从而给出最优的分析结果。

因此沃伦研究的问题越多,学习能力就越强,金融数据的分析水平便越高。2014年沃伦能够研究650多万个金融问题,而目前已经能够研究超过一亿个不同类型的金融问题。

人工智能算法是肯枭乃至其他金融科技公司的核心优势,不断累积的学习能力与分析水平使得其在不久的将来可能代替分析师进行金融分析工作,正如Alphago战胜人类棋手一样。

4. 肯枭对行研分析决策的冲击

行业研究的重要环节是分析师的分析决策,分析师会将自己的分析决策写在行业研究报告里。由于行业研究报告是投资决策的重要依据,要求分析报告具有客观性、专业性与及时性。通常分析师为了写好行研报告,会花上几天的时间整理分析逻辑并进行纂写,当几天后分析师劳心费力地写出行业研究报告时,投资机会也许早已消失。

肯枭很好地克服了这个问题,沃伦可以在几分钟内自动生成行业研究报告,甚至与用户进行直接交互,提供专业性的投资建议,用户只需要检验报告数据的真实性即可。这大大缩短了分析决策的周期,对分析师造成巨大的压力,也将使那些效率与水平低下的分析师失去工作岗位,惨遭淘汰。

5. 肯枭对金融行业的冲击

肯枭的发展对于金融行业既是难得的利好,同时也会在短期内加剧金融行业的动荡。正是由于肯枭能够在行业研究周期的每个阶段媲美甚至超越人类分析师,因此可以预计在未来几十年内,行业研究将会重新洗牌。

投资分析师拿着高薪需要一周多时间才能完成的投资分析工作,肯枭公司旗下的沃伦只需要短短几分钟就可以完成。毫无疑问,随着类似沃伦的人工智能金融软件的广泛应用,许多分析师的工作会被智能金融软件所取代,只有顶尖的分析师从事分析工作,分析师的数量会越来越少。金融行业的一些工作模式也会发生改变,从而推动银行等金融机构去寻找更便宜和更透明的方式来完成那些现在由高薪但效率欠佳的人所做的工作。肯枭触发了金融行业的革命,代替低效高薪的工作在某种程度上也能够消除金融系统中的过度膨胀、进而提供更加透明的服务。

四、Automated Insights

Automated Insights 公司成立于 2007 年，总部位于美国北卡罗来纳州的德汉姆（Durham），是一家由美联社 PE 公司 Vista Equoty Partners 等投资者投资的提供资讯和报告生成服务的美国科技公司。

Automated Insights 的自然语言生成平台 Wordsmith 可以将原始数据自动转换为有深度、有个性并且像人类写手那样风格多变的叙事文章。利用机器写作革新内容服务的生产方式，实现新闻生产方式的重大变革。Automated Insights 为美联社自动编写过很多有关企业财务业绩的新闻报道。另外，这家公司还为雅虎和康卡斯特等客户提供基于数据的创作服务。

2013 年，Automated Insights 生产了 3 亿篇报道，2014 年，Wordsmith 为包括美联社、雅虎和康卡斯特等在内的客户创作了 10 多亿篇文章和报道。

2015 年 2 月 13 日，Automated Insights 被私募股权投资公司 Vista Equity Partners 收购。

Automated Insights 的主要功能和特点：

(1) 规模效益。在个性化定制的基础之上，Automated Insights 能以人力根本无法企及的规模生产真人口吻的文章或报道，只要有足够的数据就能生产出一篇相关的报道，2013 年，Automated Insights 达到了每 9.5 秒生产一篇报道。在有些场景下，Automated Insights 可以做到每秒生产 3 000 篇报道。2013 年他们生产了 3 亿篇报道，2014 年达到了 10 亿篇，话题包括商业、知识、金融、房地产、体育、销售报告等各个方面。Automated Insights 的局限性主要是受制于数据的有限性，只要有足够多的数据，Automated Insights 就可以生产出所需要的文章或报道。

雅虎"幻想运动"过去是生产一个报道给 3 000 万人看，现在 Automated Insights 帮助它给 3 000 万用户定制报道内容。美联社原来每季度生产 200 篇报道，应用 Automated Insights 后可以生产 3 000～5 000 篇报道。生产效率一下子提高了 14 至 24 倍。

(2) 个性化。Automated Insights 可以收集关于任何话题的各种数据。拿到数据后，Automated Insights 从中寻找模型、趋势、相互关系，最终由软件来生成报道。完全由机器写作的报道具有真人说话一样的内容，能在包括移动、网络、社交、电邮在内的任何屏幕或场景展现，最为关键的是，Automated Insights 还能控制作者的语调，为百万人群中的每个人定制个性化内容。"这意味着如果我有你的数据，你的个人情况、你最喜欢的运动队，我可以给你一个特制的报道讲述者，用你的数据讲关于你的报道，讲述的是你通过其他方式没办法得到的内容、讲述的范围也是你用人力所达不到的"。例如，针对个人健身运动，用户可以为自己的内容服务定制风格，如选择一个毒舌的教练督促自己，或者一个阳光教练鼓舞自己，或者不偏不倚、只说基本事实的教练。雅虎以前的做法是发布一篇报道给千百万人，Automated Insights 做到了能够发布千万篇报道，而且每篇报道都是专门为用户定制的，独一无二的。

（3）技术壁垒。Automated Insights 有专利权，同时 Automated Insights 所在的领域进入壁垒比较高，让机器和人一样行为需要付出很多的努力和技术投入。另外 Automated Insights 的技术核心随着时间的推移和数据的增多，即便阐述的场景相似，但是机器可以用更适合用户的方式生产一篇新的报道，这在一般情况下是非常难做到的。

（4）广告的个性化。Automated Insights 和 Edmunds.com 合作，获取汽车数据。Automated Insights 通过车架号数据，能够了解到关于这辆车的细节，把这辆车和全美百万辆其他车做对比，然后分析出每辆车的特别之处，而不仅仅是车型的区别，并且分析出为什么特定的用户会对这辆车感兴趣，如是因为它的娱乐系统吗，还是加速器，等等。总而言之，Automated Insights 可以根据每辆车的独特性生产出一篇专属报道。

（5）编写的文章就像是人手工写的一样，但同时美联社自己也可以为其添加内容，如记者获取关于那家公司的新的信息。Automated Insights 也能写有趣的、极具感染力的文章。例如，前面提到的和雅虎的合作中，Automated Insights 让机器人写手具有幽默感，可以对你的球队开玩笑，也可以对你的投球开玩笑，并搞笑式的告诉你怎样才能做得更好。

第六章 智能量化投资

第一节 智能量化投资概述

一、量化投资概述

（一）量化投资的概念

量化投资是指通过数量化方式及计算机程序化发出买卖指令，以获取稳定收益为目的的交易方式。量化交易是指以先进的数学模型替代人为的主观判断，利用计算机技术从庞大的历史数据中海选能带来超额收益的多种"大概率"事件以制定策略，极大地减少投资者情绪波动的影响，避免在市场极度狂热或悲观的情况下作出非理性的投资决策。量化投资是由计算机自动产生交易策略的一种投资方法，通过建立数学模型来实现交易理念，并通过对模型不断优化、不断改进实现对市场交易机会的准确跟踪，提升交易盈利率。量化交易技术人员把经验和技术都写成程序，让程序百分百机械式的执行交易。建立起模型和评价体系后，确定模型在各个行情阶段均能有效运行，实现盈利；同时将模型加载到其他交易品种进行测试，确保模型通用性较强。当程序符合以上这几个条件时，量化交易的核心策略就能生效了。

量化投资在海外的发展已有30多年的历史，其投资业绩稳定，市场规模和份额不断扩大，得到了越来越多投资者的认可。

互联网的发展使得新概念在世界范围的传播速度非常快，作为一个概念，量化投资并不新鲜，国内投资者早有耳闻。但是，真正的量化基金在国内还比较罕见。同时，机器学习的发展也对量化投资起了促进作用。

量化投资区别于定性投资的鲜明特征就是模型，对于量化投资中模型与人的关系，类似于中医与西医的区别，中医与西医的诊疗方法不同，中医是望、闻、问、切，最后的诊断结果，很大程度上基于医生的经验，主要是定性分析；西医就不同了，先要病人去拍片子、化验等，这些都要依托于医学仪器，最后得出结论，对症下药。

医生治疗病人的疾病，投资者治疗市场的疾病，市场的疾病是什么？就是错误定价和估值，没病或病得比较轻。市场是有效或弱有效的；病得越严重，市场越无效。投资者用资金投资于低估的证券,直到它的价格涨到合理的价格水平上。

定性投资和量化投资的具体做法有些差异,这些差异如同中医和西医的差异,定性投资更像中医,更多地依靠经验和感觉判断病在哪里;量化投资更像是西医,依靠模型判断,模型对于量化投资基金经理的作用就像CT机对于医生的作用。在每天投资交易前,会先用模型对整个市场进行一次全面的检查和扫描,然后根据检查和扫描结果做出投资决策。

量化投资和传统的定性投资本质上是相同的,二者都是基于市场非有效或是弱有效的理论基础,而投资经理可以通过对个股估值、成长等基本面的分析研究,建立战胜市场、产生超额收益的组合。不同的是,定性投资管理较依赖对上市公司的调研,以及基金经理个人的经验及主观判断,而量化投资管理则是"定性思想的量化应用",更加强调数据。

(二) 量化投资的特点

量化投资与定性投资相比有以下四大特点:

1. 纪律性

量化投资的所有决策都是依据模型做出的。一般有三个模型:①大类资产配置模型;②行业模型;③股票模型。量化投资根据大类资产配置决定股票和债券的投资比例,按照行业配置模型确定超配或低配的行业,依靠股票模型挑选股票。纪律性首先表现在依靠模型和相信模型,每一天决策之前,首先要运行模型,根据模型的运行结果进行决策,而不是凭感觉。

有人问,模型出错怎么办?不可否认,模型可能出错,就像CT机可能误诊病人一样。但是,在大概率下,CT机是不会出错的,所以,医生没有抛弃CT机,量化投资模型在大概率下是不出错的。

纪律性的好处很多,可以克服人性的弱点,如贪婪、恐惧、侥幸心理,也可以克服认知偏差。行为金融理论在这方面有许多论述。纪律性的另外一个好处是可跟踪。定量投资作为一种定性思想的理性应用,客观地在组合中去体现这样的组合思想。一个好的投资方法应该是一个"透明的盒子"。

量化投资的每一个决策都是有理有据的,是有数据支持的。如果有人质疑,某年某月某一天,为什么购买某只股票,系统会显示当时这只股票与其他股票相比在成长性上、估值上、动量上、技术指标上的得分情况,这个评价是非常全面的,只有汇总得分比其他股票总得分高才有说服力。

2. 系统性

系统性的具体表现为"三多"。首先表现在多层次,包括在大类资产配置、行业选择、精选个股三个层次上都有模型;其次是多角度,量化投资的核心思想包括宏观周期、市场结构、估值、成长、盈利质量、分析师盈利预测、市场情绪等多个角度;最后是多数据,就是海量数据的处理。

人脑处理信息的能力是有限的,当一个资本市场只有100只股票时,定性投资基金经理是有优势的,他可以深入分析这100只股票。但在一个庞大的资本市场,如有成千上万只股票的时候,量化投资强大的信息处理能力才能显现它的优势,能捕捉更多的投资机会,也拓展更大的投资机会。

3. 套利思想

量化投资正是在找估值洼地,通过全面、系统性的扫描捕捉错误定价、错误估值带来的机会。定性投资经理大部分时间在琢磨哪家企业是伟大的企业,哪只股票是可以翻倍的股票;与定性投资经理不同,量化投资基金经理大部分精力花在分析哪里是估值洼地,哪一个品种被低估了,买入低估的,卖出高估的。

4. 概率取胜

这表现为两个方面:①量化投资不断的从历史中挖掘有望在未来重复的历史规律并且加以利用;②依靠一组股票,而不是一只或几只股票取胜。

(三) 量化投资策略

量化投资技术几乎覆盖了投资的全过程,包括量化选股、量化择时、股指期货套利、商品期货套利、统计套利、算法交易、资产配置和风险控制等。

1. 量化选股

量化选股就是采用数量的方法判断某个公司是否值得买入的行为。根据某个方法,如果该公司满足了该方法的条件,则放入股票池,如果不满足,则从股票池中剔除。量化选股的方法有很多种,总的来说,可以分为公司估值法、趋势法和资金法三大类。

2. 量化择时

股市的可预测性问题与有效市场假说密切相关。如果有效市场理论或有效市场假说成立,股票价格充分反映了所有相关的信息,价格变化服从随机游走,股票价格的预测则毫无意义。众多研究发现我国股市的价格走势中,存在经典线性相关之外的非线性相关,从而否定了随机游走的假设,股价的波动不是完全随机的,它貌似随机、杂乱,但在其复杂表象的背后,隐藏着确定性的机制,因此存在可预测成分。

3. 股指期货套利

股指期货套利是指利用股指期货市场存在的不合理价格,同时参与股指期货与股票现货市场交易,或者同时进行不同期限,不同(但相近)类别股票指数合约交易,以赚取差价的行为。股指期货套利主要分为期现套利和跨期套利两种。股指期货套利的研究主要包括现货构建、套利定价、保证金管理、冲击成本、成分股调整等内容。

4. 商品期货套利

商品期货套利盈利的逻辑原理是基于以下几个方面:

(1) 相关商品在不同地点、不同时间都有一个对应的比价关系。

(2) 由于价格的变动,比价关系经常会被打破。

(3) 被打破的比价关系必然要回归从前的比价关系。

(4) 价格回归从前的比价关系的区间就是盈利区间。

5. 统计套利

有别于无风险套利,统计套利是利用证券价格的历史统计规律进行套利,是一种风险套利,其风险在于这种历史统计规律在未来一段时间内是否继续存在。统计套利在方法上可以分为两类,一类是利用股票的收益率序列建模,目标是在组合的 β 值等于零的前提下实现 α 收益,我们称之为 β 中性策略;另一类是利用股票价格序列的协整关系建模,称之为协整策略。

6. 期权套利

期权套利交易是指同时买进卖出同一相关期货但不同敲定价格或不同到期月份的看涨或看跌期权合约,希望在日后对冲交易部位或履约时获利的交易。期权套利的交易策略和方式多种多样,是多种相关期权交易的组合,具体包括:水平套利、垂直套利、转换套利、反向转换套利、跨式套利、蝶式套利、飞鹰式套利等。

7. 算法交易

算法交易又被称为自动交易、黑盒交易或机器交易,它是指通过使用计算机程序来发出交易指令。在交易中,程序可以决定的范围包括交易时间的选择、交易的价格、甚至可以包括最后需要成交的证券数量。根据各个算法交易中算法的主动程度不同,可以把不同算法交易分为被动型算法交易、主动型算法交易、综合型算法交易三大类。

8. 资产配置

资产配置是指资产类别选择,投资组合中各类资产的适当配置以及对这些混合资产进行实时管理。量化投资管理将传统投资组合理论与量化分析技术相结合,极大地丰富了资产配置的内涵,形成了现代资产配置理论的基本框架。

它突破了传统积极型投资和指数型投资的局限,将投资方法建立在对各种资产类股票公开数据的统计分析之上,通过比较不同资产类的统计特征,建立数学模型,进而确定组合资产的配置目标和分配比例。

(四) 量化投资风险

市场上,针对不同的投资市场,投资平台和投资标的,量化策略师按照自己的设计思想,设计了不同的量化投资模型。这些量化投资模型,一般会经过海量数据仿真测试,模拟操作等手段进行检验,并依据一定的风险管理算法进行仓位和资金配置,实现风险最小化和收益最大化。量化投资的风险,可能来自以下几个方面:

(1) 历史数据的不完整性,行情数据的不完整性可能导致模型与行情数据不匹配。行情数据自身风格转换,也可能导致模型失效,如交易流动性、价格波动幅度、价格波动频率等。这一点是目前量化投资界最难克服的。

(2) 模型设计中没有考虑仓位和资金配置,没有安全的风险评估和预防措施,可能导致资金、仓位和模型不匹配,而发生爆仓现象。

(3) 网络中断,硬件故障也可能对量化投资产生影响。

(4) 同质模型产生竞争交易现象导致的风险。

(5) 单一投资品种导致的不可预测风险。

规避或降低风险的策略包括以下几点:

(1) 保证历史数据的完整性。

(2) 在线调整模型参数,在线选择模型类型。

(3) 在线监测和规避风险。

(4) 严格利用最大资金回撤设计仓位和杠杆。

(5) 备份操作。

(6) 不同类型量化模型组合。

(7) 不同类型标的投资组合。

2016年10月13日,在纽交所上市的知名对冲基金城堡投资集团宣布,因连续亏损和撤资,集团将关闭其旗舰公司对冲基金堡垒宏观基金(Fortress Macro Funds),并向投资者返还现金。

对冲基金巨头复兴科技投资公司宣布,因为亏损严重,将旗下一只量化对冲策略基金——复兴机构期货基金(RIFF)清盘,并向投资者返还资金。

美国贝恩资本(Bain Capital)宣布将旗下的绝对收益资本对冲基金清盘,返还投资者所有投资。该基金截至2016年8月底亏损超过14%。

2016年以来,诸多α因子失效。

2017年,国内80%的量化基金都处于亏损状态,小市值因子阶段性失效。

从收益来源看,对冲基金通常追求绝对收益,通过做多和做空一篮子股票获取α收益。不过,α收益是很难获取的,并且随着对冲基金行业规模的不断扩大,基金对α收益的竞争也越来越激烈。以最简单的因子模型为例,2016年1月至7月,大部分股票因子都无法提供正的收益,这也是为什么对冲基金表现比较低迷的原因。

二、智能量化投资概述

(一) 智能量化投资的概念

智能量化投资也叫智能量化交易或智能投资,是指设计人员建立优化交易策略以及交易模型,利用计算机程序语言使交易指令下达程序化、自动化,甚至智能化,以求获得持续稳定的超额回报。智能量化交易以先进的数学模型替代人为的主观判断,利用计算机技术从庞大的历史数据中海选能带来超额收益的多种"大概率"事件以制定策略,极大地减少了投资者情绪波动的影响,避免在市场极度狂热或悲观的情况下作出非理性的投资决策。

人工智能的机器学习、自然语言处理、知识图谱贯穿量化交易的始终。人工智能运用于量化投资的方法有两种：①用机器学习从数字推测模型。途径之一是对财务、交易数据进行建模，分析其中显著特征，利用回归分析等传统的机器学习算法预测交易策略。②建立专家系统，模仿专家的行为，复制他们的决策过程，并导入可重复的计算框架。人工智能运用于量化投资的第二个方法是在原有数学推测模型基础上，引入新闻、政策、社交网络中的丰富文本并运用自然语言处理技术，对这些信息进行结构化处理，以把握市场动态。率先使用自然语言处理技术的人工智能对冲基金是伦敦的对冲基金 CommEq。

CommEq 的投资方法结合了量化模型与自然语言处理，使计算机能够如人类一样推断和逻辑演绎理解不完整和非结构化的信息。该方法涉及对结构化和非结构化数据进行捕捉、标记和编码，形成独特的、专门的和灵活的数据结构和数据系列。然后用这些数据和公开信息共同驱动 CommEq 专有的量化模型和预测系统。2008 年以来，他们一直在公共市场上用专有的预测模型进行交易。结果表明，在绝对不同的市场条件下，无论是绝对收益还是相对收益，该模型都获得了非常高的回报率。生成预测、构建优化的投资组合和执行订单整个过程都是在连续的人为监督下全自动进行的。

（二）智能量化投资与量化投资的区别

（1）量化投资更多地集中在数据挖掘层面，常常只能处理单一种类数据，没有针对金融投资领域数据的特点做相应的建模，远未做到智能投资。

（2）传统的量化投资系统难以应对所有类型的海量数据。数据量的指数级增长、数据类型的日益增多，因子选择、数学模型也越来越复杂，传统的量化交易系统已经难以应对所有类型的海量数据。而这恰恰是人工智能技术最擅长的应用场景：数据海量、需要大量实时的计算、复杂逻辑牵涉的多个时变因子和模型。

越高层次的量化交易，背后需要处理越多数据。支撑顶级量化策略背后的往往正是海量的数据。智能量化投资有着更多更广的数据。目前一些公司不仅利用传统的金融数据，还会用到卫星拍摄到的港口集装箱图像等图片信息，或者从新闻报道、博客、名人讲话中获得经济发展的线索。在图像识别和自然语言处理技术支持下，很多非结构化的数据也能成为分析对象。大数据、非结构化数据以及训练模型，都需要人工智能技术介入其中。FRM 对冲基金在伦敦的负责人对此有很好的解释："在这个互联网时代，我们获得的数据远远超过了人类可能的处理能力。要在这个巨大的信息海洋中分析和识别模式，唯一的办法就是使用机器学习工具和技术。这是一条发展更优的投资策略路径。"

（3）传统的量化投资在建模过程中存在一定主观性。主动量化、指数增强型产品大多采用这种多因子模型，在建模过程中存在一定的主观性，而且同业中基本都采用类似的信号挖掘方法，容易导致因子拥挤和失效的情况出现。随着企业数据量与数据类型的增加，传统方式已不能兼顾所有数据，有些半结构化和非结构化数据无法得到有效利用，这些问题对于人工智能来说，都是天然的优势所在。

（4）智能量化投资模型可以自我优化，而量化投资模型不能自我优化。传统的量化投资方法往往严格应用事先设定好的策略,它的基本假设是现在的相关性会无限持续下去。但这往往会造成很大问题,因为市场瞬息万变。量化投资模型由于不是建立在人工智能基础上,没有机器学习和深度学习的能力,因而不能对量化投资模型进行自我优化。在对数据的处理上,人工智能技术拓宽了数据来源,使得有更多数据能够被纳入分析。而在算法上,人工智能技术也让金融工具能自动进化和迭代交易策略。由于智能量化投资模型是建立在人工智能机器学习和深度学习的基础上,通过机器学习和深度学习,可以不断优化智能量化投资模型。所以人工智能系统的优势在于,它能够随着旧关系的衰减以及新关系的出现,不断进化自己的投资策略。对智能量化投资模型而言,没有最好,只有更好。随着时间的推移,智能量化投资模型会越来越好,功能会越来越强大,效率会越来越高,投资效果也会越来越好。

(5)自然语言处理实时精准把握市场动态。当量化交易分析师发现数字推测模型的局限性后,开始考虑引入新闻、政策、社交网络中的丰富文本并运用自然语言处理技术进行分析,将这些非结构化数据结构化,并从中探寻影响市场变动的线索。

三、智能量化投资的优势

人工智能时代的到来,推动了证券行业全自动交易的快速发展。美国全自动交易已经有50多年历史了,现在全自动量化交易的份额已经占到全部交易额的50%左右,而在我国还刚刚起步,所占比例仍然非常小。人工智能全自动交易是金融科技发展的必然产物,也是金融投资发展的必然趋势,它不仅能获得比人工操作更理想稳定的收益,而且能大幅度提高工作效率,推动证券市场健康稳定发展。与传统投资相比,智能量化投资具有以下优势:

(1)人工智能量化策略模型的设计优势。每个人工智能量化模型的设计都是由几十种甚至上百种以上能影响股票涨跌的因素综合而成,它在选择股票时只需纳秒级的时间就能分析完成,而人脑分析这几十种以上因素则需要很长的时间。

(2)全市场扫描优势。人工智能量化模型只需要几秒钟的时间就能根据量化模型的要求成对全市场数千只股票的扫描,而人工查看的话几天甚至几周的时间也无法完成同样大的工作量。

(3)历史数据回测功能的优势。人工智能量化模型通过历史上几个牛熊轮回的买卖数据的分析计算就能得出模型的历史年化收益率,并对自己设计的各种操作策略进行历史数据验证,选择最理想的模型,这是人工操作无论花多少时间根本无法做到的。所以人工操作往往不严谨、不科学、仅凭个人感觉随意性特别大。

(4)投资者自主选择优势。投资者可以自己编写几个回测收益率比较理想的策略或组合,设定全自动交易软件,就可以进行人工智能机器人全自动交易,而这样的工作人工交易是无法做到的。

（5）理性和执行力优势。人工智能全自动量化交易能用理性的工具按模型设定去操作交易，不仅能克服人性、人工在操作过程中的很多弱点，避免了情绪化操作，而且还能让人们从繁重的分析、选股、买卖、盯盘的工作中彻底解放出来，机器人设定一次就会长期自动执行操作。

（6）连续工作优势。自动交易系统可以每天 24 小时不间断地监控行情，并在适当的时机和点位自动进出场，完全不用人工的干预，做到高效执行，可以让用户夜晚安枕入眠，白天安心从事别的工作。

（7）速度优势。自动交易系统会自动下单，并可以保证更快的下单和平仓速度，可以更敏感地因应价格变动和趋势变动。

（8）博采众长和不断进化优势。自动交易系统综合了众多的智慧和经验，等于是站在了巨人的肩膀上，其交易的策略选择与行情判断，仓位控制与交易纪律，风险控制和赢利能力都大大高于人工手动操作。因此加入人工智能后可自动学习和积累历史经验。

（9）盈利优势。能赚钱才是硬道理，智能量化全自动交易系统虽不敢保证百战百胜，但由于融合了众多投资高手的智慧与经验，加上严格的止损和风险控制，仓位控制，所以绝无过量交易，没有情绪化交易。赢利的与否和多少，完全取决于自动交易系统的设计思路与编写水平。

综上所述，AI 量化模型全自动交易的优势是传统量化投资所无法比拟、无法企及的。

第二节　智能量化投资的技术基础

智能量化投资涉及很多数学和计算机方面的知识和技术，主要有人工智能、数据挖掘、小波分析、支持向量机、分形理论和随机过程等。

一、人工智能

金融投资是一项复杂的、综合了各种知识与技术的学科，对智能的要求非常高。所以智能量化投资需要广泛使用人工智能技术收集、分析处理信息，构建模型。智能量化投资中使用的人工智能技术主要包括专家系统、机器学习、神经网络、遗传算法等。

二、数据挖掘

数据挖掘（Data Mining）是从大量的、不完全的、有噪声的、模糊的、随机的数据中提取隐含在其中的、人们事先不知道的，但又是潜在有用的信息和知识的过程。

与数据挖掘相近的同义词有数据融合、数据分析和决策支持等。在智能量化投资中，数据挖掘的主要技术包括关联分析、分类/预测、聚类分析等。

三、小波分析

小波就是小的波形。"小"是指它具有衰减性；而称之为"波"则是指它的波动性，其振幅正负相间的震荡形式。与傅里叶变换相比，小波变换是时间（空间）频率的局部化分析，它通过伸缩平移运算对信号（函数）逐步进行多尺度细化，最终达到高频处时间细分，低频处频率细分，能自动适应时频信号分析的要求，从而可聚焦到信号的任意细节，解决了傅里叶变换的困难问题，成为继傅里叶变换以来在科学方法上的重大突破，因此也有人把小波变换称为数学显微镜。

小波分析在智能量化投资中的主要作用是进行波形处理。任何投资品种的价格走势都可以看做是一种波形，其中包含了很多噪音信号。利用小波分析，可以进行波形的去噪、重构、诊断、识别等，从而实现对未来走势的判断。

四、支持向量机

支持向量机（Support Vector Machine，SVM）方法是通过一个非线性映射，把样本空间映射到一个高维乃至无穷维的特征空间中（Hilbert空间），使得在原来的样本空间中非线性可分的问题转化为在特征空间中的线性可分的问题，简单地说，就是升维和线性化。升维就是把样本向高维空间做映射，一般情况下这会增加计算的复杂性，甚至会引起维数灾难，因而人们很少问津。但是作为分类、回归等问题来说，很可能在低维样本空间无法线性处理的样本集，在高维特征空间中却可以通过一个线性超平面实现线性划分（或回归）。

一般的升维都会带来计算的复杂化，SVM方法巧妙地解决了这个难题：应用核函数的展开定理，就不需要知道非线性映射的显性表达式；由于是在高维特征空间中建立线性学习机，所以与线性模型相比，不但几乎不增加计算的复杂性，而且在某种程度上避免了维数灾难。这一切要归功于核函数的展开和计算理论。

这个优势使得SVM特别适合于进行有关分类和预测问题的处理，这就使得它在智能量化投资中有了用武之地。

五、分形理论

分形理论（Fractal）被誉为大自然的几何学，是现代数学的一个新分支，但其本质却是一种新的世界观和方法论。它承认世界的局部可能在一定条件下，在某一方面（形态、结构、信息、功能、时间、能量等）表现出与整体的相似性，它承认空间维数的变化既可以是离散的也可以是连续的，因而极大地拓展了研究视野。

自相似原则和迭代生成原则是分形理论的重要原则。它表示分形在通常的几何变换下具有不变性，即标度无关性。分形形体中的自相似性可以是完全相同的，也可以是统计意义上的相似。迭代生成原则是指可以从局部的分形通过某种递归方法生成更大的整体图形。

分形理论既是非线性科学的前沿和重要分支，又是一门新兴的横断学科。作为一种方法论和认识论，其启示是多方面的：①分形整体与局部形态的相似，启发人们通过认识部分来认识整体，从有限中认识无限；②分形揭示了介于整体与部分、有序与无序、复杂与简单之间的新形态、新秩序；③分形从一特定层面揭示了世界普遍联系和统一的图景。

由于这种特征，使得分形理论在智能量化投资中得到了广泛的应用，主要可以用于金融时序数列的分解与重构，并在此基础上进行数列的预测。

六、随机过程

随机过程（Stochastic Process）是一连串随机事件动态关系的定量描述。随机过程论与其他数学分支如位势论、微分方程、力学及复变函数论等有密切的联系，是在自然科学、工程科学及社会科学各领域中研究随机现象的重要工具。随机过程论目前已得到广泛的应用，在诸如天气预报、统计物理、天体物理、运筹决策、经济数学、安全科学、人口理论、可靠性及计算机科学等很多领域都要经常用到随机过程的理论来建立数学模型。

研究随机过程的方法多种多样，主要可以分为两大类：①概率方法，其中用到轨道性质、随机微分方程等；②分析的方法，其中用到测度论、微分方程、半群理论、函数堆和希尔伯特空间等。实际研究中常常两种方法并用。另外组合方法和代数方法在某些特殊随机过程的研究中也有一定作用。研究的主要内容有：多指标随机过程、无穷质点与马尔科夫过程、概率与位势及各种特殊过程的专题讨论等。

其中，马尔科夫过程很适于金融时序数列的预测，是在智能量化投资中的典型应用。

第三节　国内外典型案例

国际上进行智能量化投资的典型企业或公司主要有肯㕛和Rebellion Research。

一、肯㕛

肯㕛就是上一章"智能投研"中介绍过的那家公司。它也是国际上智能量化投资方面的著名公司。Kensho的原意来源于佛教禅宗，意为"见性"。"Ken"是日语"看"的意思，"sho"是日语"自然、本质"的意思。这个日语禅宗的本意即是"透过现象理解事物的本质"。这也正是丹尼尔·纳德勒与彼得·克鲁斯卡尔共同的人生哲学信念。他们创立肯㕛公司的理念就是运用经济、社会、科技等方面的专业知识，通过对各种影响金融市场的社会事件进行量化计算，来预测受影响的个股何时上涨下跌，从而决定买入还是卖空。每个散户通过肯枭的搜索引擎可以轻而易举地搜索到这些预测结果。他们只要在文本框里输入自己想知道的投资问题，系统就会以最通俗易懂的方式给出最简洁的答复。肯枭公司的目标是让此软件的功能取代现有的大量投资分析人员的工作，为客户提供更加优质、快速的数据分析服务。

肯枭成立不久就受到资本市场的青睐。在种子期就已经从加速合伙公司、布雷耶资本公司、通用催化剂风投公司、谷歌风投和恩颐投资等公司筹到了1 000万美元。2014年又获得了高盛的1 500万美元融资，高盛因此成为最大股东。在2014年12月的A轮融资中又从高盛筹到4 780万美元。

据肯枭官网介绍"肯枭是一个先锋级的实时数据计算系统、一个可量化的数据框架，是全球化金融系统的新一代升级产品"。它拥有强大的云计算能力、良好的人机交互界面和深度学习能力。肯枭通过云计算、图形化用户界面和自然语言搜索，将发生事件与金融市场相关联，辅助投资分析研究，用动态数据与实时信息，及时反映市场动态，智能回答复杂而高度专业化的金融投资问题。

肯枭结合自然语言搜索，开发了一个名叫沃伦的金融数据收集、分析软件。该软件是基于云计算的信息辅助系统，具有很好的人机交互功能，通过搜集、分析数据，为客户进行投资决策提供支持。沃伦的研究和分析平台搭建在纳斯达克专门为金融服务部门设计的云计算平台OMX FINQLOUD上。这样一来，不仅使肯枭的云计算能力得到加强，而且为满足金融服务特殊安全和监管要求提供了技术支持。

使用沃伦的用户不需要金融工程的专业知识，也不用设置复杂的参数和配置算法，就可以得到类似于金融投资分析师分析的结果。沃伦在接到问题后，会先将问题转换为机器能够识别的信息，然后去云数据库和互联网中寻找各类相关数据与事件，再运用大数据技术进行分析，并根据市场走向自动生成研究预测报告，回答投资者提出的诸如股票走势等方面的问题。

(一) 沃伦的具体功能

肯枭的软件沃伦主要能实现两种功能：一是寻找事件和资产之间的相关性及对资产价格的影响；二是基于这些事件的影响预测资产价格的未来走势。

1. 寻找事件和资产的关系

沃伦的这一功能有两种实现途径：①通过资产寻找相关事件，沃伦可以找到影响资产价格波动的关联事件；②通过事件查找受此事件影响的资产，沃伦能够找到可能受此事件影响的那些资产。在第一种途径下，用户在沃伦搜索框中输入股票代码，可以查看哪些事件会对股价产生影响。例如，输入关键词网飞(Netflix)，沃伦会显示一张网飞的股价走势图。在一天的任意时间节点，用户不仅可以看到具体是哪件事影响了这只股票的价格，而且可以看到这件事对该股票价格的影响程度，也就是说这件事使股票价格发生变化的百分比。例如，亚马逊发布了第三季度报告是影响亚马逊股票价格的事件，该事件影响亚马逊股票价格上涨了3%。除了以直观的图表显示结果,用户还可以通过统计分析的结果,如P-Value来了解相关事件对股票价格产生影响的概率值。

在第二种途径下,用户还可以输入事件的关键字,看这一类事件可能会对哪些资产产生影响,如输入"英国脱欧"这个词,沃伦就会显示许多与英国脱欧相关的事件组合,如"英镑",或者"协议脱欧"等。

在过去,交易员或者分析师只会用他们所能想到的所有关键词去维基百科或者新闻库中进行搜索。但沃伦不仅能够在智能化即完全没有人工干预的条件下不断对搜索关键字进行轻微调整和拓展建议,而且能够寻找新的和未被识别的事件与资产价格的关系,并将其推荐给用户。在交互界面上,用户可以选择一组事件,如"美联储降息",自由选择时间段和投资的种类,如美元债券、欧元汇率、黄金价格等,沃伦就会将美联储主席发表的讲话以及发布的政策等相关内容抓取出来,作为输入分析的具体变量,再结合用户在UI界面上输入的时间段和选择的变量,给出会受到这些变量影响的资产列表,以及这些资产价格波动的方向和百分比。沃伦还会自动从成千上万份报告中抓取数据及其上下文的内容,并据以判断受此影响的标的资产范围,以及这些事件对该资产价格走势的影响,该影响一般是以图表的方式呈现出来。同样,沃伦还能为用户显示每一起事件对该资产价格失去影响的过程。并且沃伦能够基于此结果为用户建立或优化投资组合。

2. 预测资产价格

沃伦借助机器学习,通过对可能影响资产价格的事件进行分析研究能够预测资产价格的变化及其波动区间。沃伦通过在纳斯达克的金融云(FinCloud)上构建数据分析平台,接入了包括收入报告、联邦贸易委员会发布的经济报告、股票价格波动、股票价格的移动平均值、公司新产品发布、FDA批准的新药目录、股票价格触发器、货币政策变动、政治事件等比较重要的数据库在内的9万个标准数据库。由于显著影响资产价格的变量可能有很多,肯枭需要找出哪些可以用来预测价格的相关特征。具体来说,沃伦首先根据数据库中某个资产价格的变动历史,把所有可能影响该资产价格的变量全部提取出来,然后通过特征选择算法,将与当期资产价格波动较为相关的变量挑选出来,再通过机器扫描所有与这些变量相关的数据源,将变量值输入历史数据训练的机器学习模型中进行计算,最后肯枭会以股票价格概率分布区间的图表形式呈现其预测的结果以及变量的概率值。

沃伦有着极其强大的算法模型产品,包括"股市季节变化周期策略"、可放大的"风险/回报分析地图""即日股票胜算概率指南""社交媒体的个股综评图"和"聪明的现金流动图(即大投资机构每天花钱在哪些股票上建仓)"等颠覆性的产品。沃伦的网站上涵盖了在纽约证券交易所、美国证券交易所和纳斯达克证券交易所上市交易的7 000多只股票、债券和股指。沃伦的用户都可以通过互联网和云服务,登录自己的投资账户,对自己的股票投资组合进行风险分析和最优化处理。对普通投资者来说,沃伦使投资从此变得简单。网站会对用户输入的投资问题如"伊朗试射导弹后,哪只股票涨得最快?"进行运算后,告诉投资者涨得最快的是雷神公司、美国通用动力公司以及洛克希德·马丁公司的股票。搜索引擎也会在几秒钟内解答用户诸如"新冠肺炎疫情持续恶化,哪只股票受影响最大?"之类的问题。同时,沃伦还会分析个股每月和每季的价格运行趋势。统计数据显示,大部分散户的投资收益率达到15.7%,远高于S&P市场回报8.6%的投资收益率。此模型还可以为6500万个复杂的投资问题找到答案。到2014年年底,沃伦软件系统能够为1亿个复杂的投资问题找到答案。随着沃伦的题库不断扩大,通过机器学习,沃伦所能解答的问题也会持续增加。

(二) 沃伦的特点

中国业内有关人士认为,肯枭的技术有三大块,一是建立在高盛20多年积累基础上的底层结构化数据库;高盛成为最大股东后,给予了肯枭很多建议。这一点具有独断性,别的公司难以望其项背。在中国,底层的结构化数据库极不完备,连最基础的财报数据和公告数据的结构化还不到10%。金融智能的核心是首先实现基础数据的结构化,继而图谱化。在此基础上,才能实现自动化,如自动化摘要、自动化审计、自动化监管、自动化报告、自动化推送、(半)自动化信贷审批、自动化客服等等。二是中间层金融领域知识建模,包括关联分析、回归分析、产业链、财务模型、行业模型、宏观模型、投资模型等复杂的知识。肯枭成立后招募了大量来自谷歌、苹果、脸书以及美国联邦储备系统的专家与工作人员。公司工作人员主要由数据分析方面的工程师和科学家组成。谷歌投资(Google Ventures)加入进来后为肯枭提供了大量的工程师。三是前端问答技术。这三块都是非常复杂的技术,门槛都非常高。可以说沃伦在行业中的优势是巨大的,特别是沃伦快捷的云计算、搜索能力和友好的用户交互界面。沃伦的特点具体表现在以下3个方面:

(1) 建立云计算平台,计算能力强大。肯枭的信息处理中心和信息来源使用云计算,而且计算能力强大,能够高效完成人工分析员难以快速做到的数据收集、挖掘和分析工作。肯枭获得的信息是传统证券分析师的4倍多,分析速度是证券分析师的180倍。非金融机构和普通人借助于肯枭也能对金融资产进行专业化的配置调整,从而削弱了专业金融机构的获利优势。

(2) 拥有深度学习能力。沃伦能够通过客户的问题来完善搜索结果,不断增加新的搜索渠道等。

(3) 有良好的人机交互性。用户只要输入用人类的自然语言写的金融问题,软件都能进行识别并瞬间将经过云计算处理后的结果反馈给用户,让信息对金融市场的传导影响更快速。肯枭开发舆情因子、信用预警模型、资产价格风控模型,金融机构可以根据这些量化的、已经分析好的互联网数据因子,快速分析对资产价格波动的影响,并采取相应的资产配置策略予以应对。

目前来看,沃伦能搜集较全面、详细的金融领域部分行业数据,并提供简单的分析和图形化呈现,只能做到变量延展,模拟分析师分析数据的过程,但却无法替代用户去逻辑推理事件可能的影响因素,软件预测的结果只是基于算法的最优化选择,而无法揭示背后的关系。沃伦更像一个数据收集、图形化呈现的工具,而不是一个提供分析决策的角色。目前肯枭仍然无法取代一名分析师的全部工作。从某种程度上来说,肯枭只是模拟了分析师思考的行为,尚不能模拟更高层次的思考模式,也无法模拟分析师思考背后的逻辑。此外,肯枭的预测还只是给出了价格的概率区间。

二、Rebellion Research

2005年,亚历山大·弗莱斯、斯宾塞·格林伯格、杰里米·牛顿和乔纳森·斯特洛斯联合创立Rebellion Research公司,公司的主要业务是为全球客户提供资产管理和金融投资服务。在这四位公司创始人中,亚历山大·弗莱斯有着深厚的投资知识和丰富的投资经验,而斯宾塞·格林伯格和杰里米·牛顿则是应用数学基础扎实、编程经验丰富,乔纳森·斯特洛斯有着极好的商业头脑。这四个年轻人携手合作取长补短。

四位创始人认为制定投资策略需要处理极其多样化的信息,运用手动选择影响因素、分析关系并创建投资组合的流程所获得的结果,由于无法规避"人类情感的陷阱",其科学性、严谨性和准确性明显比机器分析的结果差。他们都希望将数学应用于以新方式进行的股权投资。但当时传统的量化交易策略也存在着明显的缺陷:一是数据不够丰富,只有交易数据,没有其他数据,更为重要的是由于受到特征的选取与组合的限制,分析员对数据的敏感程度决定着模型的好坏。因此,他们使用机器学习技术,发明了使用贝叶斯网络来提供资产管理和金融投资服务的AI平台。

公司的人工智能系统基于贝叶斯算法,对宏观、行业和公司三个层面的数据进行分析,且模型能够自动将历史数据和最新数据进行整合,使模型能够自动预测市场走势。通过自我学习全球53个国家股票、债券、外汇和大宗商品的交易数据,评估各种资产组合的未来收益和潜在风险,帮助客户合理配置资产。

公司在2007年推出的第一个人工智能投资基金,基于贝叶斯机器学习,结合预测算法,对历史的金融和贸易数据进行分析之后,成功地预测到2008年的股市崩盘,并在2009年9月给希腊债券F评级,当时惠誉的评级仍然为A,Rebellion比官方提前一个月给希腊债券降级。与此同时,使用公司AI投资平台的投资者也取得了骄人的投资业绩。根据官网展示的一项投资累计回报率排名来看,采用了Rebellion Research的AI投资平台所提供战略的客户群体,自2007年至2018年,获得了228.1%的回报,Rebellion Research在各大公司累计投资回报率排名中名列第一。

Rebellion Research机器学习投资系统是这样运作的。系统将尽可能多的影响投资的因素纳入考虑范围,包括全球53个主要国家的每日经济数据和股票价格,在此基础上,AI投资系统构建出优于全球股票市场的优化投资组合。使用这一机器学习投资系统可以进行3个月到3年期的中长期投资分析,还可以依据它对全球经济的预测结果来调整投资战略。此外，AI 还提供了一个灵活的框架，使用者能够将每天可用的新数据与先前的市场知识自动集成，以预测库存绩效。

同时，Rebellion Research 在应对专有风险优化系统目标上有以下明确而具体的规定：任何行业的投资额在投资组合中所占的比例最高不超过 30%；要求最小量；实行投资多元化；把波动率控制在一定的范围内；最低最大回撤使投资者可能面临的最大亏损降到最低；降低任何一个资产的 β 值即降低任何一个资产的系统风险。通过这些风险管理措施来最大限度地降低政治、货币、利率、自然资源和信用等方面的系统风险。

三、盈首 AI 炒股机器人全自动交易平台

盈首 AI 炒股机器人全自动交易平台是上海盈首信息科技有限公司 2018 年发布的智能投资交易系统。上海盈首信息科技有限公司成立于 2017 年，总部坐落于中国金融中心上海，核心团队由一大批人工智能开发专业人员及证券行业自动交易资深研究开发专业人员组成，核心研究人员均具有浙江大学、中国人民大学、哈佛大学、英国威尔士大学等名校学历。公司致力于专业解决中国证券市场以及全球证券市场的人工智能全自动化交易平台的开发与应用推广，使投资者从繁重的人工阅读、分析研究、人工委托买卖、全天盯盘的工作中解放出来，获得人工智能全自动化交易带来的便利。真正实现一次设计、一键操作，人工智能机器人常年按用户指令自动执行全自动操作交易。2018 年 10 月，上海盈首信息科技有限公司在上海环球金融中心举行"盈首 AI 炒股机器人全自动交易平台"发布会，正式推出盈首 AI 炒股机器人全自动交易平台。

该产品的设计理念是用人工智能创新科技推动中国证券市场的发展，让绝大多数证券市场投资者，无论是否会编程都能够非常简单的根据自己最理想的操作思路和盈利模式用非常方便的方式组合为或编写为全自动程序化 AI 交易策略。产品内设 180 个半成品万能人工智能全自动化模型，均具有超高的历史回测年化收益率，可供用户挑选再组合使用，以及自定义交易程序编写功能，用户均可以轻松实现把自己最理想的交易思想转化成为 AI 全自动化程序化交易策略，轻松组合成为一个独立的自动交易机器人。用户可以用回测历史收益率来验证策略的收益率，并可以同时交易 5 个以上策略，交易资金容量非常大，可以交易几百亿以上的资金规模，无论是散户、大户、还是机构、私募基金和公募基金，均可以在这个平台上得心应手地进行机器人全自动交易。

该产品使用非常简单，对于不会编程的用户，180 个半成品人工智能模型，每个模型只需点击鼠标添加几个去风险因子及基本面因子，即可组合为一个理想的具有较高回测年化收益率的操作策略。对于精通编程的专业人员，可以在这个平台上面编写自己的策略，经过回测验证历史年化收益率后，再点击加入本平台上特有的去风险因子，这样这个策略就能比他自编的策略年化收益率大幅提高，策略回撤能大幅降低。对于既不想点击组合又不会自编程序的投资者，则只需把自己想要操作的标的直接添加在自定义标的添加栏

里，即可进行全自动交易。

该平台特有的 6 个 AI 去风险因子能帮助用户规避掉绝大多数系统性风险，能自动预测大盘及个股即将上涨或下跌，能自动在第一时间根据大盘及个股的走势，自动规避大盘及个股下跌风险及自动捕捉住大盘上涨的起点。180 个 AI 全自动半成品模型，根据人工智能的综合科技，包括神经网络、大数据统计、特殊算法、主力资金流向统计计算等，综合几十种以上影响股票涨跌的因子组合而成的全智能全自动 AI 策略模型。模型同样具有 6 个去风险因子的功能，能在第一时间规避大盘的任何一次大的风险和第一时间捕捉大盘和个股的上涨机会。用户只要自定义用 AI 半成品模型和去风险因子及基本面因子组合，就能形成一个具有超高历史回测年化收益率的实盘操作策略，同时它具有深度机器学习功能，一次设定可以长期操作。

一次设定即可让 AI 机器人长期自动执行指令操作。用户只要用自己组合的策略或自编的策略进行历史回测，验证年化收益率后，即可把策略保存在策略保存区，再在买卖策略资金分配栏里设计完自己的止盈和止损的价格百分比后，机器人就会按照这些设定的条件长期自动执行这些指令了。开始操作后，每天只要在规定时间打开电脑即可，在交易过程中如发现有问题也可以点击终止交易按钮，检查完后可以点击连接交易按钮继续操作也可直接点击券商端资金账户查询或操作。

本交易平台为全智能全自动化设计，用户只要一次设计完成后就可以长期自动执行操作。

（1）用户打开界面后，以直接点击半成品 AI 万能量化模型，点击一个模型后，它会自动跳至策略因子组合回测栏上，再点击加入去风险因子和基本面因子，最后按自己的要求在（自定义）交易资金买卖设定栏里调整括号里面的参数，设定完后将组合的策略进行历史回测，统计验证年化历史收益率，直至调整至满意为止后保存在策略保存区，用户如果资金量不大策略可以少几个，反之可以多调试几个保存。保存完后点击开始实盘交易，平台就能长期按照保存的策略指令自动执行、自动操作、自动买卖交易。在实盘交易查询区可查交易明细，也可在券商端查询。

（2）对于精通编程又精通股票的用户如果想要把自己的操作思路编写为策略进行自动交易，那么可以在（自定义）策略编写里面用 Python 语言编写自己的策略。如果收益率不够理想，可以点击加入去风险因子，也可加入策略因子，组合后再进行回测。去风险因子选加一个或几个都可以，加多了可能选出股票太少，策略因子可以根据自己的爱好加。直至调整至理想的收益率后，就可保存在策略保存区。用户可以编写多个策略，保存在策略保存区。其他操作同上，在自动交易的过程当中，用户也可以操作查看在券商端的资金账户。

（3）对于不会编程、也不愿意点击半成品模型进行策略组合的用户，可以直接把想要的操作的标的，在每天收盘后添加在（自定义）组合策略标的栏里面，其他设置按照上面

(1)的方法设置即可,长期全自动操作。

(4)每天股市收盘后到次日 9:00,这些自己保存的策略会全市场扫描,按照投资者设计的要求操作。调好后可以长年不修改,也可打开小幅修改。次日早上 9:15 开始自动执行操作,也可点击链接按钮进行交易,全天全自动化操作交易,一键打新。大盘风险大时有一个手动一键清仓功能按键。平台可以连接交易账户后长期不动。

第七章 智能风控

第一节 智能风控概述

一、智能风控的概念

风控管理是金融活动的核心工作之一。随着科技和互联网的不断发展,金融行业面临的风险越来越多而复杂,控制和驾驭管理的难度也越来越大。对金融机构而言,如果风控能力满足不了日常业务对风险控制的需要,则会给企业带来巨大损失、制约业务的发展。我国金融产业的发展表现出很强的信贷驱动属性,各类以新技术支撑的智能风控产品服务,已成为传统信贷业务和互联网信贷业务的重要支撑工具。亿欧智库在《金融科技公司服务银行业报告》中预测 2020 年金融科技市场规模将达到 245 亿元,其中智能风控 75.9 亿元,占比 31%。智能风控市场规模巨大,是未来金融科技公司集中发力的市场。

智能风控把大数据、人工智能、云计算等金融科技综合应用到风险控制环节的精益风险管理模式;将人工智能与风险防控结合起来,运用人工智能技术对金融风险进行管理和控制,显示其"多维+快速高效"监管优势。智能风控借助人工智能技术构建基于线上的风控模型,通过海量运算与校验训练以提升模型精度,贯穿反欺诈与客户识别认证、授信审批与定价分析、贷后管理与逾期催收等金融业务流程,提高线上业务的风控能力。人工智能、大数据、云计算和区块链等技术的发展与成熟为智能风控的发展提供了强大的技术基础和技术手段,促进了智能风控技术的发展,提高了智能风控技术的效率。智能风控是金融科技的方向。智能风控的核心是人工智能和大数据。大数据是非常重要的,因为人工智能的三大基石包括算法、算力和数据,其中,数据构成了我们实现人工智能 1/3 的重要元素。大数据的核心也是算法和数据,从大数据的视角理解,人工智能包括数据的处理技术和数据的资源。这其中,区块链能做什么?区块链的特征包括不可篡改、分布式存储共识机制等。通过区块链可以优化数据质量、促进数据合规流通,为大数据和人工智能提供更合规、更高质量的数据,从而提高风控能力。所以,智能风控由大数据和人工智能组成,区块链能够为数据的高速流转、合规使用提供技术支持。

目前,智能风控已经从最初以大数据为基础的数据与技术服务,逐步发展成为综合运用人工智能、大数据、云计算和区块链等技术构建智能化、自动化的专业服务。

数据、处理数据的能力和商业应用场景是人工智能应用的三个要素。人工智能解决金融界问题的过程,很好地应对了这三个要素。人工智能最好的应用领域是金融领域,因为金融领域是唯一的纯数字领域。互联网金融时代,躲在手机背后的用户、缺失央行征信的人群,虽有庞大诱人的市场,但是仅凭传统的风控手段很难判断客户是"君子"还是"小人"。借助人工智能和大数据,金融的风控能力得到了质的提升。

随着人工智能及大数据解决方案的普及,我们可以搜集更多维度的数据更精细地进行用户画像,包括利用一些行业数据、用户的互联网浏览数据、司法执行数据、第三方信用数据、电商平台的交易数据、电话通讯数据和社交数据。这些数据的覆盖人群会远远超过现有的金融行业。人工智能对这些数据进行组合,从而挖掘出有效的特征。

如何利用好这些维度很高的数据,需要一个智能的解决方案。因为这些数据大多是非结构化的数据,可能来自邮件、视频、文本、语言、点击浏览行为、社交网络等多种渠道。数据的量级和清洗是一个重要环节。人工智能和大数据的一些解决方案为我们提供了较好的基础设施。

二、智能风控的发展历程

迄今为止,智能风控的发展经历了三个时期,即萌芽时期、初步发展 1.0 时期和高速发展 2.0 时期。

(1)萌芽时期。2005~2012 年为智能风控发展的萌芽时期。在这一时期,随着互联网技术的发展,互联网在金融业得到广泛应用,出现了互联网银行,进入大数据时代,数据量越来越大,人工智能技术取得重大突破,这一切都为智能风控系统的构建提供了技术和数据基础。金融业开始探索智能风控系统的搭建。

(2)初步发展 1.0 时期。2012~2014 年为智能风控初步发展 1.0 时期。在这一时期,语音识别和图像识别领域取得重大进展,人工智能技术更是突飞猛进,数据量越来越大,种类越来越多,为智能风控提供了强大的技术和数据基础。在金融领域,随着互联网的普及,骗贷骗保的欺诈事件也是层出不穷,防不胜防,传统风控难以应对,迫切需要借助人工智能手段进行风险防控。互联网金融企业为了降低不良资产比率,防控风险,纷纷借助金融科技手段开始搭建智能风控系统。

(3)高速发展 2.0 时期。2014 年至今为智能风控高速发展 2.0 时期。智能风控更加成熟,主打实时风控和个性化风控。智能风控逐渐成为金融企业的核心竞争力,受到各类金融企业的高度重视。

三、智能风控的核心要素

智能风控的核心要素包括数据整合、模型迭代和场景融合构成智能风控。

（一）数据整合是基础

风控模型、风控技术的发展都是建立在数据基础之上的，因此要密切关注数据本身是否真实、准确。

数据整合是智能风控的基础。一方面，数据的收集、处理和整合是智能风控的起点和基础。智能风控体系利用数据对风险进行管控。数据的可获得性、数据的质量以及数据的处理能力是决定智能风控效果极其关键的因素，因为数据与算法是人工智能的核心。算法作为数据产生的机器，同时需要大数据的支持。人工智能与数据是密不可分的。在过去十多年里，人工智能取得巨大发展的重要原因，是监督学习和强化学习模式研究领域的突破，而这其中大数据时代带来的数据红利是必不可少的因素。海量优质数据是人工智能算法训练的重要材料，即通过海量优质数据的持续不断的喂养，人工智能才变得越来越智能。对于智能风控来说也同样如此，通过海量优质数据的持续不断的喂养，智能风控算法模型才能通过持续不断的深度学习不断迭代进化，变得越来越智能，风控的效果才会越来越好。另一方面，只有准确、及时、全面地获取了防控对象360度全方位的数据，智能风控模型算法才能运算出正确的结果，及时采取行之有效的防控措施，实现风控的目的。大数据能更加方便直观地为风控体系建立风控模型，提供更加完善的数据与信息。同样地，更加有效、有价值的数据组合会给风控模型提供更多的简便性。毋庸置疑，智能风控离不开信息、离不开大数据。在今天这个信息大爆炸的时代，智能风控在建立健全的风控体系时，需要的不仅是海量的、复杂的、全方位的信息，而且是海量全方位的有效的、有价值的信息。大数据不仅能够为智能风控提供健全完善的、全方位的海量信息，而且能够提供更多有价值的、有效的数据组合供其研究使用。

大数据时代，数据来源多种多样，数据类型种类繁多，数据的可用性良莠不齐、鱼龙混杂，这就要求人们在使用这些数据之前对数据进行清洗处理分析。也就是对数据进行整合。从目前情况来看，要进行数据整合需要做好以下几个方面工作。

1. 建立数据平台，实现对数据的闭环管理

智能风控体系需要将采集到的海量数据进行导入、清洗、关联、分析、建模和应用等，而这需要构建一个能够实现"采集—分析—使用—反馈"数据闭环的大数据平台。这个大数据平台应该具有极好的计算性能、可靠性、水平扩展性以及支持机器学习等复杂的建模分析计算能力。

2. 整合内部数据，加强数据治理

以前，在金融机构内部各部门各自为政，数据信息分属不同的部门或子系统，也没有一个规范的统一标准，数据质量也参差不齐，管理复杂，缺乏统一的管理，各部门或子系统的数据也难以共享，在内部形成一个个数据孤岛，不能发挥数据应有的作用，这种状况显然不能适应建立智能风控体系的要求。为了适应建立智能风控体系对数据的要求，就必须整合金融机构内部所有数据，建立统一规范的数据标准，加强数据基础和治理，提高数据质量。

3. 充分引进外部数据，实现内外部数据融合

金融机构在业务运行过程中所采集的数据还是极其有限的，远没有达到建立智能风控体系所要求的360度全方位数据的标准。因而，必须通过购买、合作和共同开发等多种形式积极获取外部数据或数据共享，内外部数据统一管理，有效整合，实现内外部数据互补，不断提升数据的价值，充分满足智能风控体系对数据的要求。

（二）模型迭代是核心

在智能风控体系中，智能风控模型是智能风控的"灵魂"。事物总是不断发展变化的，因而由数据驱动的不断完善的模型运用也就成为智能风控的核心。正所谓"工欲善其事，必先利其器"。一个好的智能风控体系，必须有一个好的智能风控算法模型。这个好不是一时的好，而是能够通过机器学习不断迭代自我进化。而在智能风控算法模型不断迭代进化的过程中，数据和模型是相辅相成，相互提携、相互促进的关系。海量优质的有价值的数据有利于建立一个好的智能风控算法模型及其迭代进化，而一个好的智能风控算法模型也能够获取更多优质有价值的数据，提高数据的分析处理效率。相反，如果有好的数据而没有好的模型，数据的价值也没法挖掘出来。就像有好的米而没有好的锅，也做不出可口的饭来，米会被浪费掉。同样如果有好的算法模型而没有好的数据，算法模型英雄无用武之地，也发挥不出它应有的作用。有好的锅而没有好的米，正如巧妇难为无米之炊，再好的锅没有米也煮不出饭来，更不可能把沙子煮成可口的饭。基于此，金融机构应在打好数据基础的同时，建立一个好的能够不断自我迭代进化的智能风控算法模型，持续提高自身的智能感知和响应能力，最终提升风控的整体水平。目前，在金融机构智能风控中使用的模型主要有以下三类。

1. 规则引擎

规则引擎由推理引擎发展而来，是一种嵌入在应用程序中的组件，实现了将业务决策从应用程序代码中分离出来，并使用预定义的语义模块编写业务决策。接受数据输入，解释业务规则，并根据业务规则做出业务决策。简言之，就是通过简单、明确的规则辅助进行风控决策。这类模型规则简单清晰，实现难度小，容易建立一个稳定成熟的系统。缺点是创建规则严重依赖专家经验和已发生的风险事实，不能及时针对新的风险模式自动更新。

2. 模型引擎

模型引擎是指运用数据挖掘算法，整合分析内外部数据，对高维度组合数据通过机器学习模型进行风险建模，进一步提升风控精度。决策树、神经网络、关联分析和聚类分析等是常用的数据挖掘算法。这类模型通过数据训练模型，使模型不断得到调整和迭代进化，在客户信用风险评估等应用中，其适用性和精度有所突破。

3. 智能风控模型

智能风控模型利用深度学习、自然语言处理和知识图谱等技术手段，可以接纳包括文本、图像和语音在内的多维数据的输入,能够对欺诈风险和信用风险等进行实时动态分析,构建多角度的动态决策风控模型,使决策的准确性、时效性和全面性得到提高。这一类模型能够不断自我改进与优化,通过机器学习能够自动识别新的风险模式,使风控体系的适应性和快速反应能力得到进一步提高。

(三) 场景融合是关键

场景融合是为了智能风控体系这个英雄有用武之地。智能风控体系发展的驱动力是基于场景融合的应用的落地。构建智能风控体系的目的就是针对新业态、新的发展环境和趋势更好地搞好风险防控。由于新业态的发展和环境的发展变化解决风险防控中早已存在的和新出现的问题,进一步提高风险防控的效果和效率。金融机构应将基于大数据分析产生的洞察应用到操作风险、欺诈风险和信用风险等风险管理的各个环节和各个领域中去,通过逐步构建场景结合的应用,建立起主动预防、全场景全方位、立体化、快速高效的全自动化的新型智能风控体系。

第二节 智能风控的优势和流程

一、智能风控的优势

智能风控改变了过去以合规、满足监管要求为导向的风险管理模式,强调用金融科技降低风险管理成本、提升客户体验、优化风控效能。相对于传统风控手段,智能风控优势明显。

(1) 智能风控拥有海量风险规则支持风险筛查,全面覆盖人工筛查容易遗漏的细小风险规则。

(2) 针对高风险案件环节,设置风险预警方案及时预警,防止风险向后流转。

(3) 为应对客户对风险管控的不同要求,可灵活修改及配置引擎规则中把握风控程度的阈值,实现个性化风险管控。

(4) 根据案件调查结果反馈及多维数据输入,机器可不断学习进化与迭代,提升风控精度,并应对不断新增的风险类别。

二、智能风控的流程

金融的本质是将风险偏好不同的资金供给方和风险不同的资金需求方匹配起来。智能风控的水平和效果主要取决于两个方面的能力,一个是数据积累,另一个是技术能力。智能风控模型的基本流程主要分为四个部分:数据收集、数据建模、构建数据画像、风险定价,具体见图7-1。

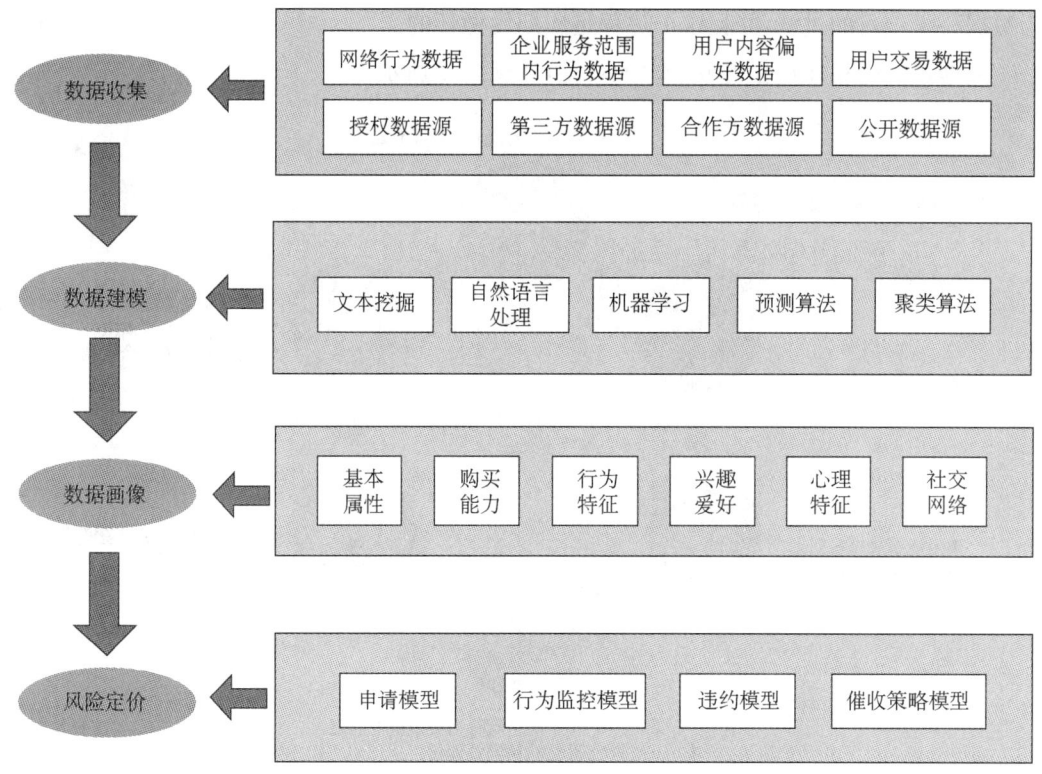

图 7-1 智能风控流程

(一) 数据收集

数据是智能风控的基础。数据已经成为金融业务的新边界,表现在三个方面:场景边界、群体边界、效率边界。如果我们有大量场景的数据、客户的数据,金融服务就可以触及场景和这些群体所在的地方,同时带给他们极致的客户体验和高度的流程融合。收集数据或者说获取数据是整个智能风控的起点,智能风控就是从收集数据或获取数据开始的。要将智能风控所需的有关用户的数据全面、及时、准确地收集起来。这些数据信息主要包括用户行为数据(如精准广告投放、内容推荐、行为习惯和喜好分析、产品优化等)、用户消费数据(如精准营销、信用记录分析、活动促销、理财等)、用户地理位置数据(如 O2O 推广、商家推荐、交友推荐等)、互联网金融数据(如 P2P、小额贷款、支付、信用、供应链金融等)、用户社交等 UGC 数据(趋势分析、流行元素分析、受欢迎程度分析、舆论监控分析、社会问题分析等)。

数据来源主要是以下几个渠道:用户注册时提交的数据、使用过程中产生的数据、交易时产生的数据、第三方如政府及征信机构等数据。在所有这些数据中存在着大量半结构化的数据和非结构化的数据。这些数据在使用之前需要进行清洗和处理,转换成对信用评估有价值的数据组合供智能风控模型使用。

(二) 数据建模

数据建模是通过建立数据科学模型的手段解决现实问题的过程。数据建模也可以称为数据科学项目的过程,并且这个过程是周期性循环的。

数据建模的具体过程可分为六大步骤,如图 7-2 所示。

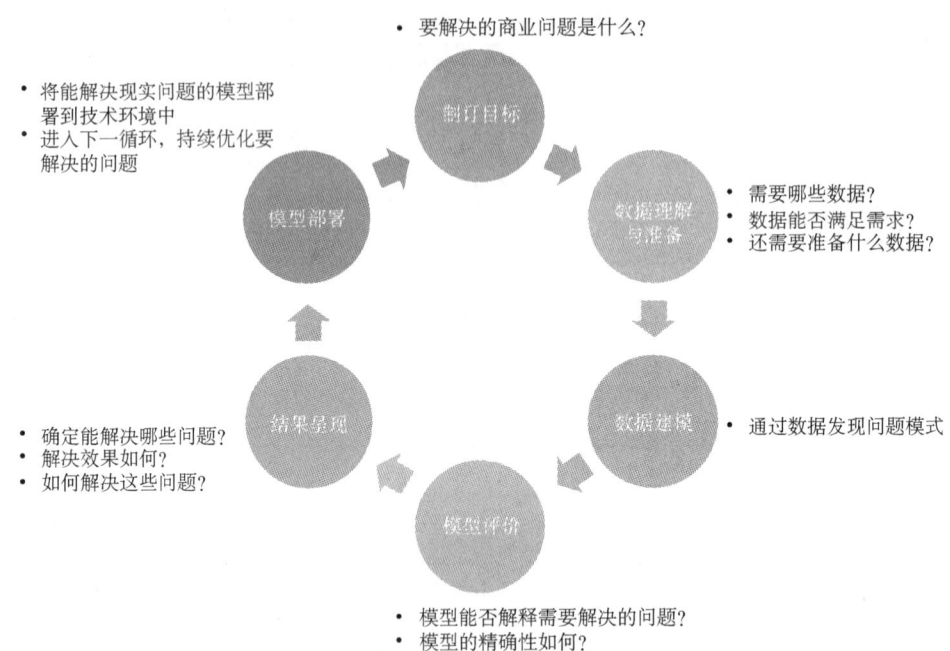

图 7-2　数据建模的步骤

1. 制订目标

制订目标的前提是理解业务,明确要解决的商业现实问题是什么？对智能风控中的数据建模来说,所要解决的商业现实问题是防控风险,同样进行数据建模的目的也是防控风险。

例如,在银行贷款申请中,存在骗贷的情况,如何识别骗贷就是一个要解决的现实问题。

2. 数据理解与准备

基于要解决的现实问题,理解和准备数据,一般需要解决以下问题:

(1) 需要哪些数据指标(即特征提取)。例如,哪些指标能区别真贷和骗贷？

(2) 数据指标的含义是什么？

(3) 数据的质量如何。例如,是否存在缺失值？

(4) 数据能否满足需求？

(5) 数据还需要如何加工。例如,转换数据指标,将类别型变量转化为 0-1 哑变量,或将连续型数据转化为有序变量。

(6) 探索数据中的规律和模式,进而形成假设。

需要注意的是,数据准备工作可能需要尝试多次。因为在复杂的大型数据中,较难发现数据中存在的模式,初步形成的假设可能会被很快推翻,这时一定要静心钻研,不断试错。

数据建模后需要评估模型的效果,因此一般需要将数据分为训练集和测试集。

从智能风控模型来看包含四大方面的数据:①个人/公司的基本信息,包括个人资历、个人/公司的信用信息、公司财务指标、家庭结构关系、家庭社会地位关系、个人社交关系、工商注册信息等;②个人/公司商务信息,包括线上零售交易信息、专利信息、个人/公司资质、土地出让/转让信息、质押抵押信息等;③个人/公司社会公众信息,包括涉诉信息、专利信息、被执行人信息等;④个人/公司社会关联方信息,包括自媒体、证券社区、行政监管/许可、行业背景、商标、招中标、行政处罚、抵押担保等。

3. 数据建模

在准备好的数据基础上,建立数据模型,这种模型可能是机器学习模型,也可能不需要机器学习等高深的算法。选择什么样的模型,是根据要解决的问题(目标)确定的。

当然可以选择两个或以上的模型对比,并适当调整参数,使模型效果不断优化。

常用的模型主要有:

(1) 聚类。常见的相似文本聚类,如大量用户发相似帖子是常见的灌水行为,需要处理。

(2) 分类。根据已经识别的有风险和无风险的行为,去预测现在正在发生的行为,根据关键字动态去识别预测效果不错。

(3) 离群点检测。例如,登录行为,当同 IP 登录大量登录失败,这种行为可能是暴力破解;当同 IP 登录基本全部成功,这种行为可能是机器登录,采用离群点检测发现这两类行为并处理。

目前国内 90% 以上的建模团队都使用 Logistic 回归做评分卡,当然还有少数人使用决策树,神经网络和机器学习目前还没在此行业有显著成果。Logistic 制作评分卡模型的衡量标准是 K-S 值的大小,依据数据质量和建模能力在 0~0.5,一般在 0.3 以上才可用,好的模型可以达到 0.35。芝麻分模型的 K-S 值在 0.32 左右。

4. 模型评估

模型效果的评估有两个方面:一是模型是否解决了需要解决的问题(是否还有没有注意和考虑到的潜在问题需要解决);二是模型的精确性如何(误差率或者残差是否符合正态分布等)。

例如,在识别骗贷的问题中,需要评估的是:

(1) 模型能否识别出骗贷。

(2) 识别的误差率是多少,其计算公式为:骗贷识别误差率=(骗贷误认为真贷的数量+真贷误认为骗贷的数量)/总贷款申请数。

5. 结果呈现

结果呈现主要关注以下 3 个方面:

(1) 模型解决了哪些问题？

(2) 解决效果如何？

(3) 如何解决问题，具体操作步骤是什么？

6. 模型部署

大量数据解决了一个或多个重要的现实问题，需要将方案落实下去，一般情况下需要通过线上技术环境部署落实，从而为后面不断优化模型、更好地解决问题打下基础。

工程人员部署技术环境，需要数据建模团队撰写需求文档，并确保工程人员理解需求文档的内容，才能达到较好的模型部署效果。

反欺诈和信用评定是建立智能风控模型最重要的两项工作。反欺诈事关平台安全，信用评定直接影响平台经营。反欺诈的水平和信用评定的准确性是由人工智能实力的强弱决定的，也直接反映了人工智能实力的强弱，经过周期性运营之后可以看出智能风控模型的效果。模型是与场景和客群等因素相适应的，场景不同、客群不同和其他因素不同，模型的效果可能会大不一样。

（三）数据画像

数据画像是通过各个维度对用户或者产品特征属性的刻画，并对这些特征分析统计挖掘潜在价值信息。它是对用户的形式化描述，或者说是用户信息标签化，即使用标签来量化用户特征属性，达到描述用户的目的，它可以完美地抽象出一个用户的信息全貌或者商业全貌。

数据画像是企业应用大数据的根基。用户画像的底层是机器学习，不管是做客户分群还是精准营销，都先要将用户数据进行规整处理，转化为相同维度的特征向量，各种精巧的算法如聚类、回归、关联和各种分类器等等才有用武之地。

结构化数据的特征提取工作首先是给数据打标签，如贷款渠道、贷款频率、性别年龄、家庭状况等等。特征标签选择得当不仅可以使用户画像变得更丰富，也能提升机器学习算法的效果（准确度、收敛速度等）。

对于已经打好的标签，根据不同的分析场景进行离散化，或将分类类型的标签拆成多个0/1标签，就可以进行一些机器学习的建模了，如聚类、分类、预测，或者关联性分析，最终生成数千个向量维度。

（四）风险定价

风险定价是量化风险管理的核心。根据银行自身的风险偏好来对资产进行定价，高风险资产定价较高，低风险产品定价较低。根据风险高低来制定资产收益，(RBP)已经成为主流。

目前，京东利用自己积累的数据构建风险定价模型应用于"京东白条"，蚂蚁集团开发淘宝购买者数据建立风险定价模型在"花呗"上应用。不管是京东应用于"京东白条"的风险定价模型，还是蚂蚁集团在"花呗"上应用的风险定价模型都只能在指定的服务商消费才可以用。有一些P2P平台接入了多家第三方数据用于风控,通过对数据的整合、补充、调用、评判等,使风控模型运算结果更加准确。

建立智能风控体系的目的是防范业务经营过程中的风险,因而,智能风控的模型、评分、策略等都是为具体业务服务的,脱离了具体应用场景的模型和评分都是无本之木、无源之水。离开业务场景再准确的模型都没有任何意义。业务场景不同,产生的数据也不同,不同的数据包含的规律,体现在数据分析中就是模型、参数和评分。

同一信息在不同人群的分值比重是不同的,不同人群的风控标准也是不一样的。所以,在设计评分卡模型之初,就要考虑如何更加智能。因此定制化的风险定价系统将成为风险定价模型未来发展的趋势。

三、我国智能风控企业类型

我国智能风控企业主要有研发自用型、纯技术输出型和混合型三种类型。

(1) 研发自用型,即研发的智能风控系统匹配自身业务发展。

(2) 纯技术输出型,即为商业银行、小贷机构、理财平台、消费金融公司等提供信用评估审核、智能风控、反欺诈等金融解决方案。

(3) 混合型,既支持自身业务发展,也对外输出技术能力,这类型企业一般以建立生态为目的,希望以技术输出换取接入更多的数据。例如,蚂蚁集团对中小企业开放的风控产品蚁牛、个人征信产品芝麻信用;网易金融的北斗风控系统、品钛集团的读秒等等。

AI+金融典型公司如表7-1所示。

表7-1 AI+金融典型公司盘点

公司	智能风控产品	应用领域	融资额/轮次
邦盛金融	流式大数据毫秒级处理产品"流立方"	风控	1.35亿元/B
极光大数据	金融反欺诈产品	反欺诈	千万美元/C
九次方大数据	投资银行项目风险实时预警大数据平台等	风控、产业链金融	7亿元/C
氪信CreditX	"非或然引擎"自动化决策系统个人风险评估XCloud	风控、信用评估	1 500万元/PRE-A
量化派	基于MapReduce、Spark框架的BI和数据挖掘系统	信用评估、消费分期	5亿元/C
蚂蚁集团	风控产品"蚁盾"征信产品"芝麻信用"	风控和征信	45亿美元/B
牛蛙金服	神盾大数据风控云平台	风控	未透露/A
品钛集团	智能决策信贷引擎读秒	信贷	8 400万美元/C
融360	"天机"风控系统开放数据平台	风控	10.35亿元/D

(续表)

公司	智能风控产品	应用领域	融资额/轮次
同盾科技	反欺诈、信贷风控、核心风控工具、信息核验服务	反欺诈、风控	3 200万美元/B+
网易金融	北斗智能风控开发平台	信贷	—
小赢科技	WinSAFE智赢产品风控体系、WINAGILE轻赢产品开发体系	风控	10亿元/B
星桥数据	蜂鸟金融搜索系统、鹰眼大数据风控系统	风控	2 000万元/PRE-A
用钱宝	柯南特征工程系统、D-AI机器学习模型、A-NUBIS计算架构	风控	1.56亿元/B+
元宝铺	电商贷ECL、数据贷引擎FIDE	信贷	1亿元/B
智信度	智信度评分、数据、报告、策略模型产品	民间信贷	近千万元/天使

资料来源：何诚颖等著，《智能金融变革》，表13-1。

第三节 智能风控在金融行业的应用

由于信息不对称、成本高、时效性差、效率低等问题的存在，传统风控难以满足信贷快速增长对风险防控的需要。智能风控是金融科技领域最主要的应用场景之一，智能风控不仅能有效提高金融服务的效率和安全性，降低风控成本，还能促进风险管理差异化和业务人性化。在银行、证券、保险、互联网金融等领域的应用十分广泛。所以近年来无论是传统金融机构、消费金融机构还是互联网金融公司，都在加紧智能化系统建设或者对外合作，实现智能化风控。智能风控系统已然成为各类金融机构的标配。

一、智能风控在银行业的应用

(一) 银行业在经营活动中面临的主要风险

银行在经营活动中面临的主要风险包括欺诈风险和信用风险。

1. 欺诈风险

欺诈风险是指客户在发起借款请求时就无意还款即骗贷的风险，按照人数可以分为团伙欺诈和个人欺诈，欺诈者往往通过伪造身份信息、联系方式信息、设备信息、资产信息等方式实施欺诈。

芝麻信用透露，18%的消费信贷申请人在最近12个月曾用3个或者3个以上的手机号，30%的申请人最近12个月稳定活动县级区域个数在3个或者3个以上。此外，消费金融、互联网金融公司的坏账损失超过50%来源于欺诈。身份冒用类欺诈占比最高；其次是团伙欺诈,以及账户盗用、恶意违约等。某互联网消费信贷公司开展业务第一周在申请人群中发现 70% 的疑似团伙欺诈申请。

2. 信用风险

信用风险是指借款人因各种原因未能及时、足额偿还债务或银行贷款而违约的可能性。对于很多放贷机构来说,其所遭遇的欺诈风险远远大于信用风险。

信用风险一般是一些信用较低的人去申请贷款,而这部分人在申请之前一般是有还款意愿的,只是在借贷成功后由于消费过度或者生活遭遇导致还款能力下降等原因出现一系列的逾期行为,甚至最严重的出现坏账。信用风险较高的人群跟骗贷人群还是有区别的。

(二) 智能风控在银行业的应用

无论金融概念如何推陈出新,风险和安全一直都是金融创新最重要的边界。从创新实践角度出发,智能风控贯穿在整个价值链当中。做好风控,不仅仅是给银行带来利润上的提升,还能给整个金融系统带来稳健性,防范大规模金融风险。

智能风控在银行业中得到广泛应用。有的建立了初步的智能风控体系,有的正在构建智能风控体系,但发展水平参差不齐,呈现梯队式发展格局。

全国股份制银行在智能风控领域一马当先,凭借雄厚的资本实力,成立子公司自行研发智能风控系统,并开始向 B 端输出,如招银云创应用生物识别技术反欺诈,通过深度学习进行风险监测,已赋能十几家金融机构。国有四大银行都是与技术实力强劲、成熟产品众多的科技巨头强强联合,研发智能风控系统。中国工商银行与京东建立金融业务合作,联合研发"工银小白"产品。中国银行与腾讯合作成立金融科技联合实验室,已发布新一代网络金融事中风控系统。中国建设银行与阿里建立战略合作关系。中国农业银行与百度合作成立金融科技联合实验室,联合发布 AB 贷。互联网银行由于科技巨头控股、纯线上渠道办理业务和数据来源广泛等特点,天生具备智能风控属性,具有智能风控优势。它们在业务开始之初便借助股东数据支持搭建智能风控模型,建立智能风控系统,智能风控实力强大。中小银行由于资本实力较弱,技术水平不高,无力创建技术公司,一般选择与科技公司合作,通过购买科技公司的产品进行智能风控系统建设,以提高风控水平。

中国银行业风控的发展经历了三个阶段:第一个阶段是人工决策阶段,这个阶段的风控主要靠人工完成,但应用技术手段和数据模型等辅助手段,进行风控决策。第二个阶段是时时风控决策阶段,这个阶段针对的是信用卡这类标准化产品,借鉴回归模型等算法,应用信用卡申请评分卡、行为评分卡等技术来实现一定程度上的时时风控决策。第三个阶段是智能风控决策阶段,这个阶段有三个鲜明的特征:①风控跟营销场景越来越融合;②风控与银行自身风险偏好、战略定位相匹配;③风控越来越跟定价相结合,风控需要解决精算、定价问题。

中国银行风险管理部资深管理专家指出,构建智能风控体系需要技术平台和业务层面的有机结合：技术方面，中国银行在2018年逐步完成了大数据、人工智能和分布式架构三大技术平台的搭建，为智能风控体系的构建提供了良好的技术支持；业务层面，全行数字治理工作取得了一系列成效，为智能风控具体任务的开展奠定了扎实的数据基础。中国银行智能风控体系的建设覆盖贷前、贷中和贷后管理。银行的数字化转型，对风险管理部门处理数据爆炸，更新风控系统，完善风控模型，前瞻预判风险，保护数据安全等提出了更高要求。

中国民生银行贷前风控经历了一个从经验、评分到网申秒批再到智能化风控的演进过程。中国民生银行信用卡中心总结了民生信用卡中心贷前风控发展的四个阶段：第一个阶段是根据专家制定的规则及评审人员个人的业务经验对申请人进行打分和审批，确定是否核发以及信用额度；第二个阶段引入了评分系统，包括收入模型和风险模型等，根据这些模型对申请人的资质进行打分，增加了决策的量化依据；第三个阶段是2014年上线的网上申请平台，做到了自动化申请和时时风控，最快三秒钟就可确定申请是否通过，借助大数据分析，自动化、智能化审批的平台，做到了千万级的核卡数量，而人工核卡只能做到百万级；第四个阶段是智能化风控阶段，应用大数据、生物识别等技术来进一步提升风控的自动化水平，同时也把审批和应用场景结合，如手机购买的现场分期。这个阶段的特点一方面是数据来源更加丰富，另外一方面是计算能力突飞猛进，利用大数据分布式计算技术，可以一次处理千万级的变量，进一步提升智能风控能力。未来民生银行还要在智能化风控方面进行提升，更加精准地识别客户，进一步提高审批率，实现差异化定价，降低客户信贷成本。

目前天津市滨海区的农商行营销人员都是佩戴移动设备来服务客户，并采集各种数据以便分析，通过大数据时时获取客户信息，自动形成审批报告，进行贷款定价。

(三) 智能风控可以解决传统风控六大痛点

使用现代科技手段和信息资源，智能风控可以解决传统风控的六大风控"痛点"：

1. 解决非财务信息搜索整合困难

客户的人品和性格是决定客户还款意愿的重要因素，而在"手工作业"时，客户经理无法在短时间调查中熟悉客户的人品和性格。彻底了解一个人的品性不是几个小时就能做到的，可能要通过长时间的沟通和接触，要一起经历、处理很多事务，这样对人的了解和评判才可能接近客观。智能风控可以通过大数据引擎，查询借款人的包括中国人民银行征信、全国工商信息网、全国法院被执行网、航空旅行、火车旅行、微信/QQ朋友圈、淘宝消费记录、电信记录等（可以通过网签授权解决合法性问题），并对大量客户历史行为形成的信息进行量化评判，对客户的品性作出准确判断。脸书的一项统计表明，一个人在互联网上点赞的数量超过60次，人工智能系统对这个人品性的评判准确度就可以高达86%。

2. 解决客户资料信息造假问题

传统风控中最常见的是资产证明类材料造假和银行流水造假。房产信息可以通过与土地资源局系统联网进行查询,银行流水信息可以通过银联系统进行查询(签署网签授权解决合法性问题,如签署《不动产查询授权书》)。智能风控系统接入相关部门系统即可实现真假资料校验。

3. 解决客户经理粉饰客户信息问题

(1) 客户经理是否真实抵达客户经营场所。客户经理的工作必须由团队长到组长制定每日规划及任务下达才能进行业务操作,系统将自动定位客户经理的所处位置、每日路线轨迹图、任务完成图等,实现其对作业过程的全流程监控。通过智能终端作为智能风控的媒介,采用 GPS 定位功能,记录客户经理调查的物理路径,确定客户经理是否到达客户经营场所实施贷款调查。目前百度地图、高德地图等地图提供商已经可以实现相关功能,将地图提供商的相关服务接入智能风控系统即可实现。

(2) 客户经理是否按要求核查客户相关资产。例如存货、应收账款、机器设备等,通过智能终端进行拍照或录像,并对照片或录像的时间和地点信息进行记录,可以有效限制客户经理调查时不作为的现象。影像化调查过程可以使客户的情况在审贷会中重现。定位功能和日期显示功能目前智能设备均可实现。

4. 解决客户经理调查技能衰退导致调查失真的问题

可采用标准问卷式贷款调查,系统中内置分行业调查模板,设置问题题库,每个调查模板从相关问题库中随机抽取问题,将交叉检验逻辑嵌入到问卷之中。客户经理依据相关行业调查问卷对客户实施问答,整个贷款调查过程系统自动开启录音,客户将全部问题回答完成后,即可生成资产负债表、损益表及调查报告。问卷中的问题与问题之间存在逻辑校验与交叉验证,类似于"测谎仪"功能,即客户所回答的问题将按照问题的重要程度形成综合偏离度,由此判断客户提供信息的真伪,偏离度过高则直接拒绝。调查录音也可以在贷后检查时校验录入信息的真实性。

5. 解决审贷委审批标准不统一的问题

建立贷款审批模型,采用打分卡方式自动审批。打分卡已经在贷款审批中得到了广泛应用(各大银行的信用卡审批系统均为打分卡建模系统),但是目前市场上的打分卡模型设置灵活性仍然有待加强。因为系统作为审批官很难考虑到一些情感因素或特殊情况给贷款带来的风险。将评分模型设计为针对贷款调查过程的评分卡模型(不是简单的数据信息打分,而是结合整个调查过程的质量和数据信息进行双条线衡量的打分)。客户经理将完成的贷款调查上传打分系统进行评分。如果系统得分超过 75 分,则系统直接审批通过;60~75 分,将进行人工干预审批;60 分以下则直接拒绝。同时,可以根据市场信用风险、银行风险偏好进行评分卡模型的适时调整,保证审批标准统一有效的同时,更好地控制风险。

6. 解决贷后管理松散,贷后检查难以监督问题

智能风控系统可以采用客户分级方式进行差异化贷后管理,使贷后管理工作更加有效。

贷款通过银行核心系统发放后,智能风控系统将核心系统返回的数据进行贷后评级,同时将有余额的客户生成地图,即管理人员可通过后台系统清楚地看到客户的位置以及相关信息。贷后评级将对不同客户进行分层管理,智能风控系统将根据评级结果针对不同层次的客户生成不同频率、不同形式的贷后监控任务,监控时间到期时通过后台系统直接推送到智能终端。贷后工作任务未完成时,系统自动呼叫管理,保证贷后工作的有效性和严格性。

二、智能风控在证券业的应用

(一)证券业在风险防控中面临的主要风险

相对于银行、基金等金融机构,证券公司风险管理的特点源于其本身风险的特殊性。证券公司需要防控的主要风险包括以下几类:

1. 流动性风险

证券公司业务多为高资本消耗业务,高负债是证券公司的典型特征。适度提高杠杆比例可以增加收益,但杠杆比例提高的同时风险也会随之扩大。近年来,股票质押回购、场外衍生品等高资本消耗的业务规模不断扩大,证券公司倾向于通过债务融资方式提高杠杆水平,负债的增长必然会提高资产负债错配的风险,从而使流动性风险扩大,尤其在市场暴跌、证券资产难以变现的情况下,流动性风险问题就会更加突出。

2. 系统性风险

证券业是金融业中的高危行业,系统性风险是其面临的主要风险之一。改革开放以来,我国证券行业得到了快速发展,但在发展过程中也遭遇过几次严重的系统性风险。2003年至2005年,国内有7家证券公司被撤销,19家证券公司被托管或破产关闭,4家证券公司被撤销业务许可,14家证券公司和9家证券营业部被暂停业务。2008年世纪金融海啸期间,美国五大世界级投行"全军覆灭"。它说明即使在国外成熟市场,资本实力雄厚、历史悠久的著名跨国公司在系统性金融风险面前也是不堪一击。然而,随着金融一体化进程和金融创新步伐的加快,金融市场、金融机构、金融产品之间相互渗透与影响,形成广泛的联动与融合,防范系统性风险的难度大大增加。

3. 自营风险

同普通投资者一样,证券公司在二级市场上从事自营业务同样面临着多种风险。由于对市场行情判断错误,买进或卖出股票的时机失当,以及证券投资组合不合理等,都可能遭受损失。

4. 信用风险

证券公司在开展融资融券业务中也存在着以下风险:客户信用风险、市场风险、业务规模及集中度风险、业务管理风险和信息技术风险。

5. 合规风险

随着证券市场的快速发展,监管机构强化了对市场的监管,出台了一系列监管法律法规和政策措施。沪深交易所也发布了《关于加强重点监控账户管理工作的通知》要求强化交易一线监管、突出事中监管,明确了严重异常交易行为的重点监控账户监控。如果证券公司在日常交易过程中对异常交易行为和违规账户监管不到位,出现遗漏,不仅会使自己遭受经济损失,而且会因监管不力受到监管部门的处罚。

(二)智能风控在证券业的应用

国外投资银行起步早,基础扎实,业务数字化转型特别是智能投顾领域居于领先优势。但是,由于隐私保护和数据安全等方面的限制制约了其智能风险管理的发展。在智能风控领域,国内拥有更多的实践,尤其是智能风控在消费金融风险管理中的应用,已经走在美国乃至世界的前列。

证券公司风险管理的发展紧跟监管导向。从监管角度看,证券公司的风险管理经历了起步、规范发展及全面风险管理三个阶段。

1. 起步阶段

2006年以前,监管部门对证券公司的风险管理工作要求散见于一些规章制度中,尚不系统和全面,如《证券公司内部控制指引》(证监发〔2001〕15号)要求证券公司必须建立严密有效的风险管理系统;2003年修订的《证券公司内部控制指引》(证监机构字〔2003〕260号)要求证券公司应当树立合法合规经营的理念和风险控制优先的意识,建立业务风险识别、评估和控制的完整体系,运用包括敏感性分析在内的多种手段,对信用风险、市场风险、流动性风险、操作风险、技术风险、政策法规风险和道德风险等进行持续监控。

此阶段的证券公司,历经2001～2005年证券行业洗牌的惨痛教训,风险管理刚刚起步,风险管理组织架构尚不明确,风险管理专业人才极其缺乏,风险管理手段和方法简单粗浅,主动承担和管理风险的理念远未形成,风险管理的对象单一、范围狭小。

2. 规范发展阶段

以2006年中国证监会首次颁布的《证券公司风险控制指标管理办法》为标志,监管部门对证券公司风险管理的描述更具实践性,风险管理从此进入量化阶段。中国证监会引入了《巴塞尔协议》的"净资本"和"风险资本准备"概念,明确了净资本监管指标、风险资本准备以及其他风险控制指标的监管要求。

此阶段的证券公司,开始将风险控制职能从业务部门分离出来,建立了专门的风险控制和合规管理部门,逐步完善了风险控制制度体系,更有证券公司提出风险与效益并重的发展思路,将风险控制上升到战略发展的高度。

3. 全面风险管理阶段

以2014年中国证券业协会出台《证券公司全面风险管理规范》为标志,证券行业开始进入全面风险管理阶段,中国证监会也对《证券公司风险控制指标管理办法》进行全面修订,主要结合行业发展新形势,通过改进净资本、风险资本准备计算公式,完善杠杆率、流动性监管等指标,明确逆周期调节机制等,提升风控指标的完备性和有效性。

从此,在中国证监会和中国证券业协会推动下,证券公司启动了全方位的风险管理体系建设,标志着我国证券行业真正进入全面风险管理新时代。

近年来,券商对于智能风控体系的建设需求愈加迫切,市场集中度也逐渐提升。目前,大多数券商建设的风险管理信息系统,具备了风险计量与监控、市场资讯获取、风险展示、报表生成等功能,且其对业务的覆盖面越来越广;部分头部券商已建立了风险管理领导驾驶舱,其风险管理领导驾驶舱的各类展示内容专注于全面风险管理工作需求,指标数据界面简洁清晰,有利于快速获取机构总体风险状况数据进行分析。驾驶舱等数据展示类项目对公司数据治理及公司层面整体数据运营机制高度依赖,在系统建设及上线运行过程中外围系统数据源对驾驶舱系统能否正常提供服务具有"牵一发而动全身"的影响作用。

在此基础上,部分券商对知识图谱、自然语言处理、生物识别等前沿技术应用进行了进一步探索。中泰证券基于大知识图谱、自然语言处理、深度学习等技术,结合商业智能等理论方法,探索包括风险管理领导驾驶舱、系统性风险预警系统等在内的智能风险管理体系。海通证券的智慧运维平台,应用语音识别、自然语言处理、生物识别、智能调度算法等关键技术,实现了"智能监控、智能审核、智能分析、智能操作"的核心目标。

三、智能风控在保险业的应用

（一）保险行业风险管控面临的痛点

保险公司面临的风险主要包括业务风险、财务风险、资金运用风险等诸多方面,而业务风险中的承保和理赔两项风险尤为突出。承保风险源于对经济环境、市场环境、投保人等风险的把控不足;理赔风险则主要来自被保险人、从业人员和第三方服务商的欺诈与渗漏。

当前保险行业风险管控面临的痛点主要包括以下三个方面。

(1) 保险欺诈频发且日益专业化。保险欺诈与保险如影随形,保险欺诈随着保险的产生而产生,并且随着保险的发展而发展,并成为保险业的顽疾。以保图赔或以保获利已成为一些投保人或被保险人的畸形心态,其目的就是通过保险获取额外利益。保险欺诈的表现形式包括投保人未如实告知、虚构或伪造索赔金额、故意夸大索赔金额、重复索赔等,而保险公司内部和保险中介也存在大量的故意欺诈。随着信息传播技术的发展,保险欺诈风险日益凸显,并呈现多样化、专业化、团伙化等特征。保险欺诈作案手段隐秘,涉案人员众多,涉案金额巨大,跨界犯罪增加,加大了保险公司的管理难度和经营风险,给保险公司造成了巨大的经济损失。根据国际保险监管者协会（International Association of Insurance Supervisors, IAIS,又称国际保险监督官协会）测算,全球每年约有20%~30%的保险赔款涉嫌欺诈。我国车险行业是保险欺诈的重灾区,欺诈渗漏占理赔金额的比例保守估计至少达到20%,保险公司每年因此遭受的损失超过200亿元。如何构建科学有效的反欺诈体系,已成为整个保险行业亟需解决的重大问题。

(2) 核保核赔等高度依赖人工经验审核,效果差、效率低、成本高。保险公司应对多样化欺诈手段的策略比较单一。目前大部分保险公司主要依赖查勘、定损、核保、核赔人员的主动发现来识别风险。要识别多样化的欺诈手段需要保险经办人员具有极其丰富的经验和高超的技能。不仅人力耗费大、成本高,还可能引发人为的欺诈渗漏风险,而且保险欺诈的手段花样翻新,层出不穷,保险公司疲于应付,时常处于被动挨打的地位,反保险欺诈工作没有根本改观。高速发展的保险市场要求彻底改变传统的风险管控方式。

(3)保险公司及行业数据割裂,数据基础差,无法满足风险管理需要。在保险公司反欺诈反渗漏的抗击战中,存在诸多与数据相关的挑战。数据基础差、内部信息割裂和外部信息难共享等问题增加了行业和企业的风控难度,直接影响保险风控效果。

保险公司只有深度应用人工智能、区块链等前沿技术,全面升级风险管控模式,着力实现风控数字化、立体化、前置化、智能化,才能解决以上痛点。

风控数字化就是建立配件工时、医药方案等标准数据与规则库,优化风险预警规则和模型。风控立体化是引入行为、车辆、健康等非案件数据,风控依据从公司内部向外部及非保险领域进行立体化延伸,多方共建风控机制,扩大风控覆盖面,提高精准度。风控前置化是利用大数据、可穿戴设备、人工智能等技术手段引导和预防风险事件,降低保险风险发生概率,从而减少保险公司赔款支出。风控智能化就是结合 AI 图片识别、生物识别、情绪识别、区块链等前沿技术,用电脑取代人脑,通过机器学习等更智能化的方式应对已知和未知的风险。

(二)智能风控在保险业的应用

中国保险行业的风险管控主要经历了三个发展阶段,即传统风控阶段、数字风控阶段和智能风控阶段。目前,保险行业已开始进入智能风控阶段,但各保险公司的风控体系建设水平参差不齐。一些中小保险公司的风控仍处于传统阶段,数字化、智能化手段非常匮乏,导致对风险的反应迟缓、业务支持能力弱,仍需加快风控的智能化进程,如图 7-3 所示。

图 7-3 中国保险行业风险管控演进历史

2012年以前，保险行业主要依靠人工审核与经验判断潜在风险，称之为"传统风控阶段"。以寿险为例，在传统保险风控模式下，保险公司简单地根据客户地域来设置保费和保额。例如，北、上、广、深最高保额为150万元，其他地方最高保额为80万元。如果其他区域客户向保险公司申请更高保额时，则需要提供多种资产证明材料供保险公司线下审核。

2012~2017年，随着电子化、互联网等技术的普及，保险行业进入了"数字风控阶段"。保险公司通过设置简单规则与事后稽查进行风险管控。保险公司通过总结以前人工核保核赔等的经验，建立简单的风险管控规则、并通过半自动化的条件筛选方式实现风险预警，辅助核保、核赔等人工判断。海量规则的建立需要巨大的人力投入，而且由于人工学习与数据处理的局限性，数字风控阶段的管控效果并不理想。普华永道《中国保险业风险评估报告2018》指出，2017年保险行业风险总体可控，但面临的形势依然十分严峻。一方面由于缺乏技术手段的支持，难以用系统方法对理赔案件的赔付额进行排序和关注，无法侦别最可疑的理赔行为与欺诈渗漏；另一方面受风险识别工具延展性限制，无法有效侦测新发风险。

2018年以来，随着保险科技与保险行业的深度融合，保险行业开始进入"智能风控阶段"。深度应用人工智能、大数据、区块链和物联网等技术，实现智能预警和多维核验。智能风控管理的核心是基于智能算法，运用合适技术，以"电脑"协助"人脑"自动进行一系列风险管控操作，从而准确快速、全面有效地实施各业务环节的风险识别、风险评估、风险预警和风险处理。

智能风控改变了过去以合规、满足监管要求为导向的风险管理模式，强调用保险科技降低风险管理成本、提升客户体验、优化风控效能。相对于传统风控手段，智能风控具有十分明显的优势。

目前保险公司产业链的各参与方都已经不同程度地介入到保险智能风控的相关领域。首先，从监管机构来看，支持新技术在保险风控中的应用，在《反保险欺诈应用指引》中明确指出，"保险机构要利用大数据分析、云平台等技术以及风险信息库和历史档案等数据，构建规则、模型、欺诈网络分析等针对个案或团伙欺诈的智能识别系统"；其次，从保险公司来看，大型公司都在智能风险管控转型上持续投入资源，积累起较丰富的实践经验；最后，从行业第三方机构来看，多数公司都开始投入巨大资源，在客户风险评价、理赔反欺诈等方面做出积极尝试，帮助保险行业加快推进风控的智能化转型升级。2018年1月，为有效推动"智能风控"与保险行业深度融合，促进行业健康、稳定发展，中国保险学会与金融壹账通共同发起成立国内首个"保险智能风控实验室"，共同打造保险风控研究和实践的智慧平台，研究建立多险种的智能化反欺诈系统，充分发挥大数据、人工智能、云计算等技术优势，为保险业欺诈风险的分析和预警监测提供支持。

大数据与机器学习分析方法在理赔中的应用，极大地提高了欺诈识别、监控以及决策的能力。传统反欺诈通常基于已知的欺诈模式设置相应的规则与策略,这种方式在缺乏数据或者冷启动阶段比较有效。随着理赔数据的积累,基于机器学习与大数据的量化决策模型通常能够更有效地识别欺诈风险,优化理赔流程。与基于策略的审核相比,机器学习算法可以同时定位多种欺诈行为,减少不合理的赔付,降低行为成本。例如,在车险理赔中,利用维修项目及配件的内在关系,可以通过机器学习模型计算出各项指标的出险概率,从而能够定位相应的理赔案件,并通过监控提示保险公司关注相关联的服务商、查勘员、定损员。在健康险报销中,根据患者既往病史等相关信息,用以分析报销记录的欺诈、过度医疗倾向性。图像识别等人工智能技术的发展,可以有效破解传统方式下的鉴伪难题,为在保险业的反欺诈应用开辟了广阔的空间。例如,保险公司承保网上生鲜产品,如到货时生鲜死亡,主要以死亡照片作为主要的理赔依据,而部分用户会通过搜索并上传网络的生鲜死亡照片骗取赔款,靠肉眼很难识别。在图像识别和人工智能鉴别技术的作用下,可以快速有效地判别虚假照片,准确率高达 95.7%,适应了在电商新业态下的理赔需求。再如,在传统寿险作业模式下,部分被保险人死亡,家属未去保险公司办理相关手续,仍在持续领取生存金。引入活体识别技术,可以通过虹膜、眼纹等有效识别真人与视频、照片等的区别,远程判断被保险人真实生存情况,有效解决生存金冒领问题。在车险理赔领域,综合运用大数据、物联网、区块链等技术,可有效防范理赔欺诈。运用大数据技术监测、分析零配件的异常采购,可以锁定可疑客户和修理厂。物联网、区块链技术相结合,可以有效跟踪汽车的实时操控数据、驾驶记录、行驶轨迹等,保险公司能真正实时感知汽车这个唯一性"保险标的物"。当发生事故时,区块链技术可以忠实地记录事故时间、地点、事故后的处理时间等,成为保险公司防范骗赔的重要手段。

第四节 典型案例

一、邦盛科技

浙江邦盛科技有限公司简称邦盛科技,由浙江大学副教授、浙江大学计算机学院软件研究所博士王新宇与中国工程院信息与电子工程学部院士、浙江大学计算机科学与技术学院教授兼浙江省计算机学会理事长陈纯联合创立。邦盛科技成立于 2010 年,总部位于中国杭州,是专注于大数据实时智能处理领域研究的国家高新技术企业,是中国金融实时风控及智能决策领域领军企业。

从 2015 年至 2019 年,邦盛科技共完成五轮融资,从绿盟科技、君联资本、方广资本、国投创业、鼎珮投资集团和新湖中宝等公司获得 8.17 亿元投资。

根据邦盛科技官网介绍,公司具有由世界级风控专家领航的顶尖的研发与资深团队,超过 80% 的成员是风控、反欺诈等方面的资深专家。管理团队来自美国道富、阿里、IBM、华为、浙江大学等名企名校。管理团队曾长期服务于美国道富（全球最大的托管银行），并与美国多家著名金融机构深度合作 10 余年，具有全球化视野和丰富的金融行业信息系统建设经验。

邦盛科技拥有与中国金融市场相适应的 100 多个风险场景、2400 多个风险监控规则模型。邦盛科技加入了金融风险数据共享联盟，拥有行业全面欺诈信息数据库，实时共享互联网欺诈信息上亿条。在流式计算、实时计算、复杂事件处理、机器学习、数据挖掘等技术领域拥有国内尖端的科研团队，拥有多项核心专利技术。邦盛科技独有的大数据实时流处理平台"流立方"，可实现百万级集群吞吐与毫秒延时，技术完全自主可控，突破了实时风控数据处理技术瓶颈，大数据实时处理性能业内领先。

邦盛科技拥有丰富的本地化实施经验。服务客户涵盖银行、第三方支付、互联网金融、证券、保险、交通运输、互联网企业、政府公共服务部门等，已与金融及政府公共服务部门等领域 400 多家大中型客户达成合作。邦盛科技曾为包括 2 家国有银行、10 家全国性股份制银行、近百家城商行、农商行、农信社以及 80% 的持牌第三方支付实时风控市场等在内的 300 多家大中型金融机构提供智能风控解决方案。邦盛科技提供从技术平台、数据、模型到咨询的全栈解决方案，并日益成长为金融机构实现数字化转型升级战略中的重要合作伙伴。

邦盛科技成立以来，取得骄人业绩，获得众多荣誉。2015 年，获得"金贝壳奖—年度支付反欺诈奖"。2016 年，邦盛科技获得教育部"科学技术进步一等奖"，获评"年度中国大数据—金融业务风险实时监控领域最新产品和最佳风险管理方案提供商"。2018 年获得"中国金融科技最佳风控奖"。2019 年获得"最佳移动金融风控奖"，荣获《银行家》杂志"十佳智能风控创新奖"，获评"2019 年金融 AI 大数据风控创新优秀解决方案"，获得亚洲银行家"中国最佳反欺诈技术实践奖"。2020 年，"流立方"获"中国电子学会科技进步特等奖"，艾媒金榜"2019 年企服金融风控榜单获 Top2"。"银行业实时智能风控解决方案"入选 2020 年中国银行业金融科技应用成果大赛"最佳解决方案奖"；荣膺《银行家》杂志"十佳智能风控创新奖"。

邦盛科技产品与服务包括实时交易反欺诈、大数据智能内控案防、申请反欺诈、互联网授信、流立方、机器学习系统及模型、设备指纹、机器防御服务、互联网风险数据服务、反洗钱服务、关联图谱、图立方和数据管理平台等。可提供银行业务事中风控解决方案、互联网支付事中反欺诈解决方案、银行卡收单业务事中反欺诈解决方案、互联网信贷授信风控解决方案、证券行业解决方案、保险行业解决方案、政务票务类网络机器人防御解决方案和电商盘旅业务事中风控解决方案。

邦盛科技核心技术包括流立方、机器学习、设备指纹、风控引擎、决策流引擎、关联图谱、地址模糊匹配、智能 IP 识别、人机识别和虚假号码识别等。

流立方是邦盛科技拥有完全自主知识产权的时序大数据实时智能处理核心技术,用于解决数据高并发与低延时的处理难题,可在毫秒间做出复杂计算、并行计算、关联分析等,突破了实时风控面临的大数据处理瓶颈,数据处理性能世界领先。该技术具有超高并发超低延时、完全自主可控、高可靠与高扩展、高兼容、松耦合和跨平台等技术特点。

机器学习可智能化进行风险侦测和目标用户识别,解决规则识别目标样本线性不可分割问题,精确量化目标用户潜在可能性,实现对海量数据实时高效处理,解决创新场景业务经验缺失以及特殊场景数据冷启动。邦盛科技拥有顶尖算法团队、业内领先、成熟且丰富的落地方案,能够极速训练与预测并一站式解决。

设备指纹为设备确定的全球唯一标识,可观察客户交易环境及行为变化,解决金融行业过去无法准确定位与控制的风险问题,提高反欺诈能力。设备指纹具有稳定性强、易用性强、性能卓越、安全性高和准确性高等特点,准确率高达99.999%。

风控引擎包括规则引擎与模型引擎,二者并行运行,互相补充,引擎可实时判断交易流水和风控规则或模型的匹配度。支持高并发低延时,单节点吞吐量可达5 000笔每秒,99.99%的处理延时小于100毫秒,非线性,在规则数量和逻辑复杂的情况下,引擎吞吐量几乎不受影响,高可扩展性,支持集群部署,吞吐量线性增长。

关联图谱基于邦盛大数据处理平台,结合时间、空间、行为特征等维度探索对象间的关联关系,实现最优化匹配客户业务的数据指标,有效识别反欺诈、反作弊、反洗钱等风控类型。关联图谱具有聚类算法的黑名单感染分析、自动化社团侦测、案件反查、多层递归、关联查询等技术特点。

虚假号码识别核心数据包括虚假号码与通信小号,目前已累计近2 000万高风险号码,通过对注册及登录手机号码进行真实性验证和欺诈风险识别,结合其他技术,可有效防止团伙性质欺诈。虚拟号码识别核心数据具有实时更新与分析,高鲜活度、强关联度和数量丰富等特点。

邦盛科技拥有资深的金融交易及信贷风险监控等系统技术研发团队,掌握相关核心技术,拥有完全自主知识产权,能够为金融机构提供高性能的金融业务实时风控解决方案。基于核心技术平台流立方,邦盛科技相继研发了金融实时交易反欺诈产品、信贷风险监控产品、证券行情实时量化分析产品、保险实时反欺诈产品、金融反洗钱及网络自动化攻击实时防御产品。可以助力金融机构进一步提升风控效率,降低风控成本,在激烈的市场竞争中取得先机。

邦盛科技的"银行实时智能风控解决方案"创新应用大数据实时处理技术流立方、智能决策引擎、机器学习建模、关联图谱、设备指纹等多项技术,整合多渠道实时交易信息和行内外数据源,突破了银行传统事后监督模式的技术限制,由传统单一渠道反欺诈建设演进为银行全渠道中央风控,集事前防范、事中监控及事后分析的风险监控体系,实现了全渠道、全场景的欺诈风险智能识别和实时处置,进一步提升了银行客户的资金安全。

二、蚂蚁科技集团

(一) 蚂蚁科技

蚂蚁科技集团股份有限公司简称蚂蚁科技。2004年12月,为了解决阿里巴巴旗下淘宝平台交易中的信任问题,支付宝正式注册成立。2004~2013年,支付宝逐渐从为电商交易服务的支付工具,演变为各行业服务的支付平台。随着智能手机和移动互联网的发展,支付宝逐渐进入人们日常生活的衣食住行各个环节,为用户提供了极大便利,同时也成为移动生活方式的代表,为日后蚂蚁金服成立打下了基础。2014年10月16日,小微金融服务集团以蚂蚁金融服务集团的名义正式成立,旗下业务包括支付宝、余额宝、招财宝、蚂蚁小贷(后逐渐整合至网商银行)和网商银行等。2015年7月初,蚂蚁金服对外宣布已完成A轮融资,引入了包括全国社保基金、国开金融、国内大型保险公司等在内的8家战略投资者。2015年8月18日,蚂蚁金服旗下智慧理财平台——蚂蚁聚宝正式上线。2015年9月,蚂蚁金服宣布启动"互联网推进器计划",表示将在渠道、技术、数据、征信、乃至资本层面,与金融机构加大合作,计划将在5年内助力超过1 000家金融机构向新金融转型升级。2015年10月16日,在蚂蚁金服2015年分享日上,蚂蚁金服宣布,推出专门面向金融行业的云计算服务"蚂蚁金融云",正式向金融机构开放云计算能力和技术组件。2016年3月,蚂蚁金服发起成立的网商银行,推出了其App,为小微企业及部分个人用户提供贷款、理财、转账等金融服务。2016年4月26日,蚂蚁金服宣布完成B轮融资,融资额为45亿美元。2018年6月8日,蚂蚁金服宣布完成总融资额140亿美元的新一轮融资。2018年11月,在蚂蚁金服ATEC科技大会上,蚂蚁金服正式推出技术风险防控平台TRaaS。TRaaS是把蚂蚁金服整个分布式架构和相应的技术风险能力组合在一起的免疫系统,它将高可用和资金安全能力结合AIOps,使系统实现故障自愈,具有免疫能力。2019年10月2日,国际事务处理性能委员会官网披露,中国蚂蚁金服自主研发的金融级分布式关系数据库OceanBase,在被誉为"数据库领域世界杯"的TPC-C基准测试中,打破了由美国公司甲骨文(Oracle)保持了9年之久的世界纪录,成为首个登顶该榜单的中国数据库产品。2019年11月19日,蚂蚁金服宣布推出金融级分布式架构SOFAStack双模微服务平台。这是业界首家将传统微服务和Service Mesh技术深度融合的金融级双模微服务平台。2019年11月,中国邮政储蓄银行与蚂蚁金服在北京举行全面深化战略合作协议签约仪式。2019年12月16日,中国工商银行与阿里巴巴、蚂蚁金服在京签署全面深化战略合作协议,共同构建数字金融合作发展新生态。

2020年7月15日,蚂蚁金服运营主体浙江蚂蚁小微金融服务集团股份有限公司正式变更为蚂蚁科技集团股份有限公司。

(二) 蚁盾

支付宝是蚂蚁科技业务的基础,支付宝平台上每天都有上亿笔交易,支付宝的核心业务在于安全,安全一直是支付宝发展的生命线。为了确保用户账户安全和支付交易的万无一失,打造金融级的账户安全,蚂蚁科技构建了一套行之有效的风控产品——蚁盾。

随着互联网、人工智能、大数据等技术驱动业务形态的发展变化,蚂蚁科技的风控技术也经历3个阶段的迭代。从扁平的专家经验风控时代,到数据、模型驱动,再到算法、智能驱动时代,蚁盾风控大脑打造的全域风控系统,经受住了无数次黑产攻击、高并发处理,建立起事前事中事后的处理方式,保障蚂蚁金服业务平稳快速发展。

蚁盾通过 AlphaRisk 智能风控引擎,不仅能够对每个用户的每笔支付进行 7×24 小时的实时风险扫描;同时通过不断新增的风险特征挖掘和优化算法迭代的模型,能够自动贴合用户行为特征进行实时风险对抗,在数亿交易中准确识别用户的账户异常行为,不到 0.1 秒就能完成风险预警、检测、管控等复杂流程。

蚁盾的整个智能风控体系是一个全方位、立体化的智能风控体系,从风险的识别、决策到管控,都是在 100 毫秒内完成的。这意味着在客户毫无感知的情况下,蚁盾通过润物细无声的方式,保障了用户的账户和资金安全。

蚂蚁集团的资损率低于十万分之一,对比国际卡组织的千分之三的资损率,蚂蚁集团在整个智能风控体系中处于世界领先地位。

蚁盾是一个高并发的、稳定的智能风控体系,在 100 毫秒实时计算,并给出决策的过程中能够并发处理 20 亿个行为事件。

1. 蚁盾的能力

蚁盾之所以有如此惊人的业绩,全依赖于它三个不同凡响的能力:

(1) 强大的算法和计算能力,以蚁盾内部的业务为例,风控技术实现了 0.1 秒的时间完成判断和决策,并支持 12 万每秒的并发。

(2) 全球风险网络。蚁盾构建了一个跨国家地域、多行业的风险维度,好似一张巨大的网络,可以把黑产和欺诈者识别出来。

(3) 反欺诈云,云上的反欺诈服务。整个风控过程分为三部分——识别、决策和管控。蚁盾基于云计算开展智能风控,可以针对多种特定场景定制模型,快速计算和决策反应,提供流畅而精准的风控。

2. 蚁盾风控体系运作过程

蚁盾风控体系的运作过程包括三个步骤:

(1) 识别。这是数据化服务的开始。一个用户(设备)进来的时候,蚁盾就会判断这个设备有没有风险,包括验证设备 ID,验证地址是否有篡改等。

(2) 决策。当判断出这个设备有风险时,可以开始做个性化决策,例如增加短信验证步骤,或者常用信息选择的验证。或者根据不同场合选择其他方案,如当用户在国外,接收信息不方便时,可以启用人脸、指纹等生物特征识别的决策。

(3) 管控,这是一个整体的链路。基于反欺诈云的反欺诈解决方案,能够实时监测风险,使商户可以将精力专注于业务发展。

3. 智能风控大脑

蚁盾风控体系的优势在于其背靠阿里巴巴的数据量优势和基于海量数据的智能风控大脑(CTU)。

蚁盾的智能风控大脑是一个基于大数据的实时风险决策引擎,是一个集风险的监控、识别和处置的综合性平台。

蚁盾风控大脑有两个关键词"智能"和"闭环"。它主要体现在以下四个方面:智能监控与预警、智能风险识别与决策、智能分析洞察、策略智能优化。

(1) 智能监控与预警。传统风险监控方式是系统级监控,比如将某个阈值设置在5%或者是10%,属于统一规则设置。现在业务和系统融合起来,将业务经验预警和模型的智能预警相结合,能做问题的智能下探,监控自动判断是某个模型有问题,还是某个策略、变量有问题。

(2) 智能风险识别与决策。传统专家风控系统是平面网状的系统,非常复杂且容易被攻破。而风控大脑是五级分层的防控体系,即T0、T1、T2、T3、T4层。终端层T0是在移动设备上作风险识别。T1、T2、T3、T4是服务器端层,T1是快速识别层,例如认定某个账号在特定WIFI环境下是安全可信环境,就快速放过,可以极大减轻风控系统的压力。T2是深度识别层,通过大量的风险策略与模型去判断这个交易是不是有风险。T3是异步识别层,使用复杂算法比如深度学习算法,提升整个风控算法的覆盖率和准确率。T4是离线层。识别出风险后,在风险决策上使用模型驱动的个性化风险决策,给出最终的风险决策操作。

(3) 智能分析洞察。蚁盾风控大脑特别强调"人机协同"的理念。计算机擅长的是存储、搜索、比对等重复性的工作,而人擅长的是洞察分析。用计算机可以去快速定位异常,将可能的异常交易和对象缩小在一个相对小得多的范围里,避免大海捞针,然后人来分析判定是不是风险。洞察的过程分为三个阶段:①基于标签的分析。给一个对象"贴"标签,这个标签可以用算法自动生成,也可以人来生成。②基于知识图谱的分析,也是基于关系网络的分析。世界万物都是有关系的,任何一个黑产设备一定会和很多设备、人和账号有千丝万缕的关系。如果一个交易与某一个黑产的设备有关联,即认为风险很大。③策略智能推荐。例如,发生的几十个案件都是盗卡类的案件,有什么共性呢? 如果是用人来分析的话,人的主观性会很强,但是通过AI算法很容易发现有哪些共性指标,然后用这些特征指标,到系统里面去做仿真、研判,很快制订出这个风险的改进策略。

(4) 策略智能优化。策略的产生需要经过多维分析、策略推荐、仿真、上线等几个过程,需要投入较多的时间和人力。如何在策略方面进行优化呢,采用机器学习方式,只要案例够多机器可以自学习。还有一个很重要的概念是迁移学习,迁移学习可以实现同样的模型换了应用场景后,仍然具有较好的效果。

概括起来说就是事前风险态势感知;事中实时智能攻防;事后风险自适应。做好三个方面,智能风控就能取得非常好的效果。

第八章 智慧银行

第一节 智慧银行概述

一、智慧银行的概念

智慧银行也叫智能银行,是传统银行、网络银行的高级阶段,是银行以智慧化手段和新的思维模式来审视自身需求,并利用创新科技塑造新服务、新产品、新的运营和业务模式,实现规模经济,提升效率和降低成本,达到有效的客户管理和高效的营销绩效的目的。

智慧银行的支撑平台是智慧门户。智慧银行主要特征是社会化、智能化和多样化,目标是增强银行的核心竞争力,促进信息科技与业务发展的深度融合,推动业务创新、产品创新、服务创新、流程创新、管理创新,增强可持续发展能力,为社会公众提供丰富、安全和便捷的多样化金融服务。

智慧银行是指可以提供全天候自助和远程人工服务模式的智慧型银行。这种银行不仅能实现传统自助银行的存款和转账功能,还能做到自助开户、自助申请储蓄卡、当场办卡和自助申请信用卡等。

智慧银行理念最先由美国花旗银行引入中国。2009年11月,花旗银行在上海新天地开设了第一家智慧银行。

2014年9月4日,国内首家全自助办理业务的24小时智慧银行——北京银行长安街支行正式亮相。市民可在此借助高科技设备,完成开卡、领U盾、转账汇款、购买理财、申请贷款等几乎所有个人银行业务,无需排队等柜员办理。

2018年4月26日,中国工商银行在银行业例行新闻发布会上介绍了工行积极加快推进金融科技创新,运用新思维、新技术、新模式,打造智慧银行取得的新成果。工行通过组建网络金融部、建立七大创新实验室、加快实施e—ICBC 3.0战略升级、启动智慧银行信息系统(ECOS)建设工程等一系列措施,加快智慧银行建设。

2018年4月20日,中国首家自己动手、自己做主的DIY智慧银行在重庆解放碑开业。

中国农业银行建设的DIY智慧银行,突出"以客为尊""以客户为中心",用金融科技、AI技术、大数据分析重新定义新时代金融服务,真正展示了让客户参与、由客户主导的"未来、科技、互动"全新的"高品质"金融服务。

客户可以充分体验金融科技带来的变化。通过人脸识别，可享受由大数据和智能 AI 分析量身定制的产品组合推荐；可使用财富计算器，自主选择产品组合；可根据买房、买车、留学等个性需求，以游戏的方式体验丰富的定制场景。

2017 年初，中国银行在集团内部成立智能投顾开发项目组，专门推进中银慧投的产品研发工作。中银慧投产品于 2017 年年底在内部测试投产，最终定于 2018 年 4 月 19 日正式在全国范围内对客发布。

中银慧投主要采取自主研发的开发思路，一是人工智能和专家智慧的紧密结合。除了人工智能通过机器学习不断自我完善的智能算法模型，还整合了中国银行投资顾问专家团队，以人工干预动态修正人工智能系统可能的偏差。二是线上线下的紧密融合。线上由系统智能推荐标准化产品组合，线下还有理财经理随时承接咨询。三是全球化视野。

2018 年 4 月 9 日，中国银行天津市分行与天津市市场监管委签订战略合作协议，成为天津首家实现电子营业执照开户场景应用的银行。

2018 年 4 月，建设银行深圳分行召开"智慧银行，超凡体验"发布会，全新智慧银行亮相深圳。通过智慧出行、智慧校园、智慧医疗等将银行服务与日常生活场景串联起来，助力深圳智慧城市的建设。

二、智慧银行的主要特征

智慧银行是借助金融科技体系，打造集成大数据、人工智能、深度学习等金融科技场景应用的交互性智能银行。智慧银行的主要特征是社会化、智能化和多样化。智慧银行将人工智能、生物识别技术应用到客户身份认证、智能客户服务等领域，同时还构建了区块链底层平台。智慧银行的主要特征有以下几个方面。

（一）智慧银行能够实现与客户的无缝连接

布莱特·金在《Bank 3.0》中指出"未来的银行将不再是一个地方，而是一种行为"。在移动互联网普及应用的今天，商业银行的实体已经越来越模糊，而逐渐发展成为一种随时、随地可以获取的服务。在智慧银行中，商业银行与客户间的沟通和互动将摆脱实体的限制，通过运用互联网技术和大数据分析，深度感知客户需求偏好和行为特点，动态平衡风险与客户体验的关系，让商业银行服务更趋专业化、个性化，商业银行与客户间的互动更全面、友好、生动。

（二）智慧银行能够提供统一、高效的渠道服务

在大数据和信息系统的驱动下，商业银行各个渠道间的隔断将被打通，各渠道的服务体验将更趋向一致。尤其是通过手机等移动电子设备，打破了传统商业银行渠道的时空限制，使客户能够获得随时、随地、随心的金融和非金融服务，商业银行逐步成为"看不见"和"无处不在"的银行。

（三）智慧银行能够实现专业、高效的风险管理

智慧银行通过构建完整的客户信息数据库，实现客户关系管理的"全景视图"，对客户数据进行智能化加工分析，根据客户的风险承受能力提供合理的投融资建议，并在存续期内根据客户经营和消费情况的变化及时采取相应的措施和手段，从而有效控制风险。同时，智能化的操作还能有效避免人工操作可能的失误。目前，国外商业银行已经开始积极运用各类智能技术开展创新。我国商业银行也在进行积极的尝试，一方面利用移动互联网技术开展支付结算工具创新，如二维码支付、云闪付等；另一方面利用大数据平台开发标准化产品，应对互联网金融的竞争，如小微企业贷款、"快贷"等。但智慧银行发展不仅仅是技术的应用或者产品的研发，而是一项包括信息平台建设、业务流程优化、渠道资源整合、人才队伍培训等在内的复杂的系统工程。

（四）智慧银行将日益智能化、个性化和场景化

首先要以智能化为基础。从早期仅能实现基础的数据收集、录入以及整理工作，到现在实现数据的简单分析工作，再到未来可以实现数据的决策支持和深度洞察。其次，未来对于不同的客户还要提供更加个性化的服务，这需要对数据进行更深入的挖掘和分析。最后，智能金融将驱动金融业不再局限于以前的"金融"标签，而是以亲民、便利的形象深入民众的日常生活，也就是场景化。

三、智慧银行的优势

智慧银行的兴起无疑是传统银行业的蜕变和质的飞跃，能够提升其服务质量，高效而又便捷地将资金需求方与供给方连接在一起，省略了传统模式中不必要的中间环节。因此，智慧银行以其速度快、精度高、成本低、个性化服务等优势而在银行业内发展迅速，并孕育了新的商业模式。

（一）提升服务速度和精度

相对于传统金融方式，智慧银行的优势十分显著，最主要的，就是可以使大数据间潜在的联系显现出来。由于银行业本身就是一个数据导向的行业，已经经过多年的数据发展和积累，加上可穿戴设备、智能家居等智能硬件的兴起，将数据的维度扩充到线下，为智慧银行中的大数据分析提供良好基础。同时，这些数据是可以量化的，如工资涨跌、个人信贷偿还。

在这些数据的基础上，利用深度学习算法可以挖掘出它们之间多层次的关联关系，以此来发现客户的潜在需求；更重要的是，还可以把许多不可度量的事件量化，从而颠覆性地改变信用评估、风险定价等方式，为客户创造价值。

（二）改进服务流程

智慧银行可以改进银行业的服务流程，将数据与信息发布到银行的公开平台上，使金融服务变得更加透明化，有助于解决信息不对称问题。同时，计算机收集信息、处理数据、

并行计算的速度都远快于人类。此外,模型还能不断迭代和优化,进行"试验—验证—学习"的正循环;而人工智能除了数据的输入、存储、处理以外,还能自主地进行学习和更新知识。所以,当经济行为持续或重复,且具备数字化的信息输入,即当问题可以清晰地界定时,智慧银行能提供远比人工精确、快速的服务。

(三)降低服务成本

智慧银行对于降低银行业的服务成本也有显著作用。首先,智能营销和智能客服能够帮助金融机构精确定位客户,降低获客成本;其次,通过智能营销对客户的筛选以及智能风控在整个业务流程中的风险识别、预警能力,降低风险甄别成本;最后,随着整个金融业务流程的智能化,银行的经营成本也会降低。

四、智慧银行的主要功能

(一)自助存取款

客户通过银行的自动存取款机自助操作将款项存入或取出,自助存取款可以24小时全天候服务,方便快捷。

(二)自助转账

客户通过银行的智能化电子设备或电脑终端或网上自助操作将资金或货币从一个账户转到另一个账户,自助转账也可以24小时全天候进行,方便快捷。

(三)自助开户

客户通过银行的智能化电子设备或电脑终端或网上自助操作开立银行账户,自助开户也可以24小时全天候进行,方便快捷。

(四)自助申请储蓄卡、现场办卡

客户通过银行的智能化电子设备或电脑终端或网上自助操作申请储蓄卡,储蓄卡的申办十分简单,无需银行进行审批,一般可实现即办即取,方便快捷。

(五)自助申请信用卡

客户通过银行的智能化电子设备或电脑终端或网上自助操作申请信用卡,经银行审批后,即可开立信用卡账户,方便快捷。

第二节 移动银行

智慧柜台、5G银行、手机银行和网上银行等新技术正在颠覆传统银行的形象。开放银行、远程银行以及"看不见"的银行正日益深入人们的生活。

线下网点智慧化转型大跨步行进的同时,各类"看不见"的线上银行也在发力。网上银行、手机银行、微信银行、小程序成为人们进入银行的新入口,移动金融服务深入生活,为人们带来更加便利和个性化的金融体验。

越来越多的人开始习惯把银行"装"进手机里。中国金融认证中心发布的《2019中国电子银行调查报告》显示,银行电子渠道中,个人手机银行用户比例达63%,习惯性首选手机银行的用户比例是网上银行的近5倍。

为了适应金融服务移动化的趋势,各家银行相应调整战略方向、组织架构,手机银行App迭代"快马加鞭"。2019年,包括工商银行、中国银行、光大银行、招商银行、广发银行等多家银行均发布了新版手机银行,其中,多家银行提出"开放"策略,借助应用程序编程接口(API)、软件开发工具包(SDK)等手段,将银行金融服务嵌入第三方机构,覆盖消费者衣食住行等各类生活场景。

随着移动互联网产业的进一步发展,尤其是5G高速网络的渐行渐近,手机银行正在更加快速地朝着智能化、场景化、个性化、无界化方向发展。

一、移动银行的概念

移动银行也可称为手机银行,是利用移动通信网络及终端办理相关银行业务的简称。作为一种结合了货币电子化与移动通信的崭新服务,移动银行业务不仅可以使人们在任何时间、任何地点处理多种金融业务,而且极大地丰富了银行服务的内涵,使银行能以便利、高效而又较为安全的方式为客户提供传统和创新的服务。

移动银行作为网上银行的延伸,是世界范围内商业银行应对信息化大潮、本着随时随地服务于客户的宗旨、创新和发展出的又一项崭新的银行业务产品。移动银行因其"贴身金融管家"的特点,将随着手机越来越普遍的使用和手机技术的完善而为银行带来巨大的业务发展前景。

二、产生背景及发展历程

移动银行作为一种结合了货币电子化与移动通信的崭新服务,不仅可以使人们在任何时间、任何地点处理多种金融业务,而且极大地丰富了银行服务的内涵,使银行能以便利、高效而又较为安全的方式为客户提供传统和创新的服务,而移动终端所独具的贴身特性,使之成为继ATM、互联网、POS之后银行开展业务的强有力工具,越来越受到国际银行业者的关注。中国移动银行业务在经过先期预热后,逐渐进入了成长期,如何突破业务现有发展瓶颈,增强客户的认知度和使用率成为移动银行业务产业链各方关注的焦点。

当手机把收音机、MP3、照相机、摄像机、电视机、PDA等各种功能集于一身,超出了最初作为单纯的通信工具的定位、成为人们日常生活的一个重要组成部分时,同时也成为了银行业嫁接的目标,即银行业务与手机结合而成的手机银行。

随着多年业务的推广,炒股热、转存热、手机银行、手机支付或者手机证券已经为广大用户所熟悉并接受。无论对于通信业还是银行业,这种"贴身金融管家"的方式为用户提供了"随时随地""各种方式"、满足"各种需求"的移动电子商务业务。

我国手机银行的发展可大致分为三个阶段：①1999～2010年的探索期，这一时期，银行业开始推出手机银行业务，短信银行为主流模式。②2010～2014年的启动期，各大银行纷纷推出支持苹果和安卓手机银行客户端模式，并逐渐成为主流，手机银行进入市场启动期。③2014年至今的高速发展期，这一阶段以央行下发《关于手机支付业务发展的指导意见》为标志，手机银行的功能不断丰富，应用场景不断拓展，手机银行交易规模保持快速增长的趋势。我国手机银行的发展历程如图8-1所示。

随着产品和服务的不断丰富与完善，手机银行将成为银行最重要的用户服务渠道，市场也会逐渐进入稳定状态。

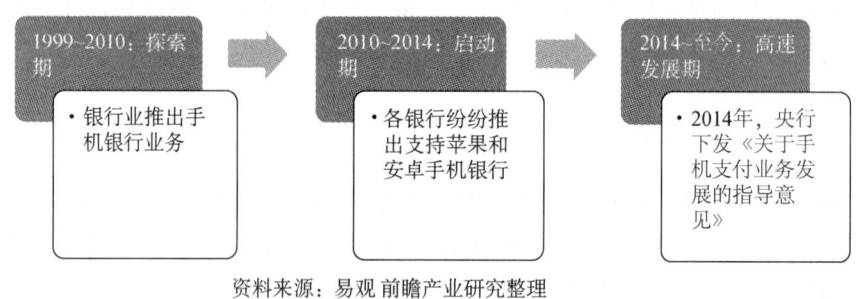

资料来源：易观 前瞻产业研究整理

图8-1 我国手机银行的发展历程

三、移动银行的主要功能

回顾2004年中国移动通信数据业务市场，移动银行业务无疑是业界瞩目的焦点，国内两大移动运营商频频出招，不断加强在此领域的渗透力。中国建设银行与中国联通开通了基于BREW平台的手机银行业务，而中国移动也进一步拓展了移动银行的合作范围，与中国工商银行联手推出了基于短信平台的移动银行业务。事实上，国外移动运营商很早就开始了对移动银行业务的探索，其中日本和韩国在这一领域发展较快，而欧美地区的移动银行业务由于种种原因相对滞后。

手机银行提供银行非现金业务的大部分服务和产品。综合起来看，手机银行至少有以下六大功能。

（一）查询业务

查询就是查账户余额，查交易明细。查询业务还包括一些社保、公积金、信用卡、基金等的查询。

（二）转账业务

转账业务包括活期到定期的转账，也包括异地转账。除了这些传统转账业务，手机银行还提供了一些特色的转账业务，如手机号转账，约定账户转账等。

(三) 缴费支付业务

手机银行客户可以用手机缴电话费等。例如，手机银行可以交纳保险和其他一系列的费用。手机银行提供的是 7×24 小时的转账业务。手机银行还能提供手机支付的特色业务，如为顾客提供用手机购买机票。

(四) 信用卡业务

银行为手机银行客户提供了信用卡的开卡，信用卡的余额查询，信用卡的账单查询和还款。让大家消费以后通过手机银行可以查到自己的信息和未支付账单，然后可以通过自己的其他账户为信用卡还款。

(五) 投资理财业务

目前银行与证券公司都有合作，顾客可以通过手机银行直接办理证券账户卡和买卖股票。另外，手机银行还提供基金业务，还提供了 7×24 小时的申购和赎回，可以通过手机银行即时买卖基金，查看账户的基金成交和拥有量。还可以查看基金的净值和行情。有的手机银行有一个银证转账的业务。而且手机银行的投资理财的产品非常多，有的手机银行还提供了一些外汇买卖的产品。

(六) 手机商城业务

有的手机银行上还有手机商城，顾客可以进入银行的手机商城购买各种商品和服务。

四、移动银行的特点

(一) 即需即用、贴身服务

移动银行已经步入银行的"即需即用"时代，无论何时何地，顾客一旦需要银行服务，即可拿出手机，移动银行将立即满足顾客投资理财、资金划转、缴费支付等急迫的需求。拥有手机银行，享受银行 7×24 小时贴身服务。

(二) 功能丰富、交易快捷

移动银行不但能提供银行各种非现金、非单证类的基本金融服务，更有基金交易、贵金属交易、国债交易、外汇买卖、理财产品等紧跟市场动向的投资理财服务，以及游戏点卡充值、全国话费充值等特色缴费业务，使顾客随手掌控市场，时时积累财富。

(三) 技术先进、安全可靠

移动银行具备身份认证、黑名单交易阻断、账户分级控制、超时退出功能，并且对顾客做的所有交易全程加密。

使用移动银行，更可尽享私密的金融理财服务。就如同只为顾客开设的银行一般，再也不用顾虑自己的财务隐私被泄露。

(四) 申办快捷、手续简便

顾客只需登录移动银行，一次性简单输入有关信息，就可享受银行提供的查询、缴费支付等服务；或亲临营业网点，签约成功后即可享受全面的手机银行服务；银行网银盾客户更可足不出户实现渠道互动签约。

第三节 网上银行

一、网上银行的产生和发展

网上银行又称互联网银行、网络银行、在线银行或电子银行，它是各银行在互联网中设立的虚拟柜台，银行利用网络技术，通过互联网向客户提供开户、销户、查询、对账、行内转账、跨行转账、信贷、网上证券、投资理财等传统服务项目，使客户足不出户就能够安全、便捷地管理活期和定期存款、支票、信用卡及个人投资等。

网上银行是指借助现代数字通信、互联网、移动通信及物联网技术，通过云计算、大数据等方式在线实现为客户提供存款、贷款、支付、结算、汇转、电子票证、电子信用、账户管理、货币互换、P2P金融、投资理财、金融信息等全方位无缝、快捷、安全和高效的互联网金融服务机构。互联网银行的便利性、高效性给传统银行带来了巨大的挑战。

网上银行是对传统银行颠覆性的变革，是未来金融格局的再造者，通俗来说，就是把传统银行完全搬到互联网上，实现银行的所有业务操作。

1995年10月18日，全球首家以网络银行冠名的金融组织——安全第一网络银行(Security First Network Bank，SFNB)打开了它的"虚拟之门"。1997年年末，美国可进行交易的金融网站有103个，这其中包括银行和存款机构，到1998年年末跃升至1 300个。网络银行凭借着自己存款利息高和实时、方便、快捷、成本低、功能丰富的24小时服务获得越来越多客户的喜爱，其自身数目也迅速增长，成为银行业非常重要的一个组成部分。

1996年2月，中国银行在国际互联网上建立了主页，首先在互联网上发布信息。目前，几乎所有的银行都已经在国际互联网上设立了网站，开办网上银行业务。而且网上银行功能越来越全面，业务范围越来越广泛，非现金业务基本上都可以通过网上银行办理完成。

网上银行和传统银行之间最明显的区别就是，网上银行业务完全在网上开展无需分行，即可服务全球。

网上银行拥有一个非常强大安全的平台，保证所有操作在线完成，足不出户，流程简单，服务方便、快捷高效、可靠，真正的7×24小时服务，永不间断。

网上银行通过互联网技术，取消物理网点和降低人力资源等成本，与传统银行相比，具有极强的竞争优势。

网上银行以客户体验为中心,用互联网精神做金融服务,共享、透明、开放、全球互联是未来银行的必然发展方向。

二、网上银行的一般架构

网上银行的发展模式有两种:一种是完全依赖于互联网的"虚拟银行"。虚拟银行就是指没有实际的物理柜台作为支撑的网上银行。美国安全第一网络银行是在美国成立的第一家无营业网点的虚拟网上银行,它的营业厅就是网页画面,当时银行的员工只有15人,主要的工作就是对网络的维护和管理。另一种是在现有传统银行的基础上,利用互联网开展传统的银行业务。

无论国内商业银行还是全球性的投资银行,其IT架构的复杂程度都远远超过了其他的行业。这种复杂性不仅仅来自银行业务需求或IT技术本身,更多的是银行这个行业对于IT系统的全面要求:性能、容量、扩展性、可用性、安全性、可运维性等。未来互联网银行将快速发展,甚至可能取代传统的银行,当然传统的银行业也将不断完善自身的IT系统,最终实现变身,达到互联网银行的要求。

2017年12月1日,《公共服务领域英文译写规范》正式实施,规定网上银行标准英文名为Online Banking Service。

三、网上银行的优势

网上银行的特点是客户只要拥有账号和密码,便能在世界各地通过互联网,进入网络银行处理交易,与传统银行业务相比,网上银行的优势体现在以下几点:

(一)大大降低银行经营成本,有效提高银行盈利能力

开办网上银行业务,主要利用公共网络资源,采用虚拟现实信息处理技术,可以在保证原有的业务量不降低的前提下,不需设置物理的分支机构或营业网点,减少物理营业网点的数量和人员配置,提高了银行后台系统的效率,从而减少了场地、设备、人工等各种费用,最终大大降低银行经营成本,增加利润。

(二)无时空限制,有利于扩大客户群体

网上银行业务打破了传统银行业务的地域、时间限制,具有3A特点,即能在任何时候(Anytime)、任何地点(Anywhere)、以任何方式(Anyhow)为客户提供金融服务,这既有利于吸引和保留优质客户,又能主动扩大客户群,开辟新的利润来源。

(三)有利于服务创新,向客户提供多种类、个性化服务

通过银行营业网点销售的保险、证券和基金等金融产品,往往受到很大限制,主要是由于一般的营业网点难以为客户提供详细的、低成本的信息咨询服务。利用互联网和银行支付系统,容易满足客户咨询、购买和交易多种金融产品的需求,客户除办理银行业务外,还可以很方便地进行网上买卖股票、债券等,网上银行能够为客户提供更加合适的个

性化金融服务。

(四) 全面实现无纸化交易

票据和单据将被电子支票、电子汇票和电子收据所代替;原有的纸币被电子货币,即电子现金、电子钱包、电子信用卡所代替;原有纸质文件的邮寄变为通过数据通信网络进行传送。

(五) 服务方便、快捷、高效、可靠

在任何需要的时候使用网络银行的服务,不受时间、地域的限制,从而使银行服务更加方便、快捷、可靠和高效。

四、网上银行分类

(一) 按照有无实体分类

按照有无实体网点,我们可以将网上银行分为两类。

(1) 完全依赖于互联网的无形的电子银行,也叫"虚拟银行"。虚拟银行是指没有实际的物理柜台作为支持的网上银行,这种网上银行一般只有一个办公地址,没有分支机构,也没有营业网点,采用国际互联网等高科技服务手段与客户建立密切的联系,提供全方位的金融服务。这类网上银行人们一般把它叫做互联网银行。在美国有安全第一网络银行,在中国有微众银行、网商银行、新网银行和百信银行等。

(2) 在现有的传统银行的基础上,利用互联网开展传统的银行业务,即传统银行利用互联网作为新的服务手段为客户提供在线服务,实际上是传统银行服务在互联网上的延伸。这是网上银行存在的主要形式,也是绝大多数商业银行采取的网上银行发展模式。

(二) 按照服务对象分类

按照服务对象,我们可以把网上银行分为个人网上银行和企业网上银行两种。

(1) 个人网上银行。个人网上银行主要适用于个人和家庭的日常消费支付与转账。客户可以通过个人网上银行服务,完成实时查询、转账、网上支付和汇款功能。个人网上银行服务的出现,标志着银行的业务触角直接延伸到个人客户的互联网终端上,使用方便。

(2) 企业网上银行。企业网上银行主要针对企业与政府部门等企事业客户。企事业组织可以通过企业网上银行服务实时了解企业财务运作情况,及时在组织内部调配资金,轻松处理大批量的网上支付和工资发放业务,并可处理信用证相关业务。

五、网上银行业务范围

网上银行的业务品种主要包括基本业务、网上投资、网上购物、个人理财、企业银行及其他金融服务。

只要是银行的银行卡客户或存折客户,就可以凭在银行开立的银行卡或普通存折账户,通过个人网上银行大众版可办理如下自助业务:查询账户余额和交易明细、转账、修改

密码等;顾客还可以通过个人网上银行大众版申请一卡通大众版支付功能、自助充值和缴费、投资国债、申请个人消费贷款等。具体业务范围见表8-1。

表8-1　网上银行功能介绍

在线开立人民币存款账户(Ⅱ类)	人民币存款账户(Ⅱ类)		
账户管理	存款账户管理	账户余额及交易历史查询 账户余额及账户信息查询	活期储蓄账户
			定期存款账户
			投资产品账户
	贷款账户管理	贷款信息查询	住房抵押贷款
			持证抵押贷款
			活利贷
			固定利率贷款
			个人无抵押贷款
虚拟借记卡第三方支付管理	开通虚拟借记卡　开通/关闭第三方支付		
信用卡管理	账户信息		
	卡片信息		
	交易历史查询		
	信用卡申请		
全球账户服务	全球同名账户查询,全球同名账户汇款,交易历史查询		
外币兑换服务	外币间兑换,外币兑换交易记录		
转账及汇款	同行转账(单笔支付或定期支付)	本人名下账户转账(本外币)向同行他人转账(人民币)	
	跨行汇款(单笔支付或定期支付)	国内跨行汇款	
	境外汇款(单笔支付)	境外汇款(美元、日元、英镑、欧元等)	
缴费支付及还款	网上缴水、电、煤、固定电话和手机账单 网上手机充值 信用卡还款		
在线申请	在线购买结构性存款产品		
	在线资产负债概览		
	加开账户	活期储蓄账户 定期存款账户 通知存款账户	
	在线开立人民币个人大额存单		
	在线开立定期存款		

(续表)

在线开立人民币存款账户(Ⅱ类)	人民币存款账户(Ⅱ类)
支取存款	定期存款 储利多
客户投资评估	客户投资评估
网购在线支付	商城类 生活类 旅行类
在线服务设置	在线申请电子月结单服务 在线申请短信银行服务 设定交易提示 交易限额管理
个人信息维护	修改网银密码 设置账户昵称

第四节 智能柜员机

过去,银行大厅人满为患,排队叫号,等待漫长……说起以往去银行的经历,这样的"吐槽"最常见不过。然而,随着各类金融科技与金融业务深度融合,人们的银行体验正在悄然发生变化。

走进北京丰台科技园附近的一家工商银行网点,人们可以看到,与一年前相比,银行大厅的格局发生了显著变化。除了柜台和部分等待区保留以外,其他空间被改造成了智能服务区、互联网金融区两大部分,智能柜员机、产品领取机、智能打印机等十余台机器成了这里的"工作人员"。

中国银行业协会的数据显示,截至 2018 年年末,全国银行业金融机构营业网点总数达到 22.86 万个,2018 年改造营业网点 8 006 个。2019 年,银行网点的智能化改造趋势仍在继续,并向更多银行蔓延。截至 2019 年 6 月末,工商银行已完成智能化改造的网点达到 1.55 万个,智能设备 7.82 万台,智能服务涵盖 271 项业务。中国银行 2019 年上半年则增加了 3 895 台智能柜台机,较去年底增加 14.96%。

与此同时,随着 5G 技术落地,2019 年,各大银行纷纷试水"5G+智慧银行",生物识别、人工智能、AR、VR 等前沿科技齐上阵。2020 年 5 月,中国银行"5G 智能+生活馆"在北京开业;6 月,工商银行首家基于 5G 应用的新型智慧网点在苏州亮相;7 月,建设银行首批三家"5G+智能"银行在北京开业。此外,农业银行、浦发银行、东亚银行等多家银行也在年内实现了 5G 智慧网点的落地。

一、智能柜员机的概念

智能柜员机,也叫智慧柜员机,就是能够办理开户及账户服务、转账汇款、个人外汇、信用卡等银行对公对私业务的智能机器人或智能柜员机。

这些高智商智能柜员的出现,使传统银行的业务办理模式悄然发生了变化。智能柜员机在开户、开通电子银行、结售汇等常用功能方面都比传统的柜台人工办理节约了很多时间。以建行为例,据初步测算,人工柜台办理一笔开户业务往往平均需要 9 分钟,建行智能柜员机上仅需 3.94 分钟,速度提升 2.25 倍;开通电子银行的用时从 3 分钟缩短为 1.45 分钟,速度提升了 2.07 倍;人工柜台办理一笔结售汇业务平均耗时达 10 分钟,在智能柜员机上的办理时长缩短为 0.67 分钟,速度提升 15 倍;理财产品销售办理用时从 5 分钟缩短为 1 分钟,不仅速度提升了 5 倍,而且客户从智能柜员机上还可以直观的掌握理财期限、预期收益等信息。

智能柜员具有 200 多项功能,办理银行对公对私业务安全便捷高效。

二、智能柜员机的功能

近年来,随着银行智能柜员机功能的不断升级和完善,网点服务效能得到全面提升。目前银行智能柜员机可提供对公、对私业务产品和服务共计 18 类 200 多项功能。

(一)对私业务

对私业务包括开户及账户服务、网络金融服务、转账汇款、个人外汇、信用卡、存款与投资理财、产品签约、综合查询及打印、生活服务等。

(二)对公业务

对公业务有单位结算卡、票据购买、转账汇款、自助填单等。

三、智能柜员机主要特点

(一)自主自助办理

客户可自主在"智能柜员机"自助操作,操作简单明了,配置文字、语音导航功能,适用各类客户群体,用户体验更加自由、私密。

以往需要排队等候在柜面办理的银行卡开户、挂失、转账汇款、电子银行签约等业务都可以通过智能柜员机办理。客户只需要准备好身份证和手机,在菜单上选择想要办理的业务,设备就会一步步帮助完成业务办理。

对公客户也可以享受到智慧银行的服务。除了已经推广的公司客户小额存取款、转账、对账单打印、回单打印等功能,综合版智能柜员机的出现解决了客户电汇汇款、票据转账及购买等诸多需求。另外,智慧银行已开始试点无纸化产品宣传,通过电子书的方式将产品的功能、图片、使用手册收录在平板电脑里,客户在网点等待办理业务的时候可以了解产品详情,黄金产品还可在平板电脑上直接在线购买。

(二)省却业务填单

客户使用"智能柜员机"办理业务,无需填写凭证,直接按照提示流程操作即可,无纸化办公环保节约,用户体验更加方便、快捷。

智能填单机可集业务分流、客户识别、排队叫号为一体,客户到网点后只需在设备上选择想要办理的业务,刷一下身份证,在系统中完成填单,取得对应的等待号码。在客户等待叫号的同时,系统已经把客户的信息传输到柜员的操作系统中。与此同时,电子预填单还可以在网上银行、手机银行上完成,客户还可以根据自己的需要选择办理业务的网点和时间段,预约办理业务。

(三)客户即来即办

智能柜员机大大减少客户排队等候时间,用户体验更加省时、高效。

有了这些高智商"小伙伴"的"并肩作战",传统银行的业务办理模式已经悄然发生了变化。智能柜员机在开户、开通电子银行、结售汇等常用功能方面都比传统的柜台办理节约了很多时间。据了解,在智能柜员机上,客户在资料充足的情况下,首次办卡时间可缩短至2分钟以内。其他各项业务的办理速度都有大幅度提高甚至几倍提高。

(四)多维有效集成

智能柜员机整合多种柜面常见设备与常见业务功能,有效集成银行卡识别、身份证鉴别、支票鉴伪、加盖印章、票据扫描、自助发卡和填单等多项柜内、柜外硬件功能。

银行智能柜员机,将为顾客带来更加智能、便捷、高效、协同的全新体验(见图8-2、图8-3)。

图8-2 智能服务区

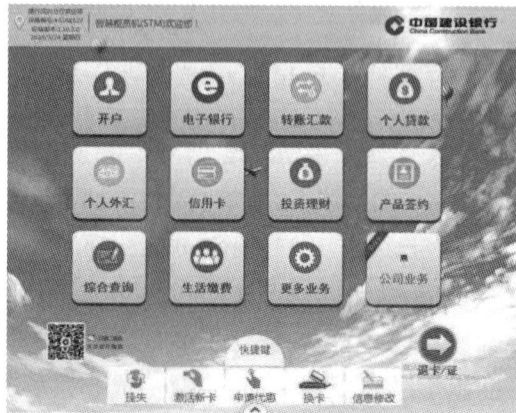

图8-3 智能柜员机业务菜单

银行通过对传统渠道的改革,增加了更多与时俱进的功能和客户体验,赋予实体网点一个全新的定义,让广大客户享受到了"自助、便利、智能、智慧"的银行服务。

第五节 开 放 银 行

随着全球互联网和新技术的不断发展,在经历了电子银行、网络银行、移动银行后,银行业已经全面步入4.0时代——金融服务数字化革命的大门正在加速开启。

近年来,随着金融科技的快速发展,银行业乃至整个金融业正在发生巨大而深刻的变革,金融科技的发展和应用给银行业带来了巨大的机遇和挑战。科技从支持、支撑金融业的发展,到驱动和引领金融业的发展,再到今天开始改变金融服务的形式。在此背景下,"开放、合作"成为银行业应对各种挑战的重要措施。当前,开放银行(Open Banking)已成为金融科技领域的一个热门话题,并在全球呈现快速发展态势。英国、新加坡和中国香港等地许多与开放银行相关的监管政策和业务创新纷纷落地实施。在中国,开放银行被一些商业银行作为银行发展战略强力推进。"开放"的理念已经深入人心,"开放"的趋势已经形成。据中国互联网金融协会对51家各类型商业银行的调查数据显示,有65%的受调查银行已建立开放银行平台与合作伙伴深入开展合作,努力探索以用户为中心,通过开放与共享打造新的银行生态圈。

一、开放银行的概念

(一)开放银行的产生

布莱特·金在《Bank3.0》和《Bank4.0》中提出,零售金融领域的转变可以分为四个阶段,即互联网时代、社交媒体时代、移动支付时代和银行业整合时代,而且每个阶段都具有很强的颠覆性。当第三阶段到来时,它带来的改变会十分彻底,而且不可逆转,我们今天熟知的商业银行体系将被彻底打碎。在第四阶段,银行业务的重点已经不再是去哪办理,而是如何办理了。金融业务无处不在,就是不在银行(网点)。去银行化的趋势日益增强。开放银行的产生和发展正好印证了布莱特·金的说法。

"开放银行"一词,最早起源于欧美。但是在这个名词出现之前,全球多个国家和地区早就有开放应用程序编程接口(Application Programming Interface,API)等形式开放金融服务的实践。业界普遍认为,2004年,PayPal被推出API,开创了金融领域服务开放的先河。2007年,为了建立统一的欧洲支付市场,欧洲议会和欧盟理事会通过了《欧洲支付服务法案》。2013年7月,欧盟委员会对法案做了修订,并发布了《支付服务指令2》,2016年1月正式生效,这一修正案成为欧盟国家开放银行的立法基础。

在开放银行理念的形成过程中,英国监管部门作出了重大贡献。2013年6月,英国竞争和市场管理局(Competition and Markets Authority,CMA)推出开放银行计划。2015年8月,英国财政部牵头成立开放银行工作组,研究制定开放银行框架与标准,并于

2016年3月发布《开放银行标准》。2018年1月,英国竞争和市场管理局要求包括汇丰银行在内的9家机构实现数据共享,英国成为首个开放银行落地实施的国家。

2011年,法国农业信贷银行全球首批提供SDK和应用程序商店,以便第三方开发者可以构建新的移动应用程序,帮助客户更好地管理他们的财务状况。

欧盟及英国的监管举措,在全球范围内产生了重要影响。从新加坡到澳大利亚,都通过各种方式积极推动开放银行发展。

美国花旗银行和西班牙对外银行(BBVA)等机构被视为进行全球开放银行实践的典型代表。

2016年11月,花旗银行在全球推出Citi开发者中心,将包括用户账户、授权、转账、信用卡、花旗点数等7大类API开放。开发者既能方便快捷,搭积木般用花旗银行的API模块"拼凑"出想要的金融应用程序,还能使用花旗银行的海量数据。

西班牙对外银行早前就确立了平台型银行(Bank-as-a-Platform,BaaP)定位。2017年5月,在经过一年测试后,西班牙对外银行开放了8大类API,成为全球第一家以商业化运作开放API的银行,实现了BaaP的转型,成为真正意义上的开放银行。

在亚洲,新加坡最大的商业银行星展银行走在了开放银行发展的前列。2017年年底,星展银行推出API平台,共有155个API,横跨20个类别,包括转账、奖励、移动付款应用PayLah,以及实时付款。

2018年5月,星展银行提出了"Live more, Bank less"的全新品牌定位,即在数字时代,银行服务应该不断追求更简单、更顺畅,轻松易用,让客户感觉不到它的存在,从而客户可以有更多时间花在自己在乎的人和事上。

2003年10月,淘宝推出支付宝服务,各家商业银行陆续开放API接口支持本行客户通过支付宝进行支付,中国的移动支付驶入快车道。2012年,中国银行就提出了开放平台的概念。2013年,中国银行正式发布中银开放平台,开放了1 600多个接口,涉及跨国金融、代收代付、移动支付,以及地图服务、网点查询、汇率牌价等服务。中银开放平台整合了银行各类金融业务接口,为广大开发者打开了开发各类金融服务应用的大门,通过将银行、开发者、用户汇聚在一起,建立"互利共赢的金融服务生态圈"。遗憾的是,中银开放平台并没有产生其应有的市场影响。我国开放银行概念的升温,主要应归功于近年来金融科技的蓬勃发展和民营银行特别是互联网银行的积极探索。

2014年12月开业的微众银行,是中国首家互联网银行。该行一方面连接了诸多中小型金融机构提供联合贷款,另一方面连接了多家O2O生活服务平台,将其金融产品嵌入不同的服务场景中。在此基础上微众银行还推出了"微动力"开放平台,将线上理财产品和服务封装到软件开发包(SDK)中,直接集成到合作伙伴的移动银行App里;通过应用软件包的嵌入,中小银行的用户能够在其银行App上体验到微众银行提供的金融产品及服务。

上海华瑞银行和四川新网银行，也积极践行开放银行实践。

2017年4月，上海华瑞银行推出了一款综合金融服务SDK产品"极限"，通过互联网技术将金融服务直接融入生产生活场景中，通过合作场景寻找客户和服务客户。目前，"极限"已覆盖包括租房、教育、医疗、出行、旅游、生活服务和企业服务各个领域。

新网银行自称"活在手机里"的互联网银行，依托金融开放平台，与电子商务、移动通讯、乳业、二手车等多个场景平台进行深层次的跨界融合，将网点开到合作伙伴的App里，满足场景闭环内的碎片化金融需求。

2018年下半年开始，中国开放银行呈爆发之势，全国股份制银行与国有四大银行都加快了开放银行转型步伐。7月12日，浦发银行推出业内首个API Bank无界开放银行，将通过API架构驱动，将场景金融融入互联网生态，围绕客户需求和体验，形成即想即用的跨界服务。

具体来说，API Bank无界开放银行将全面开放银行服务、无缝融入社会生活、生产、管理的各个环节，只要客户有需求，即可通过企业门户网站、企业资源计划管理系统、微信小程序、合作伙伴App等各种渠道调用银行API，在客户金融服务需求的第一时间、第一触点获得满足。

继浦发银行之后，工商银行、招商银行和建设银行等都公开宣布致力于开放银行建设。工商银行在8月末披露的中期业绩报告中提出，全面实施e-ICBC 3.0互联网金融发展战略，推进传统金融服务的智能化改造，向服务无所不在的"身边银行"、创新无所不包的"开放银行"、应用无所不能的"智慧银行"转型。

9月16日，建设银行信息总监金磐石在中国银行家论坛上提到：要将包括商业银行、租赁、保险、基金等集团业务的功能和数据能力，以服务的方式向社会开放，按照计划2019年2月份所有的银行服务功能将对外开放；将技术服务推向社会，为同业、客户、合作伙伴、整个社会赋能。

9月17日，招商银行宣布迭代上线两款App产品——招商银行App7.0、掌上生活App7.0。并提出，银行卡只是一个静态的产品，而App是一个生态，要将其打造为一个开放式平台。

因此，业界也因为中国开放银行在2018年出现爆炸式发展势头而将2018年称为中国开放银行元年。近年来，开放银行正在成为全球银行业愈演愈烈的一股新浪潮。

（二）开放银行的定义

开放银行一词是由英文"Open Banking"翻译过来的。开放银行并不是一个确切和固定的概念，与之类似的提法还有银行开放平台、无界银行等。一般认为，开放银行是一种利用开放应用程序编程接口技术实现银行与第三方之间数据共享，从而提升客户体验的平台合作模式。

美国咨询公司高德纳指出，开放银行是一种平台化商业模式，通过与商业生态系统共享数据、算法、交易、流程和其他业务功能,为商业生态系统的客户、员工、第三方开发者、金融科技公司、供应商和其他合作伙伴提供服务,使银行创造出新的价值,构建新的核心能力。2016年8月,英国竞争和市场管理局在其发布的报告中第一次正式明确了开放银行的概念:开放银行可以给包括小企业在内的消费者提供共享信息的全新安全通道,允许新兴和现存的公司提供超高速支付方式和创新银行产品。它还提出,开放银行的目标是促使公司能够更加容易地提供不同的创新服务,同时丰富消费者获取金融服务时的选择,加强其对自身资金和财务信息的控制。开放银行一词引入中国后,尽管业界专家学者做了很多这方面的研究和探索,但至今仍然没有一个能够获得各方普遍认同的定义。

开放银行是一种创新的商业模式和商业理念,创新之处在于其并不是提供独立的银行服务或者场景服务,而是基于金融科技,形成以商业银行为中心的开放生态系统,实现银行、场景、客户的无缝连接,随时随地获取银行服务。"开放银行"是金融科技时代银行业战略转型的重要方向。

简单地说,开放银行就是金融界的阿里巴巴,是为众多有支付需求的手机应用软件提供简单无感而又方便的支付服务。

关于开放银行的概念,可以从以下三个方面来理解。

(1) 从技术视角来看,关键词是 API 技术,其本质是一种应用间接口技术,以实现一个应用程序调用另外一个应用程序时的程序间通讯。API 技术并非新鲜事物,其在汽车制造业的产业链整合和电商行业的支付嵌入中已有成熟的实践。

换句话说,开放银行是一种利用开放 API 技术实现银行与第三方之间数据共享,从而提升客户体验的平台合作模式。开放银行是一个层层叠加、共生共荣的生态圈。选择自建模式的大型银行一般只需要打造上下两层即可,但中小银行则需借助中间层的力量作为媒介。下层是持有牌照资质的银行,上层是商业生态系统,第三方开放银行平台居于中间层。该平台将底层杂乱无章的中小银行金融服务组件标准化,组装成可被上层生态系统调用的服务,从而解决了中小银行无法自建直接对接上层商业生态的难题。

(2) 从业务视角来看,关键词是开放银行,其本质是通过 API 技术创造新的产品服务模式,从客户体验、服务渠道和产品定制等维度适应新一代客户诉求的变化。银行在整个服务链条中位置后置,通过开放自身金融服务接口给第三方使用来为客户提供各种金融服务。例如一个电商平台希望银行为其客户提供账户查询、支付、消费贷款等服务,银行开放若干个金融服务接口供电商平台调用,那么客户就可以直接从该电商平台在线获得上述银行服务而无需再到银行办理。

(3) 从宏观视角来看,关键词是开放经济,即基于开发者和用户生态,通过 API 实现安全的功能调用和数据交互,在公司内部和外部合作伙伴间创造的业务模式和渠道。或者说,开放银行就是跨界融合,利用开放 API 或 SDK 等技术,实现银行与第三方之间的融合,如浦发银行 API Bank 就是通过 API 平台,将产品和服务嵌入合作伙伴的平台。

毫无疑问,开放银行是大势所趋,是银行业的一场大革命。开放银行体现了一种平台战略,即银行通过开放自身的数据端口,吸引外部合作机构加入其中,聚合各种消费场景,为消费者提供"一站式"服务。它意味着未来金融服务无处不在,"银行是一种服务,而不是一种场所""用户在哪里,银行的服务就在哪里",把银行的金融服务嵌入其他各方的服务里。

二、开放银行的构成要素和主要特征

(一)开放银行的构成要素

开放银行的本质就是开放,就是跨界融合。而开放银行要实现开放、实现跨界融合,必须具备三个构成要素,即开放 API 技术、数据共享和平台合作。

(1)开放 API 技术是开放银行的前提条件。只有开放 API 技术,才能实现数据共享和平台合作。如果不开放 API 技术,数据共享和平台合作就会成为一句空话。开放 API 技术实际上成为沟通银行与第三方机构的桥梁,也是传统银行"走出去"与第三方机构融合的必由之路。

(2)数据共享是开放银行的基础。共享数据是指银行领域共享客户通过支付、信贷、储蓄等一系列行为产生的数据。一方面共享数据是开放 API 技术的直接目的;另一方面,只有共享数据,开放 API 技术才有用,才能实现平台合作。如果不能共享数据,开放 API 技术毫无意义,平台合作也不可能实现。

(3)平台合作是开放银行的直接目的。和以往直接将产品和服务传达给客户的形式不同,开放银行采用的是平台型银行的形式,将各种不同的商业生态嫁接至平台之上,再通过这些商业生态间接为客户提供各类金融服务,从而形成共享、开放的平台模式。打造开放银行的直接目的就是为了开放,为了跨界融合,为了平台合作。开放 API 技术和数据共享是为了实现平台合作这个直接目的的手段。如果不能实现平台合作,开放 API 技术和数据共享也失去了它本来的意义,同样也没有任何用处,因而也不可能成功和长久。

从以上分析可以看出,开放 API 技术、数据共享和平台合作是开放银行三个必不可少的构成要素。

(二)开放银行的主要特征

开放银行有以下三个显著特征:

(1)以开放 API 技术为基础。API 的全称为 Application Programming Interface,即应用程序编程接口。API 在供应方和需求方之间,扮演着"技术胶水"的作用。供应方可以将自己特定的技术服务以 API 的形式开放出来供需求方按照参数调用接口,从而使得不同技术在基于业务逻辑和数据的基础上相互黏合,最终达到数据流通和共享的目的。

(2)以数据共享为本质。开放银行可以理解为银行领域的共享现象,而其共享的内容就是客户数据,这些数据是由支付、信贷、储蓄等一系列行为产生的。

(3)以平台合作为模式。银行不再像以前那样直接将产品和服务传送给客户,而是将各种不同的商业生态嫁接到平台上,再通过这些商业生态间接为客户提供各类金融服务,从而形成共享、开放的平台合作模式。

三、开放银行的核心能力

开放银行模式将重新定义商业银行、第三方合作机构和终端客户之间的关系,同时对银行业内部竞争环境、产品和服务变革造成巨大冲击。商业银行为了保障开放银行建设和发展、应对竞争、打造核心竞争优势、实现长足稳定发展,植根平台金融思维,建立"小前台、大中台"的敏捷架构体系;构建由业务中台和数据中台组成的共享能力平台,顺畅连接后台资源,树立和提升包括战略思维能力、生态构建能力、数据资产化能力、科技开发能力、智慧运营能力和敏捷组织能力在内的核心能力。

(一)共赢共生的战略思维构建能力

开放银行既是未来银行业发展的大趋势,也是未来银行业发展的一个战略高地,谁抢占了这个战略高地或战略要地,谁就能够在未来的银行业竞争和发展中抢占先机,掌握主动权,居于极其有利的地位。要抢占这样一个战略高地,首先银行高层应该达成开放银行战略的高度共识,具有开放战略思维,打破传统思维定式,多视角、全方位正确看待开放银行,主动拥抱新的变革。在战略层面彻底转变传统的"以我为主"的封闭思维,培植共生共建共赢思维。要有高屋建瓴的战略思维能力,超前制定开放银行发展战略并实施战略部署,在全行强力推进所有业务单元、前中后台各个层面、各个层次以及各个环节的思维彻底转型,并将开放战略通过组织机制、人才团队、业务模式和检查考核机制加以落实,层层分解落实到日常工作的每一个行动中去。最后使开放银行思维和发展战略转变成全行上下每一位员工的自觉行动,最终沉淀成为整个银行的思维内核。

(二)开放无界的生态构建能力

开放银行的本质就是生态思维和平台理念。在互联网时代,万事万物彼此联系,商业银行已无法"独善其身","单打独斗"已不再适应平台经济发展趋势,抱团取暖、合作共赢已是时势使然,因而必须积极融入,加强合作借力打造开放银行,构建开放无界的金融商业生态圈。只有不断把它建设得越来越好,才能为各方参与者带来更多更好的客户流量和业务机会。

生态构建能力首先是选择正确的合作伙伴并与其保持良好的合作共赢关系;其次是从场景端出发洞察客户的需求和痛点,快速开发高端体验的产品和服务,与生态场景无缝融合,更好地为生态赋能。

商业银行应该从合作方管理、客户经营和产品及服务三个方面建设生态构建能力。

(1)在合作方管理方面,应建立与第三方合作机构的服务开放模式、制定互惠共赢的合作机制、设计合理的盈利分配模式。

(2)在客户经营方面,应挖掘客户需求、提升客户体验管理、制定差异化服务策略、加强客户生命周期管理等。

（3）在产品及服务方面，应推进产品与服务模块化建设、不断进行产品与服务创新、搭建一个完善的产品体系和提供场景化的综合服务。

（三）智能化、全方位的数据资产化能力

数据的开放与共享是开放银行的本质。数据也是开放银行商业模式中最重要的生产要素和资产，对数据进行深度挖掘和融合应用是价值创造的关键。

数据资产化的第一步应该从目前的静态数据获取和分析逐渐向基于场景的"动态"数据转变，需要借助合作方的场景数据，实现自身数据的增强，从而实现高效的获客与低成本的风控，体现数据价值；还应该严格按照法律法规对数据风险进行管理。开放银行风险管控的手段和工具也应该与以线上化运营为基础的外部环境、客户特点、场景特征的经营环境相适应。

为了切实提升效率、降低成本，开放银行要从"以人推动"的运营方式向"数据驱动"的新模式转变，极其关键的是打通全链条数据、形成数据经营闭环、以智能化技术支撑数据精准运用。通过做好数据收集、数据储存、数据分析、数据安全和隐私保护全方位工作来快速推进开放银行数据智能化建设。

（四）平台化、开放性的平台科技能力

开放银行应在彻底打破传统商业银行竖井、封闭式结构的基础上，构建"薄前台、厚中台、实基础平台"的开放技术架构。作为渠道层的前台应以场景为依托，整合银行产品和服务，提供端到端的完整产品和服务流程，不断提升使用体验。业务、技术和数据中台应将公共的业务、数据和技术能力从前台下沉，并将其组件化和平台化，提供专业且复用程度高的产品服务组件。基础平台则应构建云化分布式架构技术平台，实现敏捷化、虚拟化的部署方式，做实做牢做强动态可伸缩的基础云平台。

开放银行基于为外部合作、灵活生态嵌入提供数字化支持，应从生态市场和客户视角建立全新的平台化、开放式 IT 架构体系。一方面以新兴技术为依托打造开放银行服务平台，形成开放高效的业务运营与数据交换的能力支撑，推动平台裂变式发展；另一方面以开放生态建立开发者社区，广泛吸引社会资源加入开放银行服务平台建设，促进业务生态蓬勃发展。同时积极引入敏捷研发组织机制、过程管控体系和全流程工具链，构建高可用、易扩展、低成本的数字化科技平台，形成快速迭代和交付能力。

（五）数字化、智慧化的基础运营能力

开放银行的数字化、智慧化基础运营能力包括高效运营交付能力、风险管理能力、合规管理能力和资产负债管理能力四个方面的能力建设。其中数字化、智慧化的基础运营能力是关键。构建"智慧运营体系"，提升智慧高效、稳健共享的大运营平台。

开放银行环境下业务的风险环节更多，整个风险管理的链条更长，风险管理面临更大挑战。要求开放银行不断提升智能风控水平，加强风险预警和监测，防范和化解各种风险。

遵循独立性、系统性、强制性和全员参与的原则建立开放银行合规管理体系,搭建高效的合规管理组织架构和控制流程。通过智能合规管理手段,依托系统化统一管理平台,建立合规风险预测指标和预警监测体系,不断提升合规管理的专业性和穿透性。

开放银行复杂的交易环境使得预测现金流难度加大,管理流动性风险的难度更大。开放银行应结合新的业务特点,完善和补充流动性风险指标与数值,搭建智能化的流动性风险监测模型,实时监测现金流动,提升预测的准确性和时效性。

(六) 高效、灵活的敏捷组织能力

开放银行的特质决定了商业银行必须具有从用户视角,对产品和服务快速反应、高效迭代的敏捷组织能力。具体来说,应该强化以下能力建设。

(1) 快速决策、灵活调整机制的能力,建立扁平化的层级结构和灵活有效的沟通机制。

(2) 资源筹措、规划及整合能力。

(3) 清晰的战略目标和绩效管理能力。

四、开放银行的建设模式

开放银行建设大致可以分为自建、投资和合作三种模式。

(1) 自建。商业银行借助应用程序包构建大型平台以及附着于其上的商业生态系统。

(2) 投资。商业银行通过投资并购金融科技公司、参股商业生态公司,建设平台以及商业生态系统。

(3) 合作。商业银行通过固定资产投资、提供支付功能、信贷支持等方式与相关合作方合作建设平台或者商业生态系统。

三种模式各有优缺点,商业银行应结合自身实际与发展需求,选取其中一种或者几种与之相匹配的建设模式。

无论采取哪种模式进行开放银行建设都要牢牢把握以下两点:一是金融数字化能力。在生态圈世界若要取得成功,要求银行拥有超一流的数字化能力和技能,快速、灵活地做出转变,以适应不断变化的环境。银行要将自己的金融服务渗透到客户需求金融服务的场景中,就需要不断强化自身的金融数字化能力。二是合作开放。互联网生态下,只有开放才能生存,只有开放才能得到持续发展的动力和空间。银行有了基础的数字化能力之后,不能再和以前一样,闭关锁国,故步自封,保守地将技术应用限制在自己体内。银行要积极将自己的服务能力向合作伙伴和同业输出,让参与各方都得到利益。银行在给合作伙伴和同业赋能的同时,也会不断拓展自身发展的空间。

五、我国开放银行建设典型案例

(一) 浦发银行

2017 年,浦发银行为强力推进一流数字生态银行建设,支持线上 API Bank 无界开放银行的业务拓展,建成了新一代核心系统,实现了松耦合(SOA)架构的改造,搭建了 API 等重要技术平台,并同步建立了配套的数字化运营机制。

2018 年 7 月,浦发银行推出国内首个 API Bank 无界开放银行。朝着建设一流数字生态银行迈出了决定性的一步。浦发银行 API Bank 无界开放银行将通过 API 架构驱动,将场景金融融入互联网生态,围绕客户需求和体验,形成即想即用的跨界服务,塑造全新银行业务模式。

1. 重构银行业务模式

浦发银行 API Bank 无界开放银行不再是单纯的技术平台。API 就像"连接器",把金融与各行业连接起来,构成一个开放共享、共建共赢的生态圈。通过 API 平台,银行将突破传统物理网点、手机 App 的局限,开放产品和服务,并将其嵌入到各个合作伙伴的平台上。银行与生态圈伙伴,结合双方的优势资源,进行产品和服务快速创新,形成金融+教育、金融+医疗、金融+制造业、金融+社交等各种跨界金融服务,满足企业和个人各类金融需求。

目前,浦发银行已与中国银联、京东金融等 46 家企业开展密切合作,为超过 500 万 B 端和 C 端用户提供便利服务。

浦发银行将基于 API 技术,打造金融科技创新平台,塑造全新的 API Bank 无界开放银行的业务模式和经营理念,推动银行产品、服务全面升级。

2. 打造全新服务体验

浦发银行 API Bank 无界开放银行将全面开放银行服务、无缝融入社会生活、生产、管理的各个环节,只要客户有需求,即可通过企业门户网站、企业资源计划管理系统、微信小程序、合作伙伴 App 等各种渠道调用银行 API,在客户金融服务需求的第一时间、第一触点获得满足。

例如,浦发银行 API Bank 无界开放银行可嵌入到社区 App 中,业主可以直接使用社区 App 支付物业费、在社区商户消费获得优惠、预约保洁服务等,银行在背后提供支付、权益优惠、积分等各项金融服务。客户在旅游网站上订购机票或酒店进行支付时,不需要切换到银行的 App 应用或网站,通过 API 可以直接获得银行的支付、分期付款、保险权益等服务。

浦发银行 API Bank 无界开放银行不仅开放传统金融服务,还可开放银行专业的财务管理和风险管理服务。通过 API Bank,封装市场预测、风险评估、数据分析等新型服务接口可为小微企业赋能,提升其经营管理能力,实现金融助力小微企业成长。

结合物联网、人工智能、增强现实/虚拟现实(AR/VR)等技术的应用,浦发银行 API Bank 无界开放银行在传统金融服务的基础上,还能主动感知客户的场景和潜在需求,提供更加温馨的服务。例如,当客户在网站预订机票或酒店时,会根据客户偏好主动提供分期、信用调额、保险套餐等服务,还可通过客户位置感知,向客户实时推送周边优惠商户、航班延误信息等实用信息。

未来浦发银行将充分发挥信息科技的先行作用,充分运用金融生态云、浦发大脑、人工智能交互、5G 与物联网等先进技术,推进服务模式重构,提升数字化经营管理能力,全面推进一流数字生态银行建设。

(二) 微众银行

微众银行是国内第一家开业的互联网银行,在成立之初就确立了"科技、普惠、连接",服务普罗大众和中小企业的愿景。微是微小企业,众是普罗大众。微众银行是一家科技银行,员工的一半以上是科技人员,科技驱动业务运营和发展,可以快速投入开发试错。微众银行依赖纯线上服务,从真正开始经营第一个产品业务至今,为用户提供 7×24 全天候服务,从未间断。

基于开放银行发展战略,针对用户在不同频度、不同场景下的金融需求,组建了大众银行、直通银行和场景银行三大业务板块。以场景银行为例,典型的 B2B2C——微车贷产品,就是一个典型的场景金融。微众银行与互联网二手车平台合作,依托他们服务客户的能力和流量,提供银行服务。客户在二手车平台上看车、选车、做估值,需要金融服务时,才会弹出微众银行的金融服务。大众银行和直通银行是 B2C——如微粒贷、微业贷和直销银行 App,全是从线上通过开放平台或者场景金融获得的客户,并推进与合作伙伴开放创新。微业贷的企业客户规模微小到银行原本不会把它当企业来看,贷款额只有 20 万,所以也叫做企业版的微粒贷。直销银行 App 获客数已经达到 2 000 多万。

B2B2C 是典型开放银行的做法,微众银行有比较多的案例,做到这些需要具备四个方面的能力——A:人工智能(AI);B:区块链(Blockchain);C:云计算(Cloud Computing);D:大数据(Big Data)。这些能力可以助力银行业务的"三升两降":提升效率、提升客户体验、提升业务规模;降低成本、降低风险。

基于场景服务的系统支持与传统银行完全不同。比如微车贷,面对多个二手车商,微众银行内部有多套系统来支持。市场上很多二手车互联网平台虽然看起来业务模式一样,但每个经营模式的细节和场景都有区别,他们有的是付一半款即可提车,有的是去掉中间商。微众银行的产品核心是提供二手车的贷款,嵌进场景也不一样。因为业务场景不同,客户体验不同,所以要有不同的方式支持,这对银行的能力提出了不一样的要求。

第一个要有敏捷的产品投放能力。原来的银行业务,一个业务需求说明书可能就要一两个月,跟 IT 反复沟通可能再要一两个月。如果嵌到合作方场景当中,假如觉得这个场景可以做,很快就能把这个事情做进去。互联网节奏非常快,三四个月可能场景都已经不一样。场景接得越多,对敏捷性的要求就越高。

第二个是 IT 运维成本要低。IT 成本高是很难对接很多场景的,因为对接场景逻辑可行是不够的,只有上线后场景真正接起来才能知道客户的表现怎么样,数据怎么样,所以 IT 的成本控制要求非常高,降不到这个成本很难做开放和场景的对接。

第三个是要支持高并发交易量。做场景金融，流量不能预测，要保证不管什么效果系统都能支撑得了，随时支持高并发。

开放银行应该是一个渐进性的3O体系。①开放平台（Open Platform）：基于API、SDK、H5、小程序，这是API Banking。②开放创新（Open Innovation）：微众银行直接将技术开源给合作机构，例如帮零售机构做一套会员体系或者卡券体系的方案，零售机构在上面做自己的特色，类似互联网二手车交易的方式，把最核心的平台技术开源给车商，车商利用二手车平台构建自己有特色的部分，这就能极大节约客户的投入。第一种方式是钓鱼大家分着吃，第二种方式是微众银行给他钓鱼竿，他钓到的可能是虾，也可能是螃蟹。③开放协作（Open Collaboration）：微众银行的底层技术平台可以通过区块链构建分布式商业的基础设施，互相连接起来，让钓到虾的人和钓到螃蟹的人互相交换，把类似垂直领域的事情构建一个生态，银行基于生态提供服务。

（三）平安银行

平安银行立足平安集团的综合金融优势，在中国的开放银行领域，一直是行业发展的领头羊。通过全面融入集团五大生态圈，切入各类客户场景，掌握客户的资金流、物流、信息流等数据，进而提供精准的产品与服务；打造开放互联的平台，通过多赢的模式，持续拓展集团获客边界，真正实现"一个客户、一个账户、多个产品、一站式服务"。

平安银行开放平台利用统一用户体系、统一接口规范、统一接入流程、统一安全策略、统一后台运营、统一监控运维，配以沙箱机制，实现客户自助对接、自助开发、自助测试、自助投产。产品层打通了银行内部零售端，建设和完善200多个零售及对公应用金融能力，不仅能够提供数字账户、电子钱包、保证金、投资理财、新型供应链、资产池、数据及算法等基础产品，还输出了复工Ⅱ类户、平安易资金监管、财资管理、票据业务、平安好链等创新产品，以后还要继续打通集团各子公司，实现全集团产品的综合性输出；服务层建立客户服务机制，主观问题人工服务，制式化问题机器人提供7×24小时服务，实现人工与AI机器人的无缝衔接。

第九章 智能保险

第一节 智能保险概述

人工智能在保险业中的应用,包括智能人伤定损平台、智能保险风控、智能客服和智能救援等。

复旦大学保险科技实验室、中国保险学会联合发布的《人工智能保险行业运用路线图》从技术角度将保险行业的发展分为三个阶段:2006年到2015年的电子化阶段,2015年到2018年的自动化阶段,以及2018年以后的智能化阶段。而智能化阶段又可以分为弱智能时代(2018~2020年)、中智能时代(2020~2030年)、强智能时代(2030年及以后),在强智能时代,人工智能有望拥有读懂人类感情的语言,实现千人千面的个性化保险产品定制。

麦肯锡在其报告《保险2030,人工智能对未来保险的影响》则提出这样的预测:购买保险的过程变得相当快速,无需保险公司和客户双方过多的交涉。人工智能算法利用充足的个人共享信息,创建风险预测,因此车险、商业险或寿险的购买周期将会缩短到几分钟甚至几秒钟;价格仍然是消费者决策的核心,但保险公司的创新正在消减其影响力,各种复杂的专有平台将客户和保险公司联系起来,并为客户提供差异化的保险体验、产品特性和价值。

大多数保险公司高管已经意识到,人工智能将彻底改变他们所在的行业。埃森哲咨询公司在2017年4月的一项调查发现,79%的保险公司高管认为:"人工智能将彻底改变保险公司从客户那里获取信息的方式,以及与客户互动的方式。"

一、智能保险的概念

智能保险就是指从保险产品设计、保险营销、投保、承保、核保、风控、理赔、售后服务等保险业务的各个环节都实现智能化。或者说将人工智能运用到保险业务的各个环节,实现保险业务全方位的智能化,如智能投保、智能承保、智能核保、智能理赔、智能客服和智能风控等。

人工智能等保险科技对保险产品设计的影响将进一步加深,大数据、社交网络等将突显更多的作用,保险产品将向个性化和定制化方向发展。基于车联网数据的 UBI 保险、基于健康数据的个性化健康险、基于社交网络的 C2B 定制化保险等将普及应用,包括人工智能在客户健康、客户服务等层面的介入,已经开始成为传统保险公司向用户提供更深、更好的服务的重要手段。与此同时,最近几年,尤其是今年,一些企业将微信数据和保险相结合,尝试通过各种不同方式全方位介入科技应用,甚至包括产品、服务的变革。

人工智能将从产品设计、销售、投保、核保、理赔、售后服务各个环节对保险业产生全方位的影响,其中,精算、风控、保险资金运用三个核心业务环节受到的影响最大。

探索赋能保险价值链的各个环节,帮助行业实现保险产品运营的"重新定义"、保险价值链的"重新塑造"、保险服务生态的"重新构建"。

(1) 渠道变革。渠道变革主要表现为保险公司设置官网、移动 App、微信公众号等互联网渠道;保险中介机构开设网上保险超市;第三方互联网平台依靠自身流量优势,为保险公司提供流量入口。

(2) 运营变革。运营变革通过 OCR 技术,精确识别健康、医疗相关文档;人工智能可快捷实现承诺、理赔、保单管理、支付、健康管理服务等相关流程的自动化。

(3) 服务变革。大数据可实现精准定价和营销,帮助保险公司精确核保和反欺诈;基于海量数据分析,从不同的维度深度挖掘保险用户的特性,进而优化保险价值链的各个环节。

二、智能保险应用的技术

(一) 图像识别

图像识别能够帮助保险公司将笔迹、扫描、拍照单据转换成文字,对视频、现场照片进行分类处理,以及远程判断用户身份、依据用户面部数据推测其年龄、性别婚姻状况以及生育情况等。

近几年,OCR 技术完成了从传统单字识别到基于深度学习的整行识别的技术升级,对图像质量的要求大大降低,可以轻松识别手机拍摄的图像,识别率和识别速度都大大提升,完全达到了商业大规模使用的标准。

(二) 自然语言处理

语音语义识别基于语音识别、语义理解及语音合成等,能够帮助保险公司提供 7×24 小时在线的语音客服。

(三) 基因检测

基因检测能够帮助保险公司对投保者进行更加精确的用户画像。

(四) 数据挖掘

人工智能发展至今,数据挖掘、自然语言处理、计算机视觉等技术,逐渐应用于保险营销、承保、核保、核赔、客服等业务环节。精简流程、降低逆向选择和恶意投保等风险,使核赔理赔服务更便捷透明,极大避免了人为理算干预,实现保险公司降本增效,带来用户极致体验。

三、人工智能在保险行业的应用

保险服务全过程分为前端销售、中端核保和后端定价三个环节,前端销售环节要求产品创新和场景构建,中端核保核赔要求流程的优化和效率的提高,后端定价涉及定价因子的完善和重塑。

人工智能在扩展保险销售的空间、整合保险市场巨大潜力和创造定价盈利等方面有重要应用价值。具体来说主要表现在以下几个方面:

(1) 智能化客服。智能客服的引入可以代替人工进行部分信息整理和咨询工作,大大降低人工成本;通过语音交互服务缩短服务接入的等待时间,优化客户体验;在投保环节,基于人脸识别等技术来为投保用户提供查询保单的服务;在理赔环节分析和理解数据,加快人工处理最终理赔结果的速度等。

(2) 智能化核保。核保的发展趋势是向数字化、自动化、智能化转变。基于人工智能,保险公司可以通过人机交互在线交流,了解客户信息、评估客户风险,并自动出具是否同意承保的决定,智能核保系统可有效改善客户体验,提升承保效率,降低运营成本。

(3) 智能化定价。传统的大数据法则由于数据面比较窄,存在较大的缺陷和不足,人工智能技术的应用能够大大提升对损失和费用预测的准确度,目前的 UBI 车险是一个大数据和人工智能应用的实例。

(4) 智能化资产管理即智能投研和智能投顾。智能投研平台通过强大的数据处理能力,内嵌到整个投研体系过程中,帮助形成最后的决策。智能投顾方面,一是对数据进行深度信号挖掘,同时长周期内用量化模型进行投资选择;二是通过机器学习进行资产的策略配置,把不同的风险水平、收益水平与特定的市场情况进行组合。

四、智能保险的优势

智能保险的主要优势如下:

(1) 精简流程、降低逆向选择和恶意投保等风险。

(2) 使核赔理赔服务更便捷透明,极大避免了人为理算干预。

(3) 实现保险公司降本增效。在风险评估方面,也可以通过人工智能去搜集更多的数据。人工智能可以通过可穿戴设备搜集很多数据,通过数据收集完成理赔。在风险咨询顾问方面 AI 也会带来短期就能够看到效益的变化。通过风险顾问和智能核保,大量的流程会被精简,降低获客成本。

(4) 带来用户极致体验。人工智能可以改进产品体验,进行在线产品设计和内容推荐,为消费者创造高频碎片化的保险产品。多维大数据能够辅助保险精算更准确度量风险。

五、人工智能在保险业的发展趋势

（一）人工智能提出保险方案

从本质上讲，保险销售不太复杂，如果能够将客户信息做必要的输入，将后续线下的基于保障的人与人沟通的模式发展到线上，对于销售的价值就会大得多，人工智能就可以提出保险方案，来满足客户需求。从这一可行性看，未来人工智能完全有可能替代销售人员。

（二）人工智能将成为保险智能管家

从发展趋势看，基于保险客户需求的智能保险解决方案平台有望推出，能处理包括售前、销售以及赔付等保险服务环节，人工智能将成为个人保险智能管家。

（三）人工智能有效解决人工替代成本

人工智能已应用于智能核保、智能保全、智能核赔、智能客服等许多保险业务以及智能考勤等日常经营管理，虽然尚未有效解决人工替代成本，但趋势日渐明显。而有效解决人工替代成本，是人工智能一个重要的发展方向。

（四）人工智能＋互联网前景广阔

保险业对人工智能的应用和开发，主要目标是使机器能够胜任一些通常需要人的智能才能完成的复杂工作，以大幅提升保险服务能力和水平，促进保险业的发展。而人工智能＋互联网、结合云计算和大数据，将会为保险业开创一片新天地。由于人工智能是计算机科学的一个分支，互联网是将计算机网络互相连接在一起的网络结构，云计算是传统计算机和网络技术发展融合的产物，而大数据与云计算的关系就像一枚硬币的正反面一样密不可分，所以它们有着共同的计算机属性。这样的共同属性和亲缘，将能够使人工智能、互联网、云计算、大数据的相加与结合顺理成章，而这种相加与结合必会释放出前所未有的巨大能量，给保险业生态的变革和事业的发展带来巨大的推动力。

（五）人工智能将对保险营销员形成巨大冲击

人工智能的一大使命就是解放劳动力。人工智能应用于保险业，在一定程度上能够替代保险从业人员的各种技术工作和脑力劳动，未来很可能会造成劳动力相对密集型的保险业人员结构的剧烈变化。其中影响最大的恐怕是数量庞大的保险营销员队伍。

虽然保险公司视有效人力为保费增长的生命线，可是保险营销员整体月出单却不高，新入职营销员的出单率更低。怎样提高营销员的产能，已成为各保险公司极为关注的问题，也是对保险公司经营管理水平的考验。

随着保险业应用开发的人工智能逐步高级化，将改变这种状况。人工智能的学习能力会大大超越许多人员的学习能力，会极大地节省人员所需的培训时间和费用，省却了考核等环节。人工智能会比人员更熟练掌握PPT、操作电子支付等技术，会更好地运用保险电子化展业方式。人工智能具有销售能力后，其将远胜许多营销员，展业前景将非常可观。保险企业一旦应用人工智能于销售，就会摒弃惯用的"人海战术"，不再依赖"人海战术"来提升保费收入，从而彻底改变营销员数量与保费收入成正比的关系；同时，人工智能不存在脱落率问题，会有效解决保险营销员流动性大的问题，使一直以来十分严重的保险营销员大进大出的现象不再发生。

第二节 智能投保

随着经济的持续增长和个人收入的不断提高，越来越多的中国家庭开始意识到，通过合理的保险规划提高风险抵御能力是非常必要的，尤其是数量和财富快速增长的中产阶级家庭。

与其他国家地区相比，中国内地保险市场还处于初级阶段，数据显示，2017年中国内地保险收入达到5 414亿美元，超过日本位列全球第二。保险密度为384美元，只有全球平均水平的59%。保险深度是4.57%，和全球平均水平差1.56个百分点。

保险行业市场空间巨大，但是行业长期存在的问题也非常明显：以产品销售为导向，忽视客户真实需求，从业人员素质参差不齐，保险销售和服务过程存在严重信息不对称，等等。这些问题加上保险本身的专业性、复杂性，使得很多个人和家庭虽然有保险的需求，却没有得到很好的服务。

保险是一个包含产品设计、销售、投保、核保、理赔、售后服务等多个环节的复杂过程，因此不同业务环节应用人工智能的进度会有差异。专家预测，人工智能在客户服务和核保两个业务环节的运用速度最快，在2020年前后实现25%的运用率。

一、智能投保的概念

人工智能正在给保险业带来新的变化：智能投保在保险行业已得到较多应用，尤其是引入人脸识别等技术，可以简化和提高录入功能，提升营运服务效率，改善客户体验，让客户感到投保环境越来越宽松。智能投保是一个完整的保险系统，有着系统的内部结构。

智能投保就是投保人登录保险公司或第三方平台的智能投保系统直接购买保险产品的行为或过程。

传统的保险展业模式已无法满足客户多元化的投保需求，基于前沿科技的智能投保日益成为行业转型的核心动力，不断迭代升级的技术从产品设计、风控，到承保、理赔乃至客户服务的整条保险价值链，对保险业务及流程进行了重新定义。仅以服务场景来说，目前移动展业、自助投保（网页、App）、异地投保等一键投保均已相当普及。

智能在线投保，投保人身份真实吗？会发生业务数据泄露问题吗？投保行为是自愿的吗？形成的电子单证会不会遭到篡改和抵赖？日后出现司法争议，电子保单是否具有法律效力？这些安全风险都可以通过第三方电子认证服务来解决，为电子签名相关各方（投保人和保险公司）提供真实性、可靠性验证的活动，让智能在线投保更安全、具备法律效力。

一个完整的投保流程主要包括信息采集、信息核验、信息确认、保费缴纳、制单发送、回执签署和信息保存。如何构建智能投保的信息安全体系？主要是结合智能投保的业务场景，智能投保的总体思路与解决方案重点从四个维度入手：数据安全、身份认证、电子缔约及证据保全，实现保险行业享受效率效益的同时兼顾安全。

通过"SSL证书"保障智能投保过程中，被采集的投保人隐私信息传输的完整性与保密性，以"大数据服务"与"场景证书+电子签名平台的模式"对投保人选择购买保险产品时的身份与真实意愿进行有效核验，确保通过电子缔约形成具有法律效力的证据（投保单、保单等），从数据安全层面解决了投保人及保险公司的篡改、抵赖风险，让智能投保更智能更安全。

即使出现司法纠纷，"电子证据保全服务"可以有效解决电子证据举证难、取证难的问题，满足保险公司与投保人的业务需求和司法需求，还原真实业务场景，帮助司法审判机构开展案件审理。

二、智能投保的特征与优势

（一）互联网+自动化突破时空限制

互联网+自动化是智能化的基础，在保险业同样如此。智能投保的基础也同样遵循这个一般规律，因此其基本特征之一就是互联网+自动化。互联网+自动化主要的表现形式就是各种网络投保平台，包括App，以突破线下时空的限制。

（二）智能投保顾问定制化推荐产品

智能投保顾问是智能投保的基本形态，是与消费者直接对话的界面。只有通过智能对话，完成潜在客户"画像"，才能为其提供精准的定制化产品服务，从而实现智能销售推荐。

（三）智能化投保打破信息不对称

智能投保系统要实现对海量用户的需求的定制化服务，就必然需要有足够的产品供应商，需建立丰富的产品库。因此，在智能投保中，建立多元化的产品供应平台非常重要。也因有丰富产品作支撑，加之销售规范支持，智能投保才能打破信息不对称，从而为消费者提供更加平等而透明的服务。

（四）区块链智能合约管理

保险业可以算是区块链技术应用领域最新的尝试。区块链技术应用程序最有趣的用途之一是智能合约。有了一份智能合约，就有可能签订一份自动生效的合同。当条款满足时，合同就会自行处理。智能合约还可用于简化交易流程，提高交易的安全性。由于公共(或私人)区块链模型,每个人都可以看到这些条款,并看到它们执行的过程。

(五)智能投保有效规避道德风险

产品销售道德风险,包括销售误导、合同欺诈等,是当前存在的保险乱象。而在智能投保中,通过消解代理人佣金制,可以有效规避道德风险。

例如,一个保险代理人,一个人坐在你面前的时候,他以什么样的方式给你规划保险,他唯一的问题在于什么?一种情况是他是以自己的佣金为导向,所以会推荐给你他最赚钱的,并不是你最需要的。还有一种情况是,假如说你没有那么多钱,他是不会给你做这个事的,就算你需要重疾险、医疗补充险等,他也不会给你做。

智能投保通过投保顾问形式进行产品智能推荐,跟保险代理人唯一的不同,就是不是靠说话的方式推荐保险,避免了佣金驱动的销售。

(六)信息收集更加全面客观

智能投保的应有之义就是要全面掌握消费者的信息情况,从而合理合法地实现"拒保"。

三、智能投保案例

(一)平安保险的"智能认证"

平安保险推出的"智能认证"和"智能闪赔"服务有效提升了保险业务"投保申请"和"保单理赔"两端的效率。

以往投保人买保险需交纳众多资料证明、填写各种表格,完成审核至少需 3 个工作日。智能认证把投保时间缩短到原来的 1/30,大幅提升代理人的生产力。在"新契约投保"中首创投保人+代理人实时"智能双录",代理人须严格遵循操作流程,用户如不同意可随时喊"停"中止认证进程,质检成功率提升 65%,这大大降低保险公司运营成本,同时保留了可资调取的一手大数据。这一"入口端"的创新从"保单制"升级为"实人制",在全球保险业中尚属首次。

(二)众安保险的人工智能聊天机器人

作为中国最大的互联网保险公司,众安保险提供了医保申请、福利查询、医疗索赔等服务。客户可以直接与人工智能聊天机器人沟通。数据显示,客户有 97% 的时间都在与人工智能聊天机器人互动。只有遇到最棘手的问题时,才会咨询人工客服。

(三)都科摩推出使用 AI 推荐保险的服务

日本都科摩公司于 2019 年 10 月 11 日宣布,12 月启动使用人工智能(AI)为顾客推荐合适保险的服务"AI 保险"。这是与东京海上日动火灾保险公司的联合业务。还提供针对违规利用智能手机结算导致的损失,进行赔偿的支援套餐。

顾客只需要回答简单的问题,便可结合预算自动搭配保险产品。该服务参考都科摩持有的顾客年龄和居住地区等信息,再加上都科摩从事的其他服务的使用数据,由 AI 决定保险的种类和赔偿内容。个人信息在获得用户同意的基础上进行利用。

虽然非都科摩手机签约客户也可利用该服务，但针对违规利用智能手机结算的补偿套餐则仅限签约客户。包括信用卡和一部分电子货币在内，赔偿上限为100万日元（约合人民币6.6万元）。目的在于面对无现金结算使用扩大的形势，帮助消除不安心理。

（四）普瑞美拉聊天机器人

普瑞美拉是太平洋西北地区最大的健康保险公司，拥有近220万名会员。2017年，该公司推出了Premera Scout，这是一款全天候的聊天机器人，可以帮助客户快速获取索赔、福利和其他普瑞美拉服务的信息。

普瑞美拉表示："医疗保险客户越来越适应这种人机互动的模式。我们对用户体验做了大量研究之后发现，越来越多的人非常乐于采用这种技术解决方案，而不是直接与人进行沟通。"

普瑞美拉解释道，"会员们想要的是一种个性化的体验。人工智能让我们能够获取复杂的数据，并以更个性化的方式从中获得价值。"

尽管目前机器人主要处理基本的客户互动，普瑞美拉预计，"未来，机器人将访问客户的个人健康信息，并找出被忽略的医疗保健漏洞。最终，它们可以为客户提供定制的、数据驱动的健康指导。"

信诺和哈门那等大型医疗保险公司也在利用机器人来提供服务。信诺推出了Answers聊天机器人，它可以使用自然语言处理来理解和回答150多个常见问题，并提供个性化的福利信息。由于推出了Answers聊天机器人和Digital One Guide服务平台，在2017年，信诺的客户满意度上升了20%。

未来，基于人工智能的客户互动将成为普遍现象，而不是个例。麦肯锡的一份报告显示，到2030年，聊天机器人将成为大多数保险客户的主要接触对象。与2018年相比，人工客服将减少70%至90%。

埃森哲的一项调查发现，目前，68%的保险公司已经在其业务的各个领域使用聊天机器人。通过使用人工智能来管理客户互动，健康保险公司每年可以节省20多亿美元。

第三节　智能核保

一、智能核保的概念

AI+保险，最明显改变在于用户体验。在用户关注度较高的核保理赔场景，智能核保一改传统人工核保多达数页的专业问题，通过简单人机对话，即可完成对客户状况判断，并给出精确核保结论。

以健康险为例，众安旗下明星产品尊享e生的智能核保流程，可以通过智能问卷，在

1~2分钟内完成核保评估,为客户提供个性化保障。20%以上过去无法投保的客户都成功获得了百万医疗保障,覆盖超过200种疾病,让客户可以针对自身已有病症直观了解承保条件。而理赔场景中,结合OCR图像识别,众安健康险24小时结案比率高达50%以上,承保及理赔自动化率分别达99%及95%,实现快速理赔材料审核和验证。

互联网保险购买决策平台—多保鱼保险网是一个保险购买决策平台,提供意外险、健康险、医疗险、人寿险、重疾险评测、攻略、百科、问答知识,帮助用户科学购买合适的保险。

投保人投保时,是需要经过保险公司的审核,才可以正常投保的,保险公司审核的过程叫核保。目前来说保险公司有智能核保和人工核保两种情况,智能核保属于线上核保。智能核保就是由人工智能系统对投保人的投保申请进行审核,作出审核结论,并决定是否承保的过程。简单地说就是原来由保险申请审批的工作人员对投保申请进行审核,现在这样的工作改由人工智能来完成。只要选择智能核保,那么是否能买该产品,保费是多少系统都会测算出来。即使被拒保,智能核保也不会留下拒保记录。而线下人工核保,就会有拒保记录,从而影响到其他保险的正常参保。

以健康险为例,智能核保,其实就是保险公司事先生成的标准化核保系统,投保人根据设定的问卷调查如实回答自身健康问题,然后得出结果,告诉你能不能买这个保险产品,以及买的前提条件是什么。

智能核保的结果有5种情况:标准体承保、加费承保、除外责任承保、延期承保和拒保,详见表9-1。

表9-1 核保结论

可投保	标准体承保	健康问题不大,标准费率承保
	加费承保	还是有一定风险,需要比普通人更高的费率承保,出险后可正常理赔
	除外责任承保	风险较大,某项疾病及其并发症不赔付;其余情况符合合同约定,出险后可正常理赔
不可投保	延期承保	风险不确定,需观察一段时间,待明确诊断后,再决定是否承保
	拒保	超出保险公司接受范围,拒绝承保

智能核保就是当被保人不符合健康告知时,可以直接进入自助智能核保页面,系统预设好疾病问询-答案-核保结论;以页面询问的方式,投保人根据系统提示一步步进行实时核保;只要如实选择,保险公司就可以通过智能核保功能来判断,被保人到底能不能买,以什么方式买的核保结果。

二、智能核保与人工核保的区别

(1) 相对传统核保方式,智能核保更宽松。智能核保让以前不能投保的部分人群可以买保险。

（2）核保结果更多。过去的线上核保，只有承保和拒保两种结果。通过智能核保，对于不确定自己的病史是否符合投保条件的客户，只要通过三层疾病勾选就可以得到5种不同的核保结果，承保可能性更大。

（3）核保流程简化，方便快捷高时效。整个核保过程基本在1分钟内就可以完成，比起过去传统人工核保，几天才能出结果，智能核保立即可获得核保结论，智能核保的效率十分高。降低了保险公司的人力成本，也减轻了用户的心理压力。

（4）智能核保结果可作为参照。投保人可以据此选择对自己最有利的保险产品去购买，最大程度获取保障。

（5）支持匿名核保（不输入身份证等真实信息），不会留下核保痕迹，避免产生拒保记录，也不会影响购买其他产品。

综上所述，智能核保是一个很人性化的智能系统，大大地增加了常见非标人群的线上投保机会。

三、智能核保案例

目前市面上，越来越多的产品推出了智能核保系统。以众安保险为代表，其拳头产品"尊享e生"（百万保额的医疗险）就是最早实现智能核保的一批互联网保险产品。医疗险中目前微医保、平安e生保等都有智能核保功能；在重疾险里，弘康哆啦A保、复星达尔文1号等也支持智能核保。

（一）复保星悦重疾险

由复星保德信承保，包含重疾、中症、轻症保障，还可以加保儿童和成人的特定重疾。星悦的形态非常像康惠保旗舰版，都属于重疾保障方面的集大成者。

从保障范围来看，星悦重疾险包含了100种重症、20种中症和35种轻症，如果再加上儿童及成人特定重疾保障，星悦已经涵盖了重疾险的各个角落，保障非常全面，适合0～50岁各个年龄段投保。

（二）阳光人寿智能核保大脑

调查显示，寿险公司在现阶段的核保经营中普遍存在以下难点：①核保流程繁冗，人工介入环节多，无法根据客户需求和风险等级实时调整产品方案；②逆选择风控手段较为单一，仅依赖体检和人工调查，难以对风险程度进行有效评估；③自动核保系统简单低效，尚未实现根据疾病颗粒度的精准风险评估；④随着产品回归保障，核保作业人员愈发难以满足日益增长的业务量需求及多样化的客户需求。这些问题最终将导致客户体验度不佳，核保效率难以提升，核保风控效果难以突破。

为解决上述难点，阳光人寿积极探索核保模式转型，以"科技赋能，智慧风控"为核心，让风控更加精准、核保更加高效、流程更加顺畅、客户体验更加优质，多维度、全方位地提升核保效能，优化流程体验，强化风控能力，逐步打造"阳光人寿智能核保大脑"，主要包括以下内容：

（1）7×24小时智能交互自助核保。"阳光人寿智能核保大脑"项目打造、推出的"智能核保机器人"，实现了线上7×24小时智能交互自助核保服务。通过互动问答的形式，客户可享受到全天候、高精度AI核保服务，从而大幅提升客户体验。此外，部分健康告知出现异常的客户，其核保时效也由原先的1～3天改为实时。

（2）理赔客户智能化核保。通过对理赔记录的结构化和疾病类型的归一处理，"阳光人寿智能核保大脑"实现了有理赔史客户的线上智能核保。有效降低因既往理赔史造成自核无法通过、不可承保的概率，帮助客户获取更多的优质保障。

（3）精准识别高风险客户。"阳光人寿智能核保大脑"通过搭建"高风险客户识别模型"，基于高风险客户画像和特征，挖掘公司的海量客户及业务数据，采用"逻辑回归算法"实现高风险客户的精准识别。"模型"通过对被保人整体风险程度进行量化与预测，将传统的定性决策转变为定量决策，在行业率先实现了"核保数据风控"。

（4）精准风控降低逆选择风险。"阳光人寿智能核保大脑"可关联客户全生命周期数据，并将医疗数据应用到核保核赔全流程中，以行业级数据替代企业级数据，进一步提升阳光人寿的精准风控能力，有效降低患病客户投保的逆选择风险。

（5）"智能核保引擎"精准识病。"阳光人寿智能核保大脑"通过"智能核保引擎"自动识别体检报告中的异常检查结果，并输出核保结论，减少人工繁冗的文档查询与检索，有助于核保人员统一评估和做出结论，提升核保效率和品质，进一步释放核保人员生产力，积极响应客户需求。

此外，"阳光人寿智能核保大脑"还通过不断丰富数据、迭代模型和自我学习，像人脑一样变得越来越"聪明"，在发展进程中逐步实现由"机器辅助人"到"人辅助机器"，最终实现人机一体的完美结合。

"阳光人寿智能核保大脑"将颠覆传统核保模式，作为智能核保的中枢实现全渠道业务支持，通过电子化服务、数据化风控、智能化流程，助力业务发展，在保险风控领域发挥更大的价值，为客户带来全新、优质的保险保障体验。

（三）中再寿险：智能核保引擎系统

近年来百万医疗类产品呈井喷式增长，但其背后的风险管理和承保能力严重滞后，为此类产品的长期发展埋下了隐患。这也成为直保公司亟待解决的问题和再保险提供服务的机会。中再寿险公司为了向直保公司提供一款基于云架构和统一接入平台的专门针对百万医疗类保险的智能核保解决方案，提升保险公司百万医疗类产品的新契约核保能力、业务效率及保单品质，使保险公司在管控风险的同时将更多的人群纳入保障范围。更好地实践"保险姓保"，研发了"百万医疗云解决方案"，主要功能包括：

（1）投保演示界面：在投保演示界面能够实现投保人/被保险人基本信息的录入，根据百万医疗险或者防癌险呈现不同的告知界面，进行健康告知。根据客户告知的具体内容呈现不同的反射性问卷,通过人机交互方式完成健康告知。通过一键提交实现保单自动核保,在自核完成后可进行投保小结查看等功能。

(2)百万医疗险和防癌险智能核保:从投保演示界面经接口导入核保请求,通过引擎判断需要调用哪些规则,从规则库实施规则调用,获得自动核保结论,并将结论通过接口反馈出去。根据风险层级的不同,智能核保引擎提供5个层级的核保结论,从低至高依次为:基于风险因素的核保结论、对险种的核保结论、对产品的核保结论和对整张保单的核保结论。通过与人工核保工作台的链接,可以呈现人工修改核保决定后的结论。数据库对所有流经核保引擎的业务数据和规则调用记录进行存储。

本系统按照SaaS服务的要求进行设计,完全兼容云商环境主流中间件、数据库、负载均衡等基础软件,目前系统运行在阿里金融云环境下。

在进行云上基础环境构建时,本系统采用了多项阿里云上成熟的技术,如高性能云服务器,高并发负载均衡,丰富的信息安全产品,高速网络通道,完整的监控和调优功能等。整个系统易于与直保公司集成,可支持高并发、长时间的系统访问,并且易于监控和运维。

百万医疗云解决方案的主要创新包括:

(1)智能核保规则集创新。专门为百万医疗保险研发反射性问卷,实现在线人机交互式投保告知以及快速获取自动核保结论。专属规则集将涵盖中端医疗险、费用型防癌险和费用型重疾险。采用基于反射性问卷的智能核保方式,可以明显提升保险公司对于阳性健康告知人群的承保能力。

(2)系统功能及云平台架构创新。为了适应反射性问卷的特性,项目组专门设计研发了反射性问卷子系统,包括问卷页面配置功能、问卷数据转换功能、自动生成展示页面代码功能、问卷服务接口等。借助丰富的功能模块,业务用户可直观、便捷地设计和修改反射性问卷,所有问卷信息以标准结构保存于数据库中。反射性问卷系统可以页面代码片段、Webservice响应报文等多种方式向前端销售系统输出问卷,非常便于进行系统集成。

采用灵活可扩展的架构,适应互联网化的应用部署。本系统计划采用基于Spring Cloud框架的微服务架构,通过对整个业务流程的高度抽象,将整个系统划分成为获取问卷、提交自核、获取核保小结等7个微服务,辅以微服务调度、服务限流、服务监控等模块,构建了灵活、完整、可控的微服务应用体系。同时,在微服务的前端部署统一接入平台,实现协议转换、报文格式转换、服务编排等多项功能,完成了客户端系统与本系统的解耦与适配。

采用多层次的数据安全保障。为保证数据的安全,本系统计划采用多重信息保密措施,包括黑白名单,SSL(安全套接层)协议,应用层加密等多种手段,使用工业级加密算法,权威认证机构颁发的安全证书,最大程度上降低了信息安全风险,保证投保用户的利益不受损失。

(3)服务模式及策略创新。通过百万医疗云解决方案实现平台化、"一对多"的服务模式创新。直接融入直保公司的核心业务流程,实现以增值服务促进再保业务的策略创新。

第四节 智能定损

一、智能定损的概念

智能定损包括智能人伤定损和智能车辆定损。智能人伤定损平台包含人伤定损作业平台,以及多套人伤反渗漏与反欺诈智能引擎。即通过信息智能化获取、损失智能化判定,实现伤情报价智能化、人伤成本精细化管控,解决传统人伤案件理赔中审批复杂、流程长、时效低等问题。该平台还可通过与医院信息直连,在伤情确诊的第一时刻,利用后台多达 17 个类别,近 90 万条的标准数据,经过智能模型的匹配,提供合理的赔偿方案。同时,后台结合微表情技术及影像设备,准确识别谈判双方对当前赔偿方案的接受程度及情绪变动,及时弹性调整,促成调解方案签订。

汽车在行驶过程中突然出现剐蹭等事故,为了等交警来界定责任,获得合适理赔,事故车辆经常会较长时间占据车道,导致交通拥堵。不过,现在有了人工智能的支持,保险业引入了图片定损,能够解决这一问题。图片定损即一般的单方小事故,可通过手机上的 App,给事故拍个全景、现场近景和事故车辆牌照等四五张照片,上传后,后台的机器将自动完成定损,5 分钟理赔款就可转到系统绑定的账户上。

智能车辆定损是基于深度学习图像识别技术,通过算法研究与系统建设实现事故车辆智能化定损估价,可以 App、API 接口等多种形式提供服务,其具体流程包括(见图 9-1)。

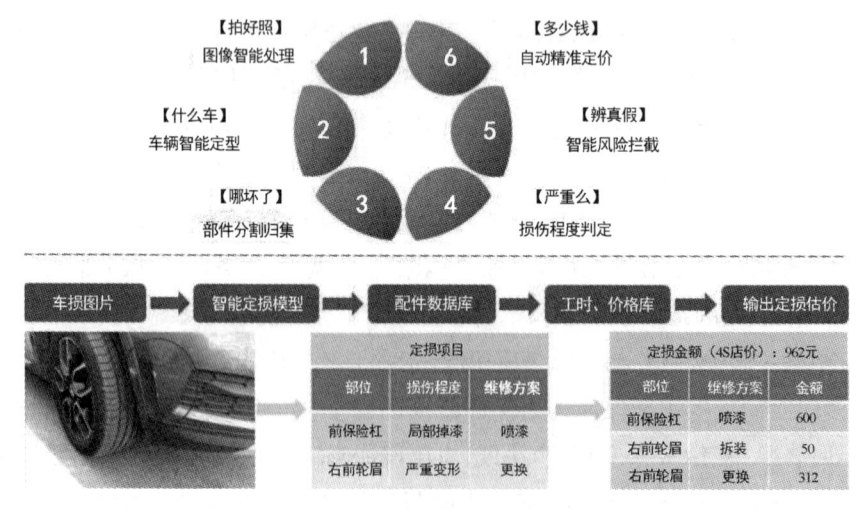

图 9-1 智能车辆定损流程

(1) 图像智能处理:通过前期模板引导,后期图像增强、去反光等技术完成图像预处理。

(2) 车辆智能定型：基于 OCR 技术，VIN 码定型数据实现事故车辆智能定型。
(3) 外观部件识别：通过图像分割、目标检测，实现车辆外观部件识别。
(4) 外观损伤判定：通过目标检测，实现损伤类型及程度判定，并输出损伤位置。
(5) 智能风险拦截：反欺诈模型、防渗漏模型。
(6) 自动精准定价：关联基础数据库，完成定损金额自动输出。

截至 2017 年年底，我国的机动车驾驶人数量达 3.85 亿，民用汽车保有量 2 亿辆，汽车年销量连续 8 年位列世界第一。

技术的发展和应用，比人们预料的更快。

汽车出险后，自己用手机拍视频就能定损——过去这只存在于人们的幻想中，如今车辆智能自动定损技术的出现，已经将幻想变为现实。

英国初创公司 Tractable 开发了一款软件，可以分析任何类型的汽车损坏情况。驾驶者只需将车辆受损的照片发送给保险公司，其余就全部交由智能机器完成。工作速度非常快，定损和维修估价在 30 秒内就可以完成。

自动化是保险业的一大趋势。研究和发展保险业自动化软件的不仅有小型创业公司，同样包括安联这样的大公司。总部位于慕尼黑的这个行业巨头虽然还尚未在德国使用快速的定损软件，但在奥地利已经开始使用"Allianz Schaden 快速应用程序"。奥地利的客户可以通过手机发送照片，以便在电脑上通过 3D 动画模型模拟车辆的损坏情况。"在这种情况下，客户将会在一小时之内收到关于索赔处理的下一个步骤的反馈，如修复的报价，"安联集团表示。"如果一个人可以根据受损图像定损，那么人工智能的机器也完全能做到。"

大部分的交通事故都会造成金属板损坏，通过人工智能，完全能完成定损工作。许多专家认为未来几年使用人工智能将成为保险业行业标准，而不仅仅是在汽车保险业，例如房屋保险中的水损坏的定损。

二、智能定损的优势

保险公司都在想方设法提升定损工作效率、减少车主等待时间，同时降低成本、减少骗保的发生，这也让车辆智能定损技术应用变得越来越迫切。过去需要定损人员现场勘查并进行处理分析，进而得出一个处理报告。车辆智能定损借助图像识别技术可以自动识别受损部件及损伤类型，从而实现快速在线定损。

过去，保险公司的车险理赔服务由于涉及主体过多，从定损到结算赔付资金不仅步骤繁琐，时间周期也很长，受到很多消费者的诟病。不仅如此，目前我国因保险诈骗产生的费用已经占保险公司支出费用的 15%～20%。

在人工智能技术的推动下，人脸识别、图像识别等技术的应用越来越普及和深入，而车辆定损技术作为图像识别技术众多应用场景中的一个，已经成为众多保险公司布局的

重点。这主要得益于智能定损与传统定损相比,具有四大优势:

(1) 智能定损能够大大提升保险公司的工作效率。过去,勘查员需要赶到现场进行勘察,然后将相关信息传回到公司,由专业定损人员进行处理分析,才能给出相应的处理报告。一个普通的定损案件往往需要一天甚至几天的时间,而借助智能定损几分钟就可以完成。

(2) 智能定损可以进一步提升用户体验。过去,车主需要在现场等待勘查员到来,这个过程少则几十分钟、多则几个小时,非常耽误时间,但有了智能定损的应用,车主只需要现场拍几张照片提交给保险公司,保险公司就可以通过智能定损对这些照片进行分析,实现快速定损。

(3) 智能定损可以节省人员成本、减少人为错误。依靠专业人员进行勘查定损,不仅工作量大,且人工操作时由于个体差异,很容易造成定损标准不统一等问题;智能定损的应用可以帮助保险公司精准地找出并纠正这些错误,从而降低人员成本、减少车主的损失。

(4) 智能定损可以大大减少骗保发生的概率。传统的车险防欺诈工作由人工完成,面对几十上百件理赔案例,相关案例又涉及成百上千个汽车零部件,审核人员很难从中发现潜在的欺诈风险。智能定损可以将车险审核员的经验转化为规则引擎,大大提高保险公司的反欺诈识别率。

三、智能定损典型案例

与人脸识别相比,车辆识别更加复杂。智能定损技术要判断图片中的车辆是否投保车辆,并对损伤部位进行详细识别,再通过与后台庞大的知识图谱进行比对,从而判断损伤程度并给出相应的修理方案和费用等,其中不仅涉及图像识别、知识图谱技术,还包括规则引擎技术等。

这一过程也是非常复杂,尤其是规则引擎技术的引入,不仅融合了保险公司数十年来积累的规则,还需要图像识别技术通过一些特征自动匹配这些规则,从而把一些可能的欺诈、疑似欺诈自动找出来,真正实现整个车辆定损的顺利进行。

因此,尽管保险公司对智能定损需求迫切,但相应的研发也有着极高的技术门槛。这不仅需要在 AI 领域有着长期而深厚的人才和技术积累,而且要与保险理赔领域资深专业人才结合,还需要持续投入大量的资金、人员、基础平台建设。

于是,越来越多的保险公司开始选择与人工智能技术企业合作,开展智能定损的研发和应用探索;与此同时,众多互联网企业也在加大人工智能技术在智能定损场景上的投入。

(一) 蚂蚁集团"定损宝"

2017 年 6 月 27 日,蚂蚁集团在北京宣布将向保险行业暂时全面开放技术产品"定损宝",用 AI 模拟车险定损环节中的人工作业流程,帮助保险公司实现自动定损。定损宝能实现车辆外观损伤识别,是真正的 AI 智能定损。

定损宝应用深度学习图像识别检测技术,用 AI 充当查勘员的眼睛和大脑,通过部署在云端的算法识别事故照片,与保险公司连接后,在几秒钟之内就能给出准确的定损结果,包括受损部件、维修方案、价格以及出险后对于来年保费的影响。还可以提供周围品牌 4S 店的位置,同时也可以查到综合修理厂的位置和修理费用。

从应用的角度来看,用人工智能来充当眼睛和大脑,经过算法识别事故照片,做到了公平透明和高效。如果逆向来看的话,定损宝也是个大数据的收集工具,因为它要做到上述的功能,必须识别大量的车载信息,零部件信息以及零部件受损后的信息,这些完全可以反过来,用在汽车的研发和生产上,比如说哪些易损零部件,可以做出更好的调整。另外也可以用在造车的成本核算上,更可以为提高汽车的安全性提供海量的数据。

(二) 百度 AI 定损

1. 核心功能

(1) 外观部件识别。百度 AI 针对常见小汽车车型,识别图像中的汽车外观零部件,返回部件名称,可精准识别保险杠、机盖、车门、A 柱、叶子板、中网、后视镜、大灯、雾灯、尾灯等 32 种零部件。

(2) 部件损伤检测。检测外观部件是否损伤,识别损伤类型,可识别刮擦、凹陷、开裂、褶皱、穿孔等 5 类损伤。支持单图多种损伤的识别,可输出损伤部位的长宽、面积等数值化信息,精准判定损伤程度。

2. 应用场景

(1) 车险智能定损。车主或保险公司定损人员通过手机拍摄上传车辆损伤部位的外观图片,系统自动识别受损部件及损伤类型,快速在线定损,并可推荐引导至周边 4S 店/汽修店,显著提升小额案件的定损、理赔效率。

(2) 车况审计。租车或者共享汽车,对汽车使用前后分别拍摄车身照片,进行识别、对比,分析判断汽车使用过程中是否发生了损伤,以及具体的损伤情况,辅助车况验证,节省人力成本,减少风险损失。

(三) 平安产险实现理赔定损自动化

平安产险宁夏分公司车险理赔自理赔定损自动化上线以来,定核损自动通过率由 30% 提升到 70% 以上,体现的是平安产险理赔对智能科技的充分应用。

随着保险理赔进入 AI 时代,平安产险基于 AI+大数据的车辆损失图片智能分析、现场照片识别损失项目,快速给出精准的维修方案,让车辆定损变得更加"智能"、便捷,让小额案件上报更加及时。通过对定损规则的积极研发与精细布控,让定损大额案件的上报规范与案件质量全面提升。

理赔定损自动化程序即照片拍摄—案件录入—报价审核—核损审核—复勘审核—定损完成。优化后的定损上报区分小额案件与大额案件。小额案件的自动化上报是指:照片拍摄—AI图片识别(损失配件及工时自动录入)—规则检测—定损完成。大额案件的自动化上报是指:照片拍摄—案件录入—前置规则自检—无触发指导规则—定损完成或照片拍摄—案件录入—前置规则自检—触发指导规则—核损报价审核后完成。

　　以往,小额案件的流程与大额案件的流程是一样的,规则的布控主要依赖于外部成熟、固式的规则,定损员个人的操作习惯与规范也不统一,针对定损员只设置定损金额的权限分组,导致案件渗漏风险大,并没有约束定损员的录入规范性。以上的这些原因延长案件理赔时效。

　　为提升客户服务满意度,平安车险充分利用AI定损智能化,将小额案件极致提速,定核损流程全面优化。针对大额案件,约束了定损员的录入及操作的规范性,风险案件前置审核,规则的精准设置提升定损的专业性与准确性,保证了客户对平安品牌的信赖。简化理赔整案流程,持续提升客户服务体验是平安产险车险理赔不断探索的目标。

四、智能定损的一些难点

　　智能定损往往应用在车险中,可以自动识别车型、车牌、受损部位,最大程度的减轻了人为工作量,也可以把不清晰的,更换车辆的,甚至修改图的通通发现,拦截理赔流程中的欺诈风险,从而实现智能定损,为车主节省时间,为工作人员减轻工作量,提高服务效率。

　　用到的人工智能技术是图像识别技术+深度学习+NLP。图像识别可以处理非结构类数据,比如将笔迹、扫描/拍照单据转换成文字,对视频、现场照片进行分类处理等等。处理过图片之后,展示出的文字信息就可以利用NLP来加快处理速度。

　　智能定损还是有以下难点:

　　(1) AI一般在处于规则清晰的项目很成熟,但是车险的定损维修则没有一个很清晰的标准。

　　(2) 定损定价需要大量的数据去让机器学习,全国那么多维修点,配件定价标准不一,很难做到统一。

　　(3) 智能定损很难去做到车内隐藏零部件的定损定价。

　　智能定损能提高理赔的效率,但是目前阶段并不能从根本上解决理赔难的问题。

第五节　智　能　理　赔

一、智能理赔概述

(一) 传统保险理赔存在的问题

　　传统保险理赔存在的问题主要有以下几个方面:

1. 理赔效率低

传统保险的理赔流程复杂,涉及多个中间环节,每个环节需要经过很多人工工序完成,且需要相互配合,无法实现理赔流程的自动化,导致理赔过程耗时长,理赔效率低。

2. 理赔成本大

传统理赔过程的各个环节需要众多人工参与,且理赔流程冗长,导致理赔环节的人力成本巨大,增加了险企运营成本,挤压险企利润空间,所以如何降低理赔环节人力成本是险企急需解决的问题。

3. 用户满意度差

由于传统保险企业的理赔过程长,严重影响用户满意度,由此导致用户的保单加保率持续降低,严重影响险企的正常经营,所以缩短理赔时间,实现快速理赔,提升客户满意度,是险企重要现实目标。

未来保险业充满着发展的机遇。从投保核保到理赔环节越来越方便快捷是行业无法逆转的整体趋势。善于使用人工智能技术改造业务流程实现智能升级的保险企业将获得更广阔的成长空间,而传统的保险模式在新兴的保险业态中终将被逐渐淘汰。

(二)智能理赔的概念

智能理赔是指利用人工智能等相关技术代替传统的劳动密集型作业方式,明显简化理赔处理过程。

智能理赔表现为更快、定制化的理赔,在减少欺诈的同时更快的理赔。理赔的速度和成功是保险业务效率的关键因素,智能理赔提高客户满意度的两种方式如下:

(1)提高理赔的速度。理赔时间这个度量标准对于客户选择业务来说非常重要。

(2)减少舞弊的可能性。减少舞弊的可能性最终将成为保险公司更关心的重要指标。

智能理赔目前在车险领域的应用已初显成效,但在寿险、健康险等相对复杂的险种的应用还有待完善。

二、智能理赔的六大环节

以车险智能理赔为例,通过综合运用声纹识别、图像识别、机器学习等核心技术,经过快速核身、精准识别、一键定损、自动定价、科学推荐、智能支付这六个主要环节实现车险理赔的快速处理,克服了以往理赔过程中出现的欺诈骗保、理赔时间长、赔付纠纷多等问题。根据统计,智能理赔可以为整个车险行业带来40%以上的运营效能提升,减少50%的查勘定损人员工作量,将理赔时间从过去的3天缩短至30分钟,明显提升用户满意度。智能理赔主要流程详见图9-2。

图 9-2　车险智能理赔主要流程图

三、人工智能在智能理赔领域的创新

保险公司积极运用大数据、云计算、物联网、人工智能和区块链等技术在理赔服务端开展尝试，实现了快速定损和反欺诈识别。

（一）图像识别技术提高理赔效率

图像识别可以通过人脸识别、证件识别（还包括不属于图像的声纹识别）等方式进行身份认证。更重要的，图像识别还可以处理非结构类数据，比如将笔迹、扫描、拍照单据转换成文字，对视频、现场照片进行分类处理等等。在理赔环节，基于图像识别技术，能快速查勘、核损、定损和反欺诈识别，对比传统的人工核损流程极为节省时间，能明显提升理赔效率，降低骗保概率。采用智能理赔风险输入、加工和预警输出，能够定义风控规则进行筛查，完善理赔风险闭环管理机制。

（二）精准高风险识别

通过大数据，能提高信息搜索、流转效率与准确度，自动识别场景中的风险，对保险操作风险进行积极管理，提升服务时效和服务质量。

基于人工智能建模技术的开发，智能风控技术模型拥有强大的自学习能力。从数据自身特点出发，以异常行为作为学习规则，通过自聚类、回归分析等技术手段对合规、合理与高风险医疗行为搭建分类器，结合健康险政策、规范化路径及医疗知识库，对案件的输出配备相应的医学和政策解释，作为核查及控费的指导依据。

四、智能理赔典型案例

（一）华为云 EI 智能化理赔解决方案

1. 秒级定损

基于华为云 EI 构筑智能化理赔解决方案，实现秒级定损，可大幅降低理赔时长。

2. 节省人力

通过应用人工智能技术,可大幅降低理赔过程中人工的投入,节省人力成本,提升企业的竞争力。

3. 提高满意度

从传统理赔到智能理赔的转变,大幅减少理赔时间,提升用户满意度和用户保单加保率。

4. 安全合规

完善的用户、秘钥、权限管理和资源部署隔离处理,多层加密保障,国密和同态加密等隐私处理,满足行业安全合规。

(二) 平安智能闪赔

2017 年,平安推出"智能定损"和"智能闪赔"2 项黑科技。

保险业务的理赔环节痛点很多,以车险理赔为例,45.8%的客户在车辆定损环节满意度较差;全年有近 500 亿车险赔付渗漏,全行业保险公司近 75%车险经营处于亏损状态。

平安推出的智能闪赔使用快速精准的光学字符识别技术,在客户上传相关理赔材料与证件时,迅速抓取证件数据信息,瞬时完成用户个人信息识别,同时利用大数据风控模型,精准筛查风险,快速完成案件审核,客户在 30 分钟内便可收到理赔结果,最快 26 秒完成赔付,真正实现了"足不出户,掌上闪赔"的极致理赔新体验。而自"闪赔"推出以来,"闪赔"服务已经超过 200 万件,累计送出 40 亿理赔款,极大改善了客户的消费体验,也有效化解了行业理赔难的痼疾。

针对购买了旗下"平安福"的客户,平安还推出"重疾先赔、特案预赔"服务,当客户发生疾病、急需住院治疗时,平安将优先把保险金赔给客户或者医院,为客户雪中送炭。据统计,2018 年,平安提供"重疾先赔、特案预赔"服务 6 800 多件,给付理赔金超过 4.9 亿元。2019 年以来,在花莲地震、埃航坠机、江苏响水爆炸、台风利奇马等重大突发事故发生时,平安均主动为出险的客户启动"特案预赔",开通绿色理赔通道,简化理赔流程,及时迅速地将理赔金送到客户及其家人手中。

除闪赔服务外,平安依托海量客户数据和 AI 技术,2018 年在业内首创"智慧客服",提供全流程线上服务。智慧客服结合人脸识别、声纹识别、光学字符识别、自然语言处理、机器学习和大数据引擎等 AI 技术,构建出业务甄别、风险定位、在线自助、空中门店四大保全能力,为客户带来"随心随地,安全可靠、高效便捷"的极致服务体验。智慧客服支持包括保单贷款、生存金领取、保单信息确认和受益人变更等所有保险业务的在线办理,2018年"智慧客服"累计提供超 4 000 万次在线保单服务,在线自助业务占比提升至 90%,业务办理平均时长从 3 天缩短到 10 分钟,最快仅需 3 分钟。

(三) 易道博识

在通常的购买健康保险流程中,都会对购买者病史进行审核,审核包括购买者之前的体检资料以及指定医院的体检资料,通过这些资料分析,来判定购买者身体状况。

寿险涉及的医疗票据多种多样,我国各地的医疗系统又缺少统一规范,保险公司往往要处理上百种不同模板的票据。这些版式不一数量庞大的票据成为保险公司寿险理赔的一大难点。

以往的做法大多是由第三方来人工完成录入工作,但这样的模式缺陷显而易见——成本高、周期长、信息泄露的风险高。单录入这一部分的业务成本就居高不下,从录入到审核再到确认理赔流程过长,用户体验极差。

随着人工成本和办公场地成本逐年增加,依靠人工录入的传统理赔模式利润空间越来越小。而业已成熟的 OCR 识别技术,成为了寿险理赔的重要突破口。

近几年,OCR 技术完成了从传统单字识别到基于深度学习的整行识别的技术升级,对图像质量的要求大大降低,可以轻松识别手机拍摄的图像,识别率和识别速度都大大提升,完全达到了商业大规模使用的标准。

易道博识基于深度学习平台开发的 DeepOCR 产品,已经可以实现快速配置识别模板,大幅降低各类非标准模板的开发成本。这样就可以轻松应对保险公司要处理的上百种各式各样的模板,无需支付高额定制开发成本,真正实现效率提升,成本降低的双赢。

不单单是理赔环节可以引入 AI 技术。当前,易道博识技术产品在寿险领域里主要应用于自助投保、核保与理赔、流程机器人和智能影像管理四大场景。

采用先进的人工智能技术代替 BPO 环节,不仅可以节约大量人力成本,还能极大缩短工期。搭配智能审核和智能理算,实现快速理赔,让用户体验得到极大提升,有效提升企业竞争力,在行业中脱颖而出。

参考文献

1. 何诚颖,等.智能金融变革[M].北京:中国财政经济出版社,2018.
2. 张家林.证券投资人工智能[M].北京:中国经济出版社,2017.
3. 李劲松,刘勇.智能投顾——开启财富管理新时代[M].北京:机械工业出版社,2018.
4. [澳]布莱特·金.银行3.0[M].白宫,译.广州:广东经济出版社,2016.
5. [澳]布莱特·金.银行4.0[M].施轶,张万伟,译.广州:广东经济出版社,2019.
6. 张世强.中国智能金融产业蓝皮书[M].北京:中国发展出版社,2018.
7. [日]田中道昭.新金融帝国——智能时代全球金融变局[M].杨晨,译.杭州:浙江人民出版社,2020.
8. 蓝狮子.云上银行[M].北京:机械工业出版社,2019.
9. 刘军,张燃.智能金融[M].北京:中国经济出版社,2020.
10. 肖钢,等.中国智能金融发展报告2019[M].北京:中国金融出版社,2020.
11. 陈晓华,李宝民,吕艳.金融科技之智能客服[M].北京:北京邮电大学出版社,2020.
12. 谷来丰,赵国玉,邓伦胜.智能金融[M].北京:电子工业出版社,2019.
13. 钟宁桦,钱一蕾,解咪.智能金融前瞻[M].北京:北京大学出版社,2020.
14. 梅子行,毛鑫宇.智能风控[M].北京:机械工业出版社,2020.
15. 王焕然,本力.智能时代的新金融[M].北京:机械工业出版社,2020.
16. 王健宗,何安珣,李泽远.金融智能[M].北京:机械工业出版社,2020.
17. 李伯虎.云计算导论[M].北京:机械工业出版社,2018.
18. 柴园园,贾利民,陈钧.大数据与计算智能[M].北京:科学出版社,2018.
19. 程克非,罗江华,兰文富.云计算基础教程[M].北京:人民邮电出版社,2013.